憲法與基本法
研 究 叢 書

香港本土主義與國家認同

Nativism and National Identity
in Hong Kong

黎沛文　鄭媛文　譚尹豪　等　著

總序

　　基本法是"一國兩制"方針的法律化、制度化，關於基本法的研究一直伴隨着"一國兩制"事業的不斷深化而演進。迄今為止，基本法研究大概可以劃分為三個階段。

　　第一階段是從 1980 年代初"一國兩制"提出，到 1990 年、1993 年兩部基本法分別獲得全國人大通過，這個階段基本法研究的主要任務是如何把"一國兩制"從方針政策轉化為具體的法律條款，成為可以操作的規範，最終的成果就是兩部偉大的法典 —— 香港特別行政區基本法和澳門特別行政區基本法。

　　第二階段從基本法獲得通過到基本法開始實施、香港和澳門分別於 1997 年和 1999 年回歸祖國，這個階段基本法研究集中在兩個方面，一是對基本法文本的詮釋解讀，主要是由參與基本法起草的老一代專家學者進行，也有一些媒體寫作了不少著作，給我們留下了寶貴的第一手資料；二是研究如何把基本法的相關條款與政權移交的政治實踐相結合，實現港澳原有制度體制與基本法規定的制度體制的對接，這是超高難度的政治法律工程，最終實現了政權的順利移交和港澳的成功回歸。

　　第三階段是從 1997 年、1999 年港澳分別回歸、基本法開始實施以來，基本法研究經歷了一段低谷時間，大家都以為既然港澳已經順利回歸，基本法已經開始實施，基本法研究可以劃個句號了，於是刀槍入庫，馬放南山，本來已經成立的全國性研究組織"基本法研究會"也無疾而終。2003 年香港基本法第 23 條立法遇挫後，大家才意識到基本法研究不是完成了，而是從實施之日起，故事才真正全面開始。特別是近年來，在國家和香港、澳門有關部門的大力推動下，基本法研究逐漸成為顯學。2013 年更成立全國性學術團體 "中國法學會香港基本法澳門基本法研究會"，內地和港澳的大學紛紛成立關於基本法的研究機構，基本法研究越來越繁榮。

有人問，基本法研究前途如何？我認為基本法研究前途光明，無論從法學理論或者政治實踐上，基本法研究都是一項長期的偉大事業。美國憲法只有七千餘字，從起草到開始實施以來，美國人和全世界的學者已經研究了兩百多年，今天還在持續不斷地研究，永無止境。各有一萬多字的兩部基本法，需要研究的問題極其複雜繁多，從某種意義上說，基本法研究比單純研究 "一國一制" 的美國憲法更複雜，1997 年基本法開始實施才是萬里長征邁出的第一步，漫長的路還在後邊。基本法這本書要讀懂、讀好、用好確實不容易！既然 "一國兩制" 是國家長期堅持的基本國策，是中國特色社會主義的重要組成部分，"一國兩制" 的實踐、創新永無止境，那麼，基本法的研究也就永無止境，是值得終身為之奮鬥的偉大事業，責任重大，使命光榮。

但是，長期以來，基本法研究存在碎片化問題，成果沒有很好地整合，形成規模效應，產生應有的學術和實踐影響力。這正是編輯出版這套叢書的目的。三聯書店的朋友希望我出面主編這套叢書，我欣然應允。一方面為中國內地、港澳和海外研究基本法的專家學者提供出版自己著作的平台，另一方面也為社會公眾特別是國家和港澳從事基本法實踐的部門和人士了解這些研究成果提供方便。

這套叢書的名稱叫做"憲法與基本法研究叢書",為什麼加上"憲法"二字?我認為這是必須的,研究基本法一定不能離開中國憲法,港澳兩個特別行政區不可能離開國家而單獨存在,兩部基本法也不可能離開中國憲法而單獨存在。基本法不是從天而降獨立存在的法律文件,它們是特別行政區的憲制性法律,但絕對不能說是特別行政區的"憲法"。基本法在港澳地方層面具有凌駕地位,超越任何機關和個人,具有最高法律效力,無論行政長官或者行政、立法和司法機關,或者任何公職人員、市民都要遵守基本法,按照基本法辦事。但是在國家層面,基本法是憲法的"子法",憲法是其"母法",基本法的生命來自憲法。如果說"一國"是"兩制"之根、之本的話,憲法就是基本法之根、之本,離開國家憲法來看待基本法、來研究基本法,那就是無源之水,無本之木,基本法研究就一定會枯竭,而不會枝繁葉茂,基本法的理論和實踐就一定會走樣、變形。我們不能假裝香港澳門沒有憲法,只有基本法,不能誤國誤民、誤港誤澳。"一個國家、一部憲法",這是放之四海而皆準的真理。天無二日,國無二君,同樣國無二憲,一個國家只能有一部具有主權意義的憲法;如果一國有兩部憲法,那就是兩個國家了。既然憲法和基本法共同構成了特別行政區的憲制基礎,我們就必須把基本法研究放在整個中國大憲制架構下,根據"一國兩制"的方針,去詮釋基本法的理論和實踐。

這才是基本法的本來面目,也才是研究基本法所應採取的實事求是的科學態度。這不僅是政治上大是大非的原則問題,而且也是基本的學術誠實(Intellectual Honest)問題。我們必須以科學誠實的態度,以對國家和港澳高度負責的精神,立場堅定、旗幟鮮明、毫不含糊地去展現事物本來的面目，讓世人看到真相，儘管真相有時讓人痛苦。我們果斷地把"憲法"兩字加上，就是希望把基本法研究放在整個國家的憲制架構和憲法理論體系之下來展開，這樣才真正有可能發展出一套中國憲法關於基本法的次理論體系，才能真正適應香港回歸後憲制的革命性變化，為基本法定好位，為特別行政區定好位，減少無謂的政治法律爭議，把時間和精力放在建設特別行政區上。因此這套叢書就定名為"憲法與基本法研究叢書"。

在這裏，我特別感謝三聯書店（香港）提供的平台，感謝侯明女士和顧瑜女士的大力推動，讓海內外研究基本法的專家學者可以有一個穩定的出版渠道，及時發表自己的著作，為憲法和基本法的實踐、為繁榮"一國兩制"和基本法的學術研究做貢獻。

王振民

2017 年 7 月 4 日於北京

鄒平學序

回歸以來，香港在政治、經濟、社會等方面的發展成就有目共睹。而在中央全面管治和香港高度自治的張弛之間，"一國兩制"的憲制實踐也持續煥發生機，並為人類政治制度的創新提供了"中國智慧"和"中國方案"。但不可否認的是，前行中的憲制實踐並非一帆風順，其中面臨的一個難題就是香港"地的回歸"與"人心回歸"之間的落差。與此同時，"一國兩制"作為求大同存大異的創新實踐，在"存大異"的"兩制"之間又存在或多或少的制度張力，衍生出衝擊"一國"的雜音。這種"地的回歸"與"人心回歸"之間的落差，其實可視為"一國兩制"探索前行中的"陣痛"。

毋庸諱言，儘管"一國兩制"在香港取得了輝煌成就，但這種"陣痛"自回歸始到現在如影隨形，時有發作。近年來，香港社會運動漸趨激進和異化，與此同時各種分離主義、甚至鼓吹"港獨"的輿論、理論和組織逐漸出現，並統一於"香港（激進）本土主義"的自我言說和刻意包裝之下。這種雜糅著各色話語和乖張行動的本土主義，橫亙在香港與中央之間，無疑對香港憲制秩序和繁榮穩定造成極大威脅，並直接衝擊"一國兩制"原則底線。如果不對此把脈問診，對症下藥，這種原生的"陣痛"很可能反噬"一國兩制"的存續。

所幸的是，面對香港本土主義對香港社會與憲制秩序的衝擊，中央審時度勢主動作為。一方面，堅持把維護中央對港澳全面管治權和保障特別行政區高度自治權有機結合起來，並通過香港國安法完善國家安全的規範體系，改革選舉制度，全面落實"愛國者治港"原則，從而構築起"一國兩制"的自我防衛機制。另一方面，則推動港澳社會融入國家發展大局，以粵港澳大灣區建設為重點，紓解港澳經濟滯緩、階層固化等社會困局，並建構港澳與內地的合作紐帶與"生命聯繫"。如此一來，在著眼於頂層設計且剛柔並濟的舉措之下，香港本土主義趨於緘默，香港社會也迎來了由亂轉治的曙光。

但是，對於"一國兩制"的行穩致遠而言，我們不能僅限於此。本土主義的種種言行只是"陣痛"的表徵，本土主義的緘默也僅僅意味著症候表徵的舒緩，其深處的"病根"還沒有手到病除、藥到斷根。儘管這種"陣痛"無法真正消解"一國兩制"的偉大成就和旺盛生命力，但對這種"陣痛"的危害決不可小覷，它類似於慢性頑症，並無猛藥可用，需要慢火細熬、精準下藥、直達病灶、刮骨療毒。所以，對這種"陣痛"必須望聞問切、靶向治療、培元固本、久久為功方可有效。而透過本土主義的種種表徵，我們可以看到，"陣痛"背後的"病灶"其實是國家認同的缺失。由此，有必要站在"一國兩制"的時代交匯點上，即以香港國安法的反向防衛、愛國者治港的正向建構和粵港澳大灣區建設的相向相融為背景，解構這股困擾著"一國兩制"的"陣痛"。這意味著，我們既要回顧作為表徵的香港本土主義，又要探究作為其內在動因的國家認同缺失。

正是基於這樣的問題意識，黎沛文、鄭媛文、譚尹豪等香港和內地青年學人合力完成了《香港本土主義與國家認同》這部著作。總體而言，本書主要具有以下方面的鮮明特點：

其一，從選題來看，本書抓住香港本土主義和國家認同互為表裏的命題結構，回應了"一國兩制"行穩致遠的關鍵與核心，即"人心回歸"。不僅如此，本書在以香港特別行政區的國家認同作為核心選題的同時，亦將其置入歷史維度加以體察。一方面，本書在解構本土主義的時候，特別注重將其回溯到"被殖民"的歷史語境，以還原本土主義和國家認同問題的發生環境與形成機理；另一方面，本書在探討國家認同的時候，又著重將其放在新時代"一國兩制"的制度背景下，即香港國安法的頒佈、愛國者治港原則的全面落實、粵港澳大灣區的建設以及港澳融入國家發展大局的政策實施，以回應香港社會及其憲制秩序的時代需求。由此，本書試圖立足於"一國兩制"過去、當下和未來的時代交匯點上，解構香港本土主義與國家認同的問題。

其二，就架構而言，本書雖然是一部合著作品，但其章節編排條理明晰，形成了以香港國家認同為核心的遞進結構。本書一開始先是以香港本土主義為引，勾勒了本土主義的發展史及其公法應對方案（第一章）；而後，以香港民眾的國家認同為主線，宏觀把握其認同不足的內在動因和由此引發的相關症候，進而引出以粵港澳大灣區為場域的解決路徑（第二章）。之後，以國家認同的二元結構為指引，深入細化關於國家認同的論證，分別從歸屬性國家認同（對應"文化—心理"公民身份）和贊同性國家認同（對應"政治—法律"公民身份）出發，結合實證研究和法規範分析，從中觀層面探究了目前香港國家認同實踐的相關不足及其解決辦法（第三、四章）。然後，本書回歸到國家認同的解題——融入國家，以政策分析的微觀視角探究現有制度的不足與完善之道（第五章）。最後，本書以合作發展之道為精神，結束於"一國兩制"的概要回顧和展望（第六章）。概覽全書，可以說，該書從本土主義到國家認同再到融入國家，從宏觀到中觀再到微觀，為讀者提供了一幅相關問題的整全圖景。

其三，以方法而論，本書由於是合著作品，研究方法和問題視角也頗具多元特點。其綜合運用了實證研究、歷史分析、法規範分析等研究方法，兼顧香港國家認同的理論和實踐的雙重面向，結合宏觀、中觀和微觀的問題視角，從而達到了突出主線與多元論述的平衡。

其四，從對象來說，本書還特別表達了對香港青年問題的重視與關切。尤其在中觀和微觀的論述部分，為了避免實證研究和規範分析流於空泛，本書作者聚焦於香港青年這一主體。鑒於香港青年是本土主義和國家認同問題的重點對象，也是"一國兩制"薪火相傳與香港未來發展的主力軍，由此將其凸顯為問題主體和關注對象，不僅是出於具象論述的必要，也有作者作為青年學者的本能驅使，更顯示了作者對香港國家認同問題的敏銳把握和現實關切。

我一直主張，香港問題研究既要避免"兩隻黃鸝鳴翠柳"，不知所云，也要避免"一行白鷺上青天"，不接地氣。而這本著作以香港本土主義及國家認同為論述主題，既高屋建瓴，又深入實際。全書闡述深入，論證扎實，不乏創見。相信本書能為學界對相關問題的研究提供有益思考。當然，這部著作也難免有不成熟的地方。同時，對於香港本土主義和國家認同的思考也不可能藉由此書"畢其功於一役"，由此，其更多地只是一種"開放的思考"。但無論如何，本書作者所做出的努力是值得讚許的。

今年是香港回歸 25 週年，值此“一國兩制”的“五十年承諾”走過半程之際，學界亦需以回顧過去、展望未來的反思精神認真對待“一國兩制”的偉大實踐。相信這本著作能以其獨特的研究視角、誠懇的學術態度和適宜的現實關切，為相關問題的理論研究和實務解決起到積極的推動作用。

　　是為序。

鄒平學

2022 年 2 月

緒論

　　回顧香港回歸及 "一國兩制" 實踐的歷程，香港特別行政區（以下簡稱香港特區）的成功建置宣示著香港作為中國中央政府轄下一個特殊行政區域的法律地位正式確立，《香港特別行政區基本法》（以下簡稱香港基本法）的實施則為香港高度自治權的行使以及特區與中央關係的界定提供了明確指引。直至 1997 年 7 月 1 日為止，隨著香港 "地的回歸" 的完成，香港已被整體地納入到國家的治理體系而得到有效管治。與此同時，國家亦通過將《中國國籍法》列入香港基本法附件三適用於香港，進而以國籍為連結點將香港居民與國家連結起來，為香港居民建構起中國公民的法律身份。然而，由於回歸以來香港社會的去殖民化工作並沒有很好地完成，加之香港居民（本書所稱 "香港居民"、"港人" 係特指具有中國國籍的香港居民）所具有的中國公民身份的實質內容仍未得到有效的充分填充，前述這種香港居民與國家間的 "連結" 本身即更多地僅具形式意義。因此在香港，"人的回歸" 迄今還在進行當中。[1]

　　可以說，自回歸以來，港人國家認同不足的問題一直是困擾著香港良好治理的核心問題。尤其是近年來，由香港本地新生代青年所主導的諸如 2012 年 "反國教運動"、2014 年 "佔中運動"、2016 年 "旺角騷亂事件"、2019 年的 "修例風波" 等社運行動都明顯地展現出本土分離主義的理念元素，香港的本土運動由此走向一種發展異化。同時，以本土分離組織為載體，香港本土主義的言論與社運漸趨組織化、激進化，激進本土勢力也轉而進駐政治場域。於是，從"街頭運動"到"進駐政治場域"的轉向更將本土分離主義延伸至香港憲制秩序的核心領域，從而對香港社會秩序和繁榮穩定造成了極大威脅，並直接衝擊了"一國兩制"下香港特區憲制秩序的原則和底線。這種亂象，一直持續至 2020 年 6 月中央制定出台《香港特別行政區維護國家安全法》（以下簡稱香港國安法）並在香港公佈實施後才有所緩和。

當下的香港，在經歷了回歸以來最大規模的違法社運肆虐後，正迎來一個轉亂為治的歷史契機。深入分析和探討如何應對香港本土主義的發展異化以及強化港人國家認同的問題已成為新一階段確保"一國兩制"良好實踐和行穩致遠所不能迴避的重大時代課題。在有關此項課題的研究中，我們認為亟待理清的核心問題包括：香港的本土主義是如何產生與流變的？導致香港本土主義發展異化以及港人國家認同困境的深層次原因是甚麼？國家認同的建構與解構意味著甚麼？如何強化港人國民身份認同以促進"一國兩制"的進一步良好實踐？等等。基於前述問題意識，本書各章的寫作採用"問題梳理—原因分析—對策建議"的基本思路，並主要運用實證研究、歷史分析、法規範分析等研究方法，從"香港本土主義的流變及公法應對"、"香港國家認同中封閉主體性的建構與解構"、"文化濡化與香港青年的身份認同"、"'政治—法律'公民身份建構與香港青年的國家認同"以及"香港居民融入國家建設和發展的政策分析"五個方面展開對香港本土主義與國家認同問題的深入探討。

本書第一章"香港本土主義的流變及公法應對"試圖勾勒香港本土主義的流變史，進而探究其形成與異化的歷史原因，並為其異化結果尋找公法上的應對之策。本章發現，本土意識以"向內歸屬"與"向外觀照"的二元形成路徑開始發生，並先後形成其經濟文化面向和政治面向的二元構造。20世紀60年代初至70年代末，本土意識的發展雖使港人身份認同的本土意涵愈發突顯，但其仍與"中國人"身份緊密連結。到了80年代，隨著香港社會迫近"九七"與民主轉向，本土意識的政治面向開始覺醒，原先純然以利益導向的殖民化主體性此時也轉向"自覺的反思"的去殖民化主體性。此處的主體性指的是港人個體"我是族群的主體"的意識狀態，因此去殖民化主體性的轉向（即主體性的"解殖"）就是港人作為香港的一分子，對本土族群的命運加以把握反思的意識。但這種主體性"解殖"因為殖民權力和"九七問題"自始不能，於是"解殖"便淪為了受挫的"畸形釋放"。進而，當"解殖"的自始不能及其受挫的"畸形釋放"，遭遇殖民者的東方主義與其處心積慮的香港"民主化"，中國內地便被部分港人塑造為"威權者"。由此，通過對"威權者"的錯認與對抗，其便滿足了"奪回"主體性的敘事欲求與主體性"解殖"的虛幻想像。自80年代末此邏輯形成以來，到2005年本土意識以緻密形態成為本土主義，再到本土主義的近年異化，一以貫之。至此，本土主義的異化發展也對"一國兩制"造成極大衝擊，亟須公法規範作出回應。對此筆者主張，一方面應結合香港民主政治發展新形勢對"一國兩制"下中央與特區關係加以重新釐清，並以憲法和香港基本法為基礎完善香港的管治機制；與此同時，也應積極借鑒德國防衛型民主制度對香港現有法律資源進行體系性的解釋、整合和運用，以有效地遏制本土分離主義勢力的發展。

本書第二章"香港國家認同中封閉主體性的建構與解構"以國家認同為研究視點，試圖探尋港人國家認同缺失的形成原因與解決方案。本章認為，現代性語境下的國家認同呈現為"個體主體性—亞族群主體性—國家主體性"的雙向指涉結構。具體而言，自笛卡爾的"我思故我在"以來，哲學再無須訴諸外在的超驗實體作為來確證人的自我存在，轉而以人本身為主體、為形而上學基點對人類自身及客觀世界進行本體論說明。由此，"主體性"便成為核心概念。本章正是基於主體性哲學的"主體性"概念展開國家認同的理論建構，認為個體為了確證自身存在及其主體地位，須將意向性拋擲於亞政治族群和國家，由此生成亞族群和國家層面上的主體性，形成個體主體性向兩者的指涉，進而獲得兩者對個體主體性的反向補強。在此過程中國家認同也得以形成。因此，國家認同和亞族群認同的內在張力就在於個體的意向性向兩者拋擲所產生的競合關係。港人國家認同的缺失就是此競合關係的現實化，即將香港主體性認同為封閉場域的封閉化建構。訴諸香港主體性建構的歷史境況，我們發現回歸前的香港是在反殖民和東方主義的雙重作用下形成封閉化建構的面向，而近年來的本土主義就是香港主體性封閉化建構的線性延續。但是，基於香港族群內部的意見分裂，以及中國內地賦予香港的認同位置與本土派主張的認同位置不一致（原初能指的錯位），這種封閉化建構必然受挫，由此引發本土主義愈發激進且不斷分裂的症候。因應這一困境，本章認為香港與內地的商談實踐將能為封閉化面向的解構和國家認同的重構提供理論可能，而這一理論可能將在粵港澳大灣區及其"多元共治"的治理範式中找到制度設計的現實載體。

本書第三章"文化濡化與香港青年的身份認同"主要從香港的青年個體切入，基於文化濡化的框架，以一對一半結構式深度訪談為方法，從認知、行為、情感三個層面，知識、價值、行為、身份四個方面，考察作為文化濡化的三種方式，亦即短期交流計畫、中期實習項目、長期就學，以分析香港青年在內地經歷中"文化—心理"公民身份和歸屬性國民身份認同的建構過程，探索內地經歷作為一種文化濡化方式對香港青年國民身份認同的影響。本章發現，通過內地經歷，香港青年在知識方面基本都有所得益，他們對國家發展、群體行為背後邏輯與社會實況的認知都得以增長。不過，由於價值認知和行為改變需要長期的沉澱，其主要見於在內地就學的青年。總體而言，受訪青年在情感層面的身份認同反饋並不多，亦未見香港青年通過內地經歷這種濡化方式而產生身份認同重大變化的簡單邏輯。在個體建構和情境因素兩項前置條件兼備的情況下，青年確實可在特定場景下產生短暫的歸屬感，但文化場景的斷裂也使情感難以保留與延續。此外，在內地經歷中對國家富強的認知，也會使青年產生工具理性的歸屬感。這種"市場主導型"的國民身份認同，可能是對"先天"身份與"後天"認同缺口的一種彌補。總之，在作為一種文化濡化方式的內地經歷中，香港青年的個體背景差異、濡化經歷的主要特徵，與濡化過程中收穫的知識、價值、行為、身份反饋相互交織、相互影響，從而構成影響香港青年國民身份認同的複雜邏輯。未來，除了反思及優化交流、實習等內地經歷計劃外，亦需思考建構面向港人的民族或文化論述，引導香港青年在粵港澳大灣區、"一帶一路"等國家戰略中積極發揮聯繫人、代言人的角色，在習得中國論述、擔當歷史使命的同時，強化國民身份。

本書第四章"'政治—法律'公民身份建構與香港青年的國家認同"主要聚焦香港青年的贊同性國家認同維度展開探討，通過運用實證研究和法規範分析的方法得出結論。本章認為，在"一國兩制"過去階段的實踐中，港人基於國籍與國家建立的"身份聯結"更多地僅具有形式意義。因此，這種在某程度上"虛置"的公民身份導致港人難以完整享有作為中國公民的所有基本權利，同時也無須履行全部公民義務。由此，成長在該環境中的香港青年一代對國家政治認同與公民身份認同亦難以避免地受到一定弱化。當前，粵港澳大灣區作為中國新時代推進"一國兩制"發展的新實踐，正好可以為促進香港青年對國家的認同提供時代契機。未來，國家應在粵港澳大灣區建設的過程中對港澳居民作為中國公民的主體資格進行有效填充，為香港青年建構起實質化的"政治—法律"公民身份，以此促使其融入國家發展大局，切實感受其自身作為國家政治法律共同體與歷史命運共同體的一員，從而實現香港青年的人心回歸。

本書第五章"香港居民融入國家發展的政策措施分析"基於香港實現國家融入的時代命題，關切在這一應然命題下的政策實踐。在現行制度供給下，香港居民融入國家即首先意味著融入粵港澳大灣區，加之深圳在 "雙區" 建設的語境下承載了促進灣區融入和政策先行先試的制度期待，本章即以深圳市的融入政策為考察對象，以小見大地窺覽香港實現國家融入的政策實踐。據不完全統計，在 2017 到 2020 年間，深圳市就出台了多達 17 項促進港澳居民融入內地發展的政策，涵蓋就業創業、教育、住房、稅收等多個領域。然而，對於這些政策的檢討也實有必要。一方面，深圳的融入政策多聚焦於港澳人才、港澳勞動者的就業創業優惠，而少見指涉普通港澳居民的社會權利保障政策，從而不利於其 "政治—法律" 公民身份的實質建構，導致國家認同與國家統合的價值取向實現乏力；另一方面，深圳的融入政策也面臨政策文本與政策實效的雙重面向詰難。在政策文本上，少數政策仍囿於 "次國民待遇"，其餘政策亦尚不足以弱化戶籍桎梏而與 "市民待遇" 的應然價值存在距離；在政策實施上，政府部門協作不暢、缺乏配套落地機制等問題也不容忽視。有鑒於此，本章主要聚焦港澳籍學生的 "積分入學" 政策，將其作為促進香港居民實現國家融入的政策樣本。這一方面是因其作為保障港澳居民受教育權的政策，將指向香港居民 "政治—法律" 公民身份的實質填充，進而有助其國家認同的增強與國家統合目標的實現；另一方面，該政策面臨的文本與實施的雙重困境與優化思路亦能為整體的融入政策提供參考。由此，本章將通過實證研究方法的運用，兼及 "積分入學" 政策文本與政策實施的雙重面向，勾勒目前促進香港居民實現國家融入的制度圖景，分析其設計思路、實施效果與現實困境，進而提供優化路徑與制度展望。

以上各部分構成了本書的主體內容。作為國家社科基金青年項目"增強港澳同胞國民身份認同的實施機制研究"的一項階段性成果，本書在內容上同時體現了基礎性研究和應用性研究的特點。我們期待，書中的有關研究能為香港本土主義與國家認同問題的理論研究及實務開展帶來一定的積極影響。

｜註釋｜

1. 北京大學陳端洪、強世功教授等學者已有相關研究成果就此問題進行過不同程度的探討。詳見強世功：〈國家認同與文化政治 —— 香港人的身份變遷與價值認同變遷〉，《文化縱橫》2010 年第 6 期；劉爭先：〈兩類國家認同的分殊、整合與教育 —— 以香港人的國家認同問題為中心〉，《貴州師範大學學報（社會科學版）》2014 年第 5 期；陳端洪：〈理解香港政治〉，《中外法學》2016 年第 5 期。

目錄

第一章

香港本土主義的流變及公法應對 *

香港於 1997 年回歸祖國以來，與內地經濟社會聯繫日益密切，同時在國家建制的層面上亦有"一國兩制"的憲制框架。在此語境下，應可期兩地關係之融洽，港人在 country 的層面上對中國內地的認同可隨著兩地社會、文化之日漸交融而築成，state[1] 的層面亦可在"一國兩制"的逐步展開中解決。然而現實似乎是，在"一國兩制"的實踐中，異質性因素被逐漸放大，隨之而來的是"兩制"之間的緊張關係不斷發酵。2003 年"七一大遊行"以後，社會運動的此起彼伏與其後本土主義的話語擴張更是將這種緊張關係置於近乎"冰炭不能同器"的境地，更有甚者，這種本土主義有異化為分離主義的危險傾向。

於是，我們有必要解析這一境況是如何產生的，即香港的本土主義是如何產生與流變的？通過對香港本土主義歷史流變的大致梳理，筆者希冀解構其內在動因並在此基礎上為其公法應對提供一些有益啟示。

揆諸歷史，我們可以發現，在香港本土主義的發展脈絡中，有三條二元結構的線索：其一，"向內歸屬"與"向外觀照"。此即兩條香港本土意識的形成路徑。根據社會認同理論，族群認同包括歸屬感、對參照群體的認知以及個體在群體中的價值分享等不同的維度，是動態的多維度的結構。[2] 而此處所說的"向內歸屬"即指族群認同中歸屬感的形成，其本質即為增強族群的積極性評價，提高主體的自尊水準以促成族群認同的形成。[3] 試舉一例：港英政府以"行政吸納政治"[4] 的間接統治就能使港人實現對香港本土的積極評價，滿足其自尊的自我激勵需要。質言之，此即屬"向內歸屬"的形成路徑。

而第二種路徑亦是族群認同的原生性路徑："向外觀照"。[5]

申言之，本土族群認同的建構都要經過"向外觀照"的過程，即以"他者"為"鏡子"來識別自己，亦即所謂的"社會分類"、"社會比較"。[6]試舉一例：該族群何以是"我的族群"，因為它區別於其他族群。在這裏，"其他族群"就是一面"鏡子"，只有通過"其他族群"（"鏡子"）的異質性，個體才能形成"我的族群"的概念。概言之，在"自身—他者"的二元框架中，本土意識才能形成。而這種"向外觀照"的形成路徑在香港本土意識建構的歷史中也隨處可見，港人正是在英國和中國內地的"兩面鏡子"的映照下，獲得"香港本土"的概念。

第二條線索，即香港本土意識的兩個面向：經濟文化面向與政治面向。隨著香港歷史的逐步展開，這兩個面向先後生成、相互纏繞，最終型構了今日的香港本土主義。申言之，在港英政府"去政治化"的殖民策略下，政治要素從港人價值訴求的圖式中被剝離，香港本土意識亦率先由"純粹經濟動物"的形象發軔，以爭取族群經濟利益、捍衛本土文化符號的話語建構來表達其族群認同的訴求。1967 年的"反英抗暴"與 20 世紀 70 年代的粵語文化浪潮即為典例。前者肇始於港人欲圖改變現行利益分配體系的社會經濟訴求，從而凸顯出港人在經濟面向的族群認同意涵；而後者則通過證立本土文化的獨特性與優越性，在文化面向的"自我—他者"二元框架中得以宣示其"本土優先"的族群認同意涵。而直至 20 世紀 80 年代，伴隨香港代議制政治的迅速發展，香港本土意識才得以擺脫"去政治化"的桎梏，港人的族群認同也才逐漸開始通過參與本土族群的公共意志形成而建構，此即香港本土意識在政治面向上的覺醒。

而第三條線索也是最關鍵的一條：殖民化的主體性與去殖

民化的主體性，[7] 此為港人主體性的兩種不同形態。主體性意指個體不僅對特定族群產生類屬意識，即認識到 "這是我的族群"，而且還要突出存活在本土生活空間的人的主體性，[8] 即 "我是族群的主體，我可以能動地參與、主宰自己族群的未來"。鑒於香港被殖民的歷史，港英政府長期採用 "行政吸納政治" 的間接統治策略，使得港人對其本土族群的完整主體性長期缺位。直至 20 世紀 80 年代中期，伴隨香港的民主代議制的發展，一種完整主體性（即去殖民化的主體性）的欲求才漸趨成熟。但此後這種欲求卻隨即陷入了 "求而不能" 的窘境，只得伴隨著焦慮與無力，以一種畸形的方式加以釋放，進而逐漸沉淪於毫無意義的虛幻 "解殖"。

而自 20 世紀 60 年代到 80 年代初，港人發展出的是一種不完整的主體性，亦即殖民化的主體性。這種主體性是不完整的，因為港人萌生了主體性的覺醒，覺得自己是香港的 "主體"，也只能被更大的 "主體"（港英政府）壓抑，從而不能取得主體意識的完整。申言之，在被殖民的語境下，港人的主體性意識缺少了一種 "自覺的反思"[9]。因為這種主體性不是通過港人欲圖把握族群未來的反思性語境加以塑造的，而僅僅是訴諸非對稱社會結構（ "英國—香港" ）對弱者利益的傷害。1966年的天星碼頭群眾動亂即是典例，港人在這場社會運動中，主體性的外現 ——"為自己發聲" —— 並不因為港人欲圖把握自身族群的自覺性，而僅因港英政府傷害了他們的利益。換言之，這種不完整的主體性囿於實用主義的窠臼，而缺失了對族群的 "自覺的反思"。

綜上，筆者認為，這三條二元結構的線索貫穿於香港本土主義建構的歷史過程，並在歷史中先後展開。綜觀香港本土主義的流變，港人隨著殖民的解體，逐漸從殖民化的主體性過渡到去殖民化的主體性，但這種"解殖"過程直至今日仍在繼續。質言之，部分港人雖以把握族群未來的欲求試圖達至去殖民化的主體性，卻陷入了殖民權力的話語規訓與殖民史觀的認知圖圈。一旦我們以這樣的視角去理解香港今日的本土主義，我們不難發現：回歸後的本土主義建構是港人在彌補殖民時期的主體性缺失，是港人主體性"解殖"的產物。筆者何以得出這個結論？在下面的行文中，筆者將以時間順序對香港本土主義歷史發展作一大致梳理，並逐步展開以上結論。

同時，香港本土主義的流變與異化亦為"一國兩制"的憲制秩序提出了嚴峻挑戰，從而公法有必要作出回應。因此，從法教義學的視角來看，我們有必要梳理香港現行的規範資源，進而挖掘現存的公法規範以面對香港本土主義的異化，探究其自我防衛立場失語的原因，並在此基礎上提出公法的應對方案。

起源（20世紀60年代至70年代末）：
香港本土意識的初步建構

—————— • ——————

香港本土意識的歷史從何說起，這本身便是一個棘手的問題。不同的學者之間相互牴牾，莫衷一是。有學者認為，香港工商階級於 1925 年的港省大罷工即意味著港人本土意識的初步萌芽。[10] 這個觀點不免有失偏頗，原因有二：其一，港省大罷工只代表了香港少數的工商階級，該運動並未具有普遍性，因此不能視作香港本土意識形成的始點；其二，港省大罷工是否起碼說明了工商階級的本土意識萌芽，此點亦不明顯。還有學者認為，1966 年的天星碼頭群眾動亂、1967 年的"反英抗暴"才是港人本土意識的始點。[11] 筆者並不否認，上述社會運動的確凸顯出港人本土意識形成的明確意涵，但將其作為起源則未免武斷。

以筆者拙見，香港本土意識的建構應從 1961 年開始論起。自 20 世紀下半葉始，伴隨著香港人口開始出現當地語系化的趨勢，本地出生人口在香港人口中的所佔比重亦大幅度上升，到 1961 年為止，該比例已上升到接近總人口半數的 47.7%。[12]

而將這一表徵作為本土意識探討始點的主要原因有二：其

一，香港在 20 世紀 40 年代至 50 年代為 "難民社會"、"移民社會"，主要人口構成為二戰期間與新中國成立後從中國內地而來的 "難民"。在這種人口結構中，香港對他們只是 "避難所"，談及所謂的 "以港為家" 的本土認同顯然不太可能。而 1961 年土生土長港人近半的人口結構則意味著，香港已出現了一批生於斯、長於斯的，沒有濃厚的 "故鄉" 觀念的一代，這無疑為本土意識的起源與發展奠定了人口學基礎。[13]

其二，以 1961 年的本土人口結構為討論始點可以規避諸多學者對於這一問題的弊病，即以港人顯露出其本土族群認同的表徵性事件為始點。雖說這一論題 —— 港人的本土意識從何時源起 —— 涉及個體內在的認知圖式，從而不得不藉助標誌性事件將這種內在圖式表現出來，也只有如此才有討論的可能，但直接挑選標誌性事件作為港人本土意識的始點則有不妥。其原因是，此類事件往往因其表露出港人本土意識而被關注，而此亦即意味著該事件發生時本土意識已具初步穩態，以此為始點便忽視了該事件之前的動態萌生過程。而以 1961 年為始點即可規避此悖論。1961 年並非本土意識的外現，而只是本土意識的建構基礎的形成時點，以此為香港本土意識的探討始點可以更好地展現港人族群認同的動態結構。

於是，自 20 世紀 60 年代初，港人的本土意識便初現端倪。一方面，這些土生土長的港人受其父母的影響，對內地仍有憧憬與眷戀；[14] 但另一方面，他們在香港本地長大，生活方式不免受到本土文化符號的影響。同時，香港經濟開始發展。這促進了本土一代 "向外觀照" 的原生衝動，他們一方面以他們的父輩為 "鏡子"，通過父輩對於中國內地的文化認同，映照出香港本土文化、經濟符號的異質性；而另一方面，經濟的快速發展所帶來的社會矛盾激化又促使他們以港英政府為“鏡子”，映照出“中國人”的形象。

1966 年天星碼頭群眾動亂 [15] 與 1967 年的“反英抗暴”左翼社會運動即可作為這一時期本土港人心態的集中體現，兩者共同表現出該時期港人本土意識建構的典型特徵：其一，本土一代因在香港土生土長，共享了一套香港本土的文化符號。這種文化符號因為“向外觀照”，而凸顯其本土性、異質性。在此，香港人“向外觀照”的對象是中國內地，通過將中國內地劃為“他者”，其文化符號的本土性便在與“鏡像—鏡子”、“自我—他者”的二元對立中顯現出來。就如同個體的自我認同是通過“他者”（“鏡子”）映照出來的，正是看到了別人，知道“我和別人不一樣”，自我認同才得以建構，這時的港人也以中國內地為“鏡子”形成本土意識的萌芽。[16] 其二，港人在社會運動中又以港英政府（英國）為“鏡子”，映照出自己“中國人”的形象。在這一視角下，上述兩次社運即可重塑為反殖民鬥爭。當話語轉化為“殖民—反殖民”時，港人就要訴諸“中國人”的民族意識。[17] 綜上，一方面此時港人的本土意識初現端倪；另一方面，本土意識的本土性並不強，與港人的“中國人”的身份認同仍緊密聯繫。

而在 1967 年“反英抗暴”之後，港英政府有感於殖民統治的威脅，統治政策轉向“積極不干預”、“較積極干預”，且將原有的“行政吸納政治”的間接統治模式進一步推進。此時香港已不再是“社會與政治互不干涉”的狀態，而是“低度整合”。[18] 因此，隨著香港社會的矛盾緩解，社會福祉總體增加，

"向內歸屬" 的形成路徑發揮作用，本土意識的經濟文化面向進一步發展。但此時本土意識的政治面向尚未建構。

到了 70 年代初，香港又相繼爆發了數場社會運動，如 "爭取中文官方語言運動"、"保釣運動"、"反貪污、捉葛柏" 運動等。但總體而言，這些社會運動是上述運動的自然延伸，並無本土意識發展的新因素。但值得注意的是，隨著 70 年代香港經濟的迅速騰飛，香港成為 "亞洲四小龍" 之一，這種經濟上的巨大成就帶給港人的自我滿足與中國內地文化大革命剛結束時的落後荒頹形成了鮮明對比，這種對比促成了港人自尊水平的極大提高，從而激勵其 "向外觀照" 的本土意識建構：[19] 港人以中國內地為 "鏡子"，一方面映照出香港本土的 "鏡像"，從而鞏固了港人在經濟文化面向的本土意識，也證立出港人 "經濟動物" 形象的優越性；另一方面，通過貶低 "他者"（中國內地）的鏡像策略，[20] 港人在這一時期發展出 "大香港主義"[21]，由此在經濟文化面向的族群認同建構有與 "中國人" 身份分離的跡象。但總體上，港人的 "香港人" 身份與其 "中國人" 身份大體相容，並不衝突。

1979 年隨著麥理浩訪問北京商談新界續租事宜，"九七問題" 被提上議事日程，有人在此期間提出香港應 "自決前途"，[22] 本土意識的政治面向才初見萌芽。但因後來中央提出 "一國兩制"，港人回歸前途未卜的焦慮被有效緩解，其政治面向的萌芽亦戛然而止。

綜上所述，20 世紀 60 年代到 80 年代為香港本土意識的初步建構時期。這一時期，香港本土意識的經濟文化面向通過以英國、中國內地為 "他者" 的 "向外觀照" 而得到初步確立。

同時，"向內歸屬" 的形成機制亦甚為重要，港英政府對香港 "非政治化" 的懷柔策略的確建構起了港人對香港的歸屬感，從而促進了香港本土意識的形成與發展。由此，這一時期大致呈現出港人的 "香港人" 身份逐漸從其 "中國人" 身份剝離的過程，但這兩種身份認同此時仍為緊密聯繫且互相包容的樣態。而香港本土意識的政治面向在這時還見不到蹤影，究其原因大致有二：其一，港英政府一直將港人塑造為 "純粹經濟動物" 的努力，其典型例子即為 "行政吸納政治" 的統治策略，以一種柔性的手段壓抑本土意識政治面向的覺醒；其二，20 世紀 70 年代的經濟騰飛也使得港人自滿於 "經濟動物" 的形象，"純粹經濟動物" 的自我形象亦由此被合理化地證立，政治面向因而缺位。

香港本土意識的發展（20世紀80年代至1997年）：政治面向的覺醒

——————— ● ———————

　　20世紀80年代初，中英兩國開始就香港問題進行談判與交接。英國在與中國的政治博弈中，採取了其對待殖民地的慣用手段來處理香港問題，即在培植英國式政治精英的基礎上推動民主化進程，以求在帝國"撤退"後仍能儘量維持對殖民地的利益優勢。[23]當然，除了英國這種政治功利的考量，將香港的"行政吸納政治"逐漸轉變為代議制，亦是基於中英合意的。因此，港英政府於1984年發表《代議政制綠皮書》，一年後即引入了功能團體選舉制度。繼而，1986年的"興建大亞灣核電站抗議"就提出了進一步的政治訴求。[24]此後，更是出現了要求加快立法局全民直選的呼聲，各種壓力團體紛紛興起。[25]自80年代初到1988年的短短幾年時間，政治性本土意識就得以迅速建構，呈現星火燎原之勢。

　　可以說，中英兩國就香港問題的博弈促成了香港本土意識政治面向的覺醒，而這種覺醒亦伴隨著港人對於完整主體性（去殖民化的主體性）欲求的覺醒。申言之，港英政府的代議制轉向以及"九七問題"使港人得以擺脫原有"純粹經濟動物"的自我認知而參與本土族群公共意志的形成。因此，伴隨著本土意識政治面向的建構，港人以代議民主的政治渠道自覺反思、把握本土族群命運的欲求——即完整的去殖民化主體性欲求——亦由此而生。

但這種主體性的"解殖"卻隨即陷入"求而不能"的窘境：一方面，在"九七問題"的前景反思與代議民主的政治語境下，港人欲圖藉助民主轉向自覺地反思族群未來、主宰族群命運；但另一方面，港人的主體性欲求又囿於殖民語境與"九七問題"的雙重夾擊。這意味著，港人去殖民化主體性的欲求既是殖民權力誘發的，同時亦被殖民權力所規訓；港人的主體性欲求既根植於港人對本土族群面對"九七問題"時前途未卜的深層關切，同時其自主能動意涵又被未卜前途所消解。由此，在香港本土意識政治面向的覺醒中便蘊含了港人主體性"解殖"的"求而不能"的畸形原生環境。

1985 年到 1988 年間香港各種政治訴求的表達、壓力團體的興盛，固然如諸多學者所言，是港人面對"九七問題"前景未卜的政治關切與代議制變革填補了香港多年以來的政治缺位所致，[26] 但更可將其重構為港人實現主體性"解殖"的努力。亦即，通過參與本土族群的政治意志形成，對本土族群政治命運加以"自覺的反思"，實現從殖民化主體性向去殖民化主體性的重構。但是，由於這種完整主體性的欲求因"求而不能"的原生環境而無法實現，主體性"解殖"受挫的無力感與完整主體性缺失的焦慮感將助推再一次的"解殖"，從而港人的主體性"解殖"便逐漸流於無力感和焦慮感的"畸形釋放"，而無法真正解除殖民語境施加於港人主體性的桎梏。由此，20 世紀 80 年代中期到 90 年代以來的政治覺醒既是港人實現主體性 "解殖" 的努力，又可視為 "解殖" 受挫後陷入惡性循環的表徵，即 "解殖" 異化為無力感和焦慮感的無盡釋放。

1989 年港人對 "八九風波" 的支持就將這種無力感和焦慮感的 "畸形釋放" 演繹到了極致。部分港人之所以如此積極地支持、參與這場政治風波，是因為其 "解殖" 受挫的無力感與完整主體性缺失的焦慮感亟需釋放。通過與中國內地共享的文化認同，他們試圖將自己與中國內地的參與同質化。同時，在殖民者東方主義的話語誘導與權力規訓下，[27] 其又將內地政府建構為 "假想敵"。通過對 "假想敵" 的抗爭，其便可在此 "加害者—受害人" 的虛構語境中凸顯其 "奪回" 主體性的能動意涵，從而暫時擺脫完整主體性缺失的困境。

因此筆者認為，港人對 "八九風波" 的支持即為 "解殖" 受挫的症候，亦即主體性的去殖民化在 "求而不能" 的原生環境下逐漸淪為無力焦慮的 "畸形釋放"，進而異化為一種虛幻 "解殖"。與此同時，這場運動亦說明了兩大問題：其一，港人之所以能與內地人 "同仇敵愾"，說明其在文化面向上的兩種身份認同 —— "香港人" 的身份認同與 "中國人" 的身份認同 —— 在當時仍緊密相聯。其二，在政治面向上，港人的身份認同已經與內地剝離，對內地的社會主義意識形態採取 "內在批判者" [28] 的認知態度。

在 "八九風波" 之後，伴隨著港人對社會主義意識形態的不信任在 "假想敵" 的建構過程中進一步發展，原來在政治面向上的身份認同疏離也開始延及文化面向，亦即部分港人對內地的認知態度逐漸從 "內在批判者" 轉變為 "外在批判者"。

而這種 "外在批判者" 的轉向是由多重因素合力形成的：
其一，將中國內地視為 "他者" 的 "向外觀照" 有其 "積極區分"
的慣性，進而在東方主義的話語規訓下，"積極區分" 的固有慣
性將作用於兩地的基本社會制度，從而為港人身份認同的離心
化傾向提供驅動力。申言之，在港人長期將中國內地視為 "他
者" 的 "向外觀照" 中，往往伴隨著貶低 "他者" 從而實現對
自身積極評價的 "積極區分" 過程，其又呈現為一種封閉循環
結構：貶低 "他者" —提高自尊—證立本土合理性—建構本土
意識—繼續貶低 "他者" ……。同時，因為東方主義殖民話語
的誘導與規訓，這種 "積極區分" 的對象逐漸轉向兩地之間的
基本社會制度，其固有的循環結構與自身慣性便可能導致港人
在 "‘先進的’資本主義—‘落後的’社會主義" 的不斷證立下，
身份認同從政治面向的疏離轉向對作為社會主義政治制度之文
化背景與民族屬性的 "文化建構體之中國" 的一併拒斥。

其二，英國別有用心地助推上述慣性。1989 年後，國際形
勢驟然變化，英國政府要求加快香港政制改革的步伐，企圖在
香港建立一個獨立政治實體。[29] 在這種"泛民主"的政治轉向中，
香港進一步將自身定義為 "民主的"。於是，在將中國內地視為
"他者" 的 "向外觀照" 中，為了得以證立自身的優越性，其便
自然地將中央政府塑造為 "威權主義" 的幻象，由此亦鞏固了
中央與香港 "加害者—受害人" 的虛構語境。因此，彭定康政
改利用了 "積極區分" 的慣性，將兩地基本社會制度的差異所
引起的語境分歧異化為 "一道無法逾越的鴻溝"，從而助推了
"外在批判者" 的態度轉向。

其三，彭定康政改使得港人對其本土空間的歸屬感進一步

增強，這促使香港的本土意識與內地進一步分離。綜上，三者共同促成了港人的身份認同在政治面向、經濟文化面向與內地的雙重疏離。由此，部分港人對內地的認知態度即逐漸從"內在批判者"轉向"外在批判者"。

於是，在"外在批判者"態度以及"解殖"的雙重動因下，香港亟需在中國內地與英國的視域之外重新建構出一個新的本土意識"敘事結構"。而在中國內地和英國這兩個"他者"的擠壓中，部分港人也找到了本土族群自我定位的出路："世界主義"。其拒絕用中華民族的民族屬性來定義香港，而將香港置於一個比本土空間更為龐大的視域，賦予其"屬於世界"的空間定位。此時的香港不僅通過"世界主義"解構以中原為中心的民族主義觀念，而且也避免落入"香港本質主義"的陷阱。[30]

進言之，"世界主義"是"八九風波"運動邏輯的異化延伸：一方面，"世界主義"主張"香港不屬於中國而屬於世界"的空間定位，實質是在"加害者—受害人"的虛構語境中擺脫"威權者"的自我想象，進而實現其無力感與焦慮感的"畸形釋放"和凸顯其虛幻"解殖"的能動意涵。因此，"世界主義"為"八九風波"的繼承延伸。另一方面，"世界主義"意味著部分港人的身份認同及與內地的疏離從政治面向拓展至文化面向，亦即從"內在批判者"轉向"外在批判者"。由此，"世界主義"又是"八九風波"的進一步異化。

綜上所述，20世紀80年代初到回歸前，港人的本土意識進一步發展。這一時期，港人在經濟文化面向上的身份認同與內地進一步疏離，其本土性愈發凸顯。更重要的是，香港本土意識的政治面向開始覺醒。與此同時，港人對去殖民化主體性的欲求也相伴而生。但這種主體性 "解殖" 的欲求一開始便陷入了 "求而不能" 的畸形原生環境。當這種 "求而不能" 所致的無力與焦慮遇上東方主義的殖民話語，其便以一種畸形的方式被 "釋放"，中央與香港的 "加害者—受害人" 語境亦即被虛構出來。於是，港人在政治面向上的身份認同亦逐漸與內地剝離。進而，以 "八九風波" 為節點，在 "向外觀照" 與 "向內歸屬" 兩重路徑的共同作用下，香港本土意識又逐漸轉向 "世界主義" 的 "敘事結構"，這標誌著對內地的認知態度從 "內在批判者" 異化為 "外在批判者"。由此，港人兩個面向的身份認同都與內地進一步剝離，"世界主義" 也因此蘊含著分離主義的危險傾向。

香港本土主義的形成與異化（1997 年至今）：虛幻的"解殖"

———————— ● ————————

一、本土主義的濫觴（1997 年至 2008 年）："80 後新世代"的"文化鄉愁"

九七回歸以後，港人對內地的身份認同伴隨著"遊子回歸襁褓"的語境建構回到原點，80、90 年代對內地的"批判者"態度亦隨之蟄伏。

在回歸後不久，香港即罹受亞洲金融風暴與"非典"，加之特區政府處理不當，社會矛盾開始激化。2003 年，董建華政府提出按照基本法第 23 條的要求在香港制定國家安全法，由此催生了大規模的遊行示威，亦即"七一大遊行"。

此次遊行絕非僅是社會矛盾激化的產物，其亦表現出港人一以貫之的本土意識建構邏輯：其一，此時港人的自尊水平因社會低迷而有所下降，由此激勵"向外觀照"的族群認同路徑發生作用。出於提高自尊水平的需要，港人將特區政府視為"他者"，從而將其自尊水平的下降歸咎於這個"他者"，以此完成"積極區分"的族群認同過程。[31] 而將特區政府視為"他者"的鏡像策略，實則間接喚醒了中央與香港原有的“加害者—受害人”的虛構語境。由此，“蜜月期”中兩地關係的內在張力便隨著“加害者—受害人”虛構語境的回返與“內在批判者”認知態度的復歸而得以顯露。

其二，回歸之後，香港雖已進入後殖民時代，但部分港人仍囿於殖民史觀的認知圖圈，陷入了一種殖民者缺位下的“被殖民”語境。在原有殖民者（英國）的缺位下，其索回完整主體性的努力就必然始於一個“假想殖民者”的建構。由此，這種“假想敵”的建構欲求，加之東方主義的話語殘餘與隨之而來的對政治中國的批判態度（“內在批判者”態度），亦使得香港與中央之間的“加害者—受害人”虛構語境再次甦醒。

質言之，“七一大遊行”雖非依循本土主義流變過程的異化產物，而只是由“23條立法”等外部因素催生，但卻蘊含了此後本土主義異化的基礎邏輯。此外，這次遊行中，“23條立法”的擱置亦為香港與中央間的“壓力政治”模式奠定了基礎。

但很快“七一大遊行”便偃旗息鼓，其背後的“加害者—受害人”虛構語境亦再次蟄伏。而這種虛構語境在短暫復歸後的迅速蟄伏，一是因為其本身的喚醒並非本土主義異化的成熟產物，而僅由外部因素催生；二是2003年後伴隨著香港社會經濟在中央的幫助下逐漸回暖，如2004年中央推出內地遊客前往香港的“自由行”，以促進兩地交融來復甦香港經濟。如此，將自尊水平下降歸咎於“他者”的“向外觀照”因社會自尊水平的上升而停止，“加害者—受害人”語境的發生進路亦由此阻斷。因此，本次社運中“加害者—受害人”的虛構語境和“內在批判者”的認知態度便僅隱約顯露而又曇花一現。但值得一提的是，正是此時中央通過加強兩地交流以促進香港發展的諸多舉措，後來也為香港本土主義的異化埋下了“導火索”。

2005年，以反對利東街拆遷為啟端，一場由溫和本土派主導的“本土文化保育運動”又陸續興起。此次社運因運動形態的持續性與運動目標的一致性，使港人的本土意識發展為一種更為緻密的形態——香港本土主義。[32]

這場作為本土主義濫觴的社會運動，通過“80後”港人與特區政府之間的“文化角力”而展開。“80後新世代”錯過了香港的黃金時代，又不免困頓於香港面對世紀之交的茫茫前路，這種面對自身命運與族群命運的無力象徵著年輕一代主體性的缺失。同時，香港文化符號的逐漸消亡也意味著本土印記在時代浪潮中的未卜前途。因此，這群“80後”便將香港文化符號的困頓之境視為自身及其本土族群主體性缺失的具象表達。於是，他們視特區政府和全球資本主義為“他者”，並對之發起一場聲勢浩大的“文化起義”。如此一來，他們便可在這場“鄉土情懷”的博弈中言說建構完整主體性的欲求與話語，並得以彌補主體性缺失的無力與焦慮。因此，這場“文化起義”是“80後”的年輕一代追求主體性“解殖”的鬥爭；[33]同時，其亦凸顯出年輕一代視文化印記為“堡壘”的自我防衛意涵，這種自我防衛不僅是出於對特區政府和全球資本主義擠佔本土空間的抵禦，亦是對中央“君臨香江”的幻象警覺。

概言之，這場“文化起義”的本土主義濫觴雖隱約體現了香港與中央緊張關係的隱性意涵，但綜觀而言，其仍以“80後”年輕一代的“文化鄉愁”建構“本土文化優先”的語境，而尚無分離主義的異化建構。

二、本土主義異化的第一波（2009 年至 2013 年）：
分離主義的初步建構

2009 年，特區政府建設廣深港高鐵的計劃竟再次引發 "80 後" 港人的大規模抗議。這場社會運動因亦是 "80 後新世代" 保護本土符號的文化鬥爭，故而被諸多學者視為 "本土文化保育運動" 的延伸。但其 "拒斥兩地縱深融合" 所蘊含的對內地的 "批判者" 態度與 "加害者—受害人" 虛構語境的隱然覺醒已使其具有異化傾向。[34]

這種 "拒斥兩地融合" 的語調意味著自香港回歸的 "甜蜜期" 以來，港人對內地的身份認同出現了明顯的疏離，而這種疏離並非在 2009 年的 "高鐵建設事件" 的一夕間形成，而有其逐漸流變的過程：早在 2004 年，內地為幫助香港經濟回暖而推出 "自由行"，由此成為兩地交融之濫觴。此後隨著兩地交融益多，在所難免的文化摩擦成為了兩地間緊張關係外現的 "導火索"。伴隨兩地內在張力的增加，加之 2008 年內地數樁 "惡性事件" [35] 的揭露，使港人因奧運會成功舉辦而達至高點的國家認同在同年開始下降。於是，這種身份認同的疏離終於在 2009 年的 "反高鐵運動" 中顯露自身，並伴隨著對內地 "批判者" 的態度復現以及 "加害者—受害人" 的語境重建的危險傾向。

在 "反高鐵運動" 後，部分 "80 後" 以一種更為激進的話語建構來回應兩地間既有的緊張關係，他們欲圖用這種更為激進的本土主義表達來回應 "他者"。激進話語所劃定的 "他者" 不僅包括內地，還包括 "泛民主派" 的老一輩港人，[36] 甚至將 "本土文化保育運動" 的溫和本土派亦納入其中。這群激進的 "80

後"認為只有繼承對內地的"外在批判者"態度，才能實現主體性的"解殖"。

而這種激進的"敘事結構"是由多重因素形成的：其一，這群"80後"的主體性缺失與"泛民主派"老一輩有所不同。前者的主體性缺失始於個體對自身命運的無力，而後推及族群；後者的主體性缺失則只是源於族群命運的未卜。由此，新生一代因背負著主體性缺失的雙重焦慮，其本土主義的語境建構與行動邏輯便比"泛民主派"更為激進。其次，這群"80後"視老一輩港人為兩地交融的既得利益者，而將自身經濟紅利的錯失歸咎於這群老一輩的"他者"。因此，兩者間的代際矛盾既使得這群年輕人更偏好不同於老一輩的激進話語，亦使其用"外在批判者"的激進態度來反對兩地交融經濟紅利的不公分配。其三，這群"80後"由於在本土文化的影響中成長加之"一國兩制"中"兩制"的異質性，沒有如同他們父輩那樣的民族主義情結，因此更易採取一種激進本土主義的"敘事結構"。其四，在回歸之後，部分港人仍然囿於因受殖民統治所致的完整主體性"求而不能"的歷史語境，欲圖在殖民者的缺位和對殖民者的錯認下實現主體性的虛幻"解殖"，香港本土主義遂容易滑向異化的語境建構，即視內地為"壓迫者"，並與之疏離、割裂。

2011年對"雙非兒童"政策的抗議，2012年的"D＆G拍照事件"、"驅蝗事件"等數場運動即為激進本土主義的延續。[37] 伴隨著兩地間的文化摩擦逐漸升級為文化衝突，港人對內地的身份認同進一步疏離，本土主義此時亦有異化為分離主義的危險傾向。2012年，"反國民教育運動"則更是將其對內地的"外在批判者" 態度與 "加害者—受害人" 語境,以一種拒斥國家認同的積極姿態表露出來。

同時,這種激進本土主義亦藉助理論載體從社運的非理性宣洩轉向唯理化的語境建構。

2011 年,伴隨陳雲的論著《香港城邦論》的出版,激進本土主義首次以一種 "文化國族主義" [38] 的論述視角展開。這種 "文化國族主義" 在認同中國文化的基礎上,卻建構了一套分離主義的理論話語。一方面,其對中國文化的眷戀與歸屬頗類似於 "泛民主派" 在 "八九風波" 中的 "敘事結構",但另一方面又完成了對 "民主回歸論" 的異化改造。陳雲在其論著中指出,"對於政治中國,香港人要放棄;而對於文化中國,香港人則要反省 —— 大陸(內地)禮教淪喪,中華文化不在中國而在香港,中共無心改善也無力自我完善、大陸(內地)同胞已經被中共荼毒而香港人不能與之共處一國"。[39]

因此,這種 "文化國族主義" 的本土主義論述雖認同中國文化,卻否認 "文化建構體之中國",亦即宣稱中國內地蘊含的中華文化已經式微,香港才是中華文化道統的承繼者,以此鼓吹 "脫離中國" 的真實意圖。通過 "華夷變態" 的 "小中華主義" 文化情結的話語建構,[40] "香港城邦論" 便完成了從 "泛民主派" 的 "內在批判者" 到 "外在批判者" 的微妙轉向。

概言之,"香港城邦論" 的 "外在批判者" 的態度轉向意味著傳統的 "民主回歸論" 中港人與內地共享 "文化中國" 的民族主義情結逐漸被邊緣化,本土主義的理論語境由此開始趨於分離主義的異化形態。

三、本土主義異化的第二波（2014 年至今）：顯性"港獨"的形成

2014 年，激進本土派對中央提出的"8.31"政改方案再度不滿，轉而以"公民抗命"的方式提出其激進民粹主義的政治訴求，由此爆發"佔領中環運動"。自 2003 年以來，每當港人以這種"街頭運動"的形式表達政治訴求，中央都會予以讓步。於是，港人逐漸養成了"街頭運動—中央讓步"的路徑依賴，從而形成了"壓力政治"的獨特模式。[41] 而"佔中"事件則將"壓力政治"演繹到了極致，其具有兩個面向：其一，"佔中"體現了"壓力政治"的慣性思維，其政治訴求的本質 —— 爭取民主普選 —— 仍在基本法的原生框架之內；其二，"佔中"雖是"壓力政治"的延伸，但已有異化傾向，其以一種族群自決、孤注一擲的激進姿態，將香港與中央間的原生張力置於近乎毀滅現有體制的異化語境之中。

而在這種異化語境下，一種新的激進本土主義理論話語也"應運而生"——"香港民族論"。[42] 這種"公民國族主義"挪用了安德森在《想象的共同體》中所提出的民族主義發生理論，視所謂的"香港國族"為公民命運共同體，主張以社會契約論來論證所謂"香港國族主義"。他們認為，港人在參與公共事務的過程中，成為了休戚與共的命運共同體，此種命運共同體已發展出有別於中華人民共和國價值體系的獨立地域身份與公民認同，因此可自成"民族"。[43]

概言之，所謂"香港民族論"較陳雲的"城邦論"更為激進，其民族自決的理論姿態甚至拒斥了"文化國族主義"的最

後一絲中華情結，而近乎於上世紀90年代"世界主義"的"敍事結構"。兩者都試圖以更為決絕的"外在批判者"態度來定義香港，但"香港民族論"顯然比"世界主義"更為激進。"世界主義"尚且通過訴諸"香港屬於世界"的空間定位來建構其隱性的分離主義立場；而"香港民族論"的"公民國族主義"則直接通過港人公民身份的抽離，實現其"自絕於中國"的理論策略。因此，這種"公民國族主義"將不可避免地強調"世界主義"所摒棄的本質主義意涵，亦即將港人的公民身份視為"香港國族"的本質要素，以此完成顯性"港獨"的理論建構。

同年12月，持續數月的"佔中"以激進派訴求的落空而告終，"壓力政治"模式亦隨之宣告破產。這種舊有話語載體的崩潰與孤注一擲後訴求落空的不甘加劇了激進本土主義內部的話語張力。於是，此時的激進本土派再次面臨分裂的境地。部分本土主義者有感於"自絕於中國"激進策略的失語，遂回歸隱性分離主義的理論建構。這種傾向以方志恆於2015年提出的"革新保港論"為典例。

"革新保港論"借用加泰隆尼亞政治學家顧辦勞（Monsterrat Guibernau）"無國之國族"（nation without state）的概念，提出以發動"在地抗爭"為經、以加強"香港優勢"為緯的政治路線：一方面深入社會各界建立"在地群眾組織"，並以"公民社會聯線作戰"、"社會包圍政權"的方式，建立植根於公民社會的"新本土民主運動"；另一方面則要發揮"以小制大"的生存智慧，以擴大香港作為全球城市的優勢，為兩地博弈創造有利條件。[44]

質言之，該理論看似是迴避統獨爭議的"第三條道路"，但實則以模糊主權概念的方式重構香港的本土空間定位，從而復

歸"世界主義"的隱形"港獨"路徑：其與"世界主義"的論
述策略相同，將"外在批判者"的認知態度寓於香港本土的空
間定位，以"香港屬於世界"的話語訴說"民主抗共論"的懷
舊故事。因此，方志恆的"革新保港論"實質上是"後政改時期"
激進派反思之下所形成的一種隱性"港獨"的實用主義產物，
其嘗試以更為務實的政治路線來踐行分離主義的異化立場。

　　不同於上述本土派的隱性建構，另一派本土主義者則在"壓
力政治"的失語後顯露出更為激進的姿態。原有政治渠道的失語
與民粹主義理想的落空被他們視為主體性"解殖"的巨大挫敗。
於是，他們以一種更為危險的理論建構與行動展開來回應"壓
力政治"的缺位，以一種原有卻更為極化的"加害者—受害人"
虛構語境來宣洩這種主體性虛幻"解殖"的受挫所造成的無力。

　　2014 至 2015 年，陳雲繼而推出的"城邦主權論"即反映了
這種理論建構的危險傾向。如果說陳雲之前的"城邦論"尚且
對"香港城邦"的政治屬性諱莫如深，那麼這種"城邦主權論"
則宣稱："香港先建立自己的城邦身份認同，培養自治能力，
做好香港自治，垂範中國，樹立中華政治的標準，之後是連結
日、台、韓與南洋諸國與港僑海外區，期間可以加入英聯邦甚
至歐盟為某種成員，之後才是聯合中、港、台、澳籌謀建立中
華邦聯"。[45] 概言之，這種"城邦論"的激進版本以一種歇斯底
里的話語體系將分離主義的異化內涵彰明顯著。

　　同時，這種愈發激進的危險傾向亦外溢至行動領域。原有
的"壓力政治"模式雖是在"法理型權威"長期弱化的"協商
政治"模式下所誘發的非正常產物，[46] 但卻是本土派在憲制框架
下追求自身利益的合法渠道。而如今"壓力政治"的破產亦即

意味著激進本土派在憲制框架下追求主體性虛幻“解殖”的破滅。於是,一種對憲制框架“揚湯止沸,不如釜底抽薪”的行動策略開始萌生。

2015 年,諸多“港獨”社團接連成立,如香港城邦論的擁躉所成立的“香港獨立黨”、“本土民主前線”等。憑藉此類社團為載體,一種以顛覆現有秩序為要旨的行動邏輯亦得以展開,其顯現出兩種建構路徑的合力:其一,以暴力性、甚至恐怖主義式的激進社運擾亂現有秩序,如 2016 年初的“旺角暴亂”;其二,進駐政治權力的場域,利用“多數決”民主機制摧毀“一國兩制”內蘊的“價值典範”[47],妄圖導演“憲制秩序自殺”的戲碼,如諸多“港獨”社團積極參與 2016 年的立法會選戰。

2019 年,以反對特區政府修改逃犯條例為外衣,激進本土派以顛覆現有秩序為要旨的行動邏輯進一步延伸與異化。他們以“反對修例”為藉口,以“泛政治化”為手段,肆意破壞香港的社會秩序與“一國兩制”的憲制語境,欲圖實現港人的認同疏離與“港獨”的虛妄狂歡。伴隨著“加害者—受害人”虛構語境的重複上演與再次激化,暴力性社運的建構路徑在這場暴亂中演繹到了極致。而這場波及範圍最廣、持續時間最長、運動形式最為暴力的“修例風波”也標誌著本土主義運動的異化達到高點。

其中,這場運動有兩個面向值得注意:其一,“修例風波”是激進本土派虛構“威權者”以“奪回”主體性的線性延續。當本土派高舉“奪回香港”的“旗幟”時,他們實則囿於“被殖民”的經驗感知,滯留在去殖民化主體性“求而不能”的原生境況。當這種主體性缺失的經驗在後殖民時代下仍被追憶,主體性的"解殖"便成為了本土派的執念。進而，因為殖民時期下東方主義的話語滲透，香港作為"東方"被消解和規訓，中國內地作為香港眼中的"東方他者"亦被解構與拒斥。由此，當"解殖"的執念遭遇對中國內地的"批判者"態度，將中國內地塑造為"殖民者"、"威權者"，並從中"奪取"完整主體性的故事便產生了。"修例風波"中的"奪回香港"即無非是"奪回香港主體性"這個異化故事的線性延續。其二，"修例風波"顯露出愈發激進，甚至試圖毀滅香港社會賴以存在的憲制語境的自我否定傾向。"攬炒"的運動口號不僅表明這場運動繼承了上述"顛覆現有秩序"的行動邏輯及其"暴力性社運"的建構路徑，而且還蘊含了"不惜自我否定與毀滅"的歇斯底里。因此，其呈現為"顛覆現有秩序"行動邏輯的進一步異化。

2019 年底，"修例風波"已持續數月，初顯疲態，此時激進本土派又進駐政治場域，活躍於區議會選舉。由此，本土派獲得大部分議席的結果，標誌著上述兩種建構路徑的再次合謀，分離主義的激進言說亦由此達到高潮。

2020 年，為了回應本土主義對香港社會造成的失序和對"一國兩制"帶來的衝擊，中央以一種尊重香港自治的自我克制姿態，於 5 月通過《全國人民代表大會關於建立健全香港特別行政區維護國家安全的法律制度和執行機制的決定》，6 月頒佈香港國安法並付諸實施，而後推行香港選舉制度改革。縱觀而言，這些舉措對本土主義發展具有兩方面的深遠影響。一方面，其對"一國兩制"與基本法內在的自我防衛立場予以現實化，有效阻卻了本土主義的異化趨勢；另一方面，防衛機制的建構也有利於激進本土派的失語與反思。在主體性"解殖"的幻滅之後，防衛機制將促成本土派對 "解殖" 欲求與殖民追念的批判反思，從而其有望擺脫殖民史觀的束縛，實現對 "一國兩制" 的肯認。

由此，在本土主義的異化高潮與歇斯底里過後，伴隨著 "一國兩制" 自我防衛機制的現實化和法定化，本土主義將迎來沉寂，這可能是批判反思的理性轉向。

四、小結

綜上所述，在 1997 年回歸祖國以後，香港雖進入了後殖民時代，但部分港人仍囿於完整主體性 "求而不能" 的受殖境況與東方主義的殖民話語。因此，這種在真正的殖民者缺位下對主體性 "解殖" 的變態執念，加之將中國內地作為 "東方他者" 加以 "威權化" 的虛構來 "奪回" 主體性的線性邏輯，為此後激進本土主義的 "敘事結構" 奠定了基礎。

在回歸初期 "甜蜜期" 的語境之下，兩地間的緊張關係被隱藏起來，港人對內地的身份認同亦逐步建構。但即便如此，2003 年的 "七一大遊行" 與 2005 年的 "文化起義" 還是能窺見兩地內在張力的隱性意涵。因此，在港人國家認同逐漸攀至高位的同時，兩地疏離的危險亦悄然醞釀。隨著香港社會發展受阻，港人自尊水平的下降誘發了 "向外觀照" 的形成路徑，加之兩地交融的文化摩擦日益增多，"加害者—受害人" 的虛構語境再次覺醒。於是，在 2008 年港人的國家認同達至高點後，隨著激進 "80 後" 一反其父輩的話語建構，以 "民族虛無主義" 的話語講述香港作為 "受害者" 的故事，兩地關係張力漸增。

此時，本土主義開始墜入分離主義的危險陷阱。

以 2011 年陳雲的《香港城邦論》為標誌，激進本土主義開始進入唯理化時期。此後，社運的行動展開與理論建構此起彼伏，激進本土主義亦由此進一步向縱深發展。2014 年的 "香港民族論" 則更以 "民族自決" 的理論姿態將激進本土派的 "港獨" 意圖彰明顯著。

由本土派追求主體性 "解殖" 所致的激進狂想在 2014 年 "佔中" 的鎩羽而歸中受到了前所未有的巨大挫敗。於是，激進本土派的內部張力在主體性 "解殖" 的受挫中進一步加劇，由此迎來了激進本土主義的再一次分裂。在這場分道揚鑣中，有些人回歸更為溫和的隱性 "港獨"，而另外的激進主義者則落入了顛覆憲制秩序的歇斯底里之中。

伴隨著 "加害者—受害人" 語境的重複虛構與主體性 "解殖" 的線性敘事，顛覆憲制秩序的激進策略進一步延伸與異化。2019 年，以 "修例風波" 與本土派進駐區議會為代表的兩種路徑再現合謀，分離主義的激進話語達至高潮。但激進話語的甚囂塵上也激發了 "一國兩制" 的自我防衛。2020 年香港國安法的出台與 2021 年選舉制度的改革使 "一國兩制" 的 "防線" 得以初步建構，本土主義亦由此轉向靜默與反思。

總言之，伴隨激進本土主義的異化高潮，"一國兩制" 的防衛機制也在逐步展開。由此，本土派將迎來一個轉折點。在狂歡與癲狂過後，他們需要重新審視港人主體性的後殖民現狀，批判反思對內地的 "批判者" 態度，以求擺脫 "解殖" 的變態執念，消解東方主義的話語殘餘。這不僅是 "一國兩制" 自我防衛機制的期待，亦是真正獲得去殖民化主體性的內在要求。

本土分離主義對 "一國兩制" 構成的挑戰 及其公法應對策略

——————— ● ———————

　　如前所述，2005 年 "文化保育運動" 之後，香港本土意識即以更為緻密的形態演化為本土主義。這場本土主義的濫觴尚且以溫情脈脈的鄉土情懷建構其 "本土優先" 的語境。但隨著兩地交融中的摩擦間隙益多，中央與香港的 "加害者—受害人" 虛構語境被再次喚醒。於是，本土主義的鄉土情結逐漸解構，取而代之的是一種 "去鄉土化" 的本土主義，[48] 其內蘊虛構 "威權者" 以 "奪回" 主體性的線性敘事，並以 "外在批判者" 的明確態度建構其 "自絕於中國" 的論述話語與行動邏輯，由此落入分離主義的異化陷阱。

　　從公法規範視之，"去鄉土化" 的本土主義自是對 "一國兩制" 憲制秩序的嚴峻挑戰。其通過擴大 "一國兩制" 中 "兩制" 的原生張力，將 "兩制" 異化為 "兩國"，從而滑向反憲制體制、反國家統一存續的分離主義。而這種異化的本土主義對 "一國兩制" 憲制秩序的挑戰與破壞又可從三個面向分述之。

　　在言論層面，本土激進勢力藉助傳統新聞平台經常發表分離主義的煽動性言辭，"輔仁媒體"、"聚言時報" 等極端右翼平台即是典例。除傳統的報紙媒介外，激進勢力亦時常在互聯網、網絡電台等新興傳媒興風作浪。如 2010 年成立的 MyRadio、2012 年的"熱血公報"、2012 年的"我哋係香港人，唔係中國人"的 Facebook 群組。[49] 除純然非理性的情緒宣洩外，還有成體系的分離主義理論建構。如 2011 年陳雲的"香港城邦論"、2014 年香港大學《學苑》的"香港民族論"等。這種反體制的"理論攻勢"以一種唯理化的語境建構而展開，不僅言論形態更為周延，且更能為激進本土派的社運提供"理論武器"。因此，這種理論形態的分離主義言論對憲制體制更具破壞性。而言論層面的激進本土主義必然將港人的身份認同進一步剝離，並危及"一國兩制"的"價值典範"。

在社運層面，由於香港"壓力政治"的傳統，回歸以後社會運動的出現較為頻繁。而在激進本土主義的語境下，本土主義社運亦有異化傾向，企圖以跳脫憲制框架的社運方式實現利益訴求。2014 年的"佔中"事件即為"壓力政治"模式的高潮，但"佔中"向中央施加壓力的方式已為基本法所不容。而自"6.18 投票"標誌傳統"壓力政治"的破產後，[50] 香港社運更有暴力化，甚至恐怖主義化的傾向。如 2015 年"全國獨立黨"成員所組織的"製造炸彈案"、2016 年的"旺角暴亂"、2019 至 2020 年"修例風波"中頻繁發生的黑暴事件等。一言以蔽之，這種激進的社會運動因其行動性與暴力性往往直接挑戰憲制秩序的"底線"。

而在社團組織層面，則多以反體制的分離主義為社團之核心要旨。以社團為載體，激進本土主義的言論與社運漸趨組織化。如 2015 年"本土力量"所主導的"旺角驅逐大媽"運動，即以辱罵、驅趕說普通話的中年婦女的方式，加深兩地身份認同的隔閡，為激進本土主義造勢；2011 年創建的 "熱血公民" 利用 "熱血時報"、"熱血少年" 等媒體平台製造激進輿論。[51] 此外，自 "壓力政治" 破產後，激進主義社團更是從原有的激進輿論與社運的 "組織者" 角色轉而進駐政治場域。在 2016 年的立法會選戰中，激進主義者的當選使整個反對派勢力在立法會內佔據的議席數量繼續不低於總數的三分之一，具有隨時否決政府所提交任何議案的能力。之後，激進勢力還公然破壞立法會議員宣誓儀式。[52] 而到了 2019 年的區議會選舉，激進本土派的當選更是使反對派獲得 86% 的議席，激進主義者自身在其中的佔比亦大幅上升。[53] 概言之，激進主義社團從 "街頭運動" 到 "進駐政治場域" 的轉向已將分離主義延伸至憲制秩序的核心領域，從而對 "一國兩制" 構成 "釜底抽薪" 之勢。

綜上所述，"去鄉土化" 的本土主義已失去了 "文化起義" 時的鄉土語境，滑向分離主義的危險境地，從而為 "一國兩制" 的憲制秩序提出了嚴峻挑戰。如何確保公法規範的自我防衛立場不在激進本土主義的陷阱前失語？公法又該如何回應分離主義三個面向的挑戰？這是中央和香港特區公法制度在本階段需要面對的重大問題。我們認為，未來可以結合香港現行公法體系，從以下兩條宏觀思路來應對由香港本土分離主義發展而引發的問題。

一、結合香港民主政治發展的新形勢對"一國兩制"下中央政府與特區關係加以重新釐清,並以憲法和香港基本法為基礎完善香港特區的管治機制

"一國兩制"是一項十分特殊的政治制度。作為中國人民在人類現代政治兩種重要意識形態尖銳對立時期提出的一項以和平解決國家統一問題為目的的政治創舉,"一國兩制"所立足的基礎是一種不單純以一國之內中央與地方間實力關係為本質和主導的現代政治文明和憲治精神。在實現有關國家統一的政治目的後,其也成功地將國家對特別行政區的治理和兩者間的互動轉化為一種能夠有效運作和維繫的法律關係,從而不僅實現了港澳社會在回歸祖國後的長期繁榮穩定,同時也為國家主體在關鍵歷史時期的發展贏得了空間和機遇。最終,"一國兩制"自身也成為了中國國家治理體系和治理能力現代化的重要組成部分。

但同時我們需要看到的是,"一國兩制"本身其實也包含著無法在較短時期內得以有效消解的制度性矛盾。原因在於,"一國兩制"下"一國"所強調的是香港的"依附性","兩制"則是強調香港的"自主性"。[54] 因此,維護"一國"(國家統一)本身就與落實"兩制"(高度自治)之間就存在著一定的矛盾和衝突。而這些矛盾和衝突的存在,便為本土分離主義的形成和發展提供了一定的制度空間。為有效遏制香港本土分離主義勢力的發展,未來需要重新回歸"一國兩制"的初心,對香港基本法框架下中央政府與特區關係加以重新釐清,全面準確地貫徹"一國兩制"方針。

如所周知，自中共十九大以來，"堅持'一國兩制'和推進祖國統一"已成為中國在新時代堅持和發展中國特色社會主義的十四條基本方略之一，十九大報告先後兩次強調必須"全面準確貫徹'一國兩制'方針"。而所謂"全面準確貫徹'一國兩制'方針"，即要求確保"一國兩制"在香港特區和澳門特區貫徹落實的過程中堅持不動搖、不走樣、不變形。對此，我們主要可以從觀念和行動兩個維度來加以理解。[55] 首先，在觀念上，必須正本清源、全面準確地理解"一國兩制"方針。這要求對"一國兩制"方針的理解不能失之偏頗，尤其是需要警惕欠缺國家意識和國家主權觀念的輕"一國"重"兩制"的情況出現。"一國兩制"是一個有機統一的整體："一國"是根本前提，"兩制"從屬、派生於"一國"，並統一於"一國"之內。在思想觀念上必須以此為準，不斷深化對"一國兩制"的全面準確認識。其次，在行動上，必須嚴格依照憲法和香港基本法辦事，全面準確地貫徹落實"一國兩制"方針。具體而言，在貫徹"一國兩制"、"港人治港"、高度自治的方針的過程中應堅持必要的政治原則和法律底線，正確處理兩制間的關係，達至堅持"一國"原則和尊重"兩制"差異以及維護國家主權、中央權力和保障特區高度自治權、港澳社會繁榮穩定的有機統一。換言之，香港在"一國兩制"制度框架下被容許有較大自主性而實行高度自治，並保留其資本主義制度不變，但是這種"自治"必須是以"一國"為基礎的有限度自治，絕對不能是所謂的"絕對自治"。

此外，中共十九大報告也明確指出，未來中央政府在全面準確貫徹"一國兩制"、"港人治港"、高度自治方針的過程中，將牢固掌握憲法和香港基本法賦予的中央政府對香港全面管治權並且嚴格依照憲法和香港基本法辦事，完善與香港基本法實施相關的制度和機制。與此相關的工作開展，將堅持以有利於"保持香港長期繁榮穩定"、有利於"支持特別行政區政府和行政長官依法施政、積極作為"、有利於"團結帶領香港各界人士齊心協力謀發展、促和諧，保障和改善民生"、有利於"有序推進民主"、有利於"維護社會穩定"以及有利於"履行維護國家主權、安全、發展利益的憲制責任"為目的。

應該說，自國務院新聞辦公室 2014 年 6 月發表《"一國兩制"在香港特別行政區的實踐》白皮書以來，中央對港澳的全面管治權已得到了基本明確。作為中央政府基於國家主權而行使的一項公權力，全面管治權不僅是"一國兩制"的應有之義，在事實上其權力來源也有憲法和香港基本法的規範依據。全面準確貫徹"一國兩制"、"港人治港"、高度自治方針，必然要求對中央全面管治權的行使機制作進一步細化和落實，使之與香港特區的高度自治權有機結合，以遏制香港本土分離主義發展，實現對香港的有效管治。另外，政治制度的良好運作，也必然以政治制度本身的自我完善為基礎。在本土分離主義勢力對"一國兩制"憲制秩序造成嚴峻挑戰的新形勢下，完善與香港基本法實施相關的制度機制也極為重要。特別是，隨著香港國安法的公佈實施，"一國兩制"在香港的實踐已進入 2.0 階段，香港自身亦應以此為契機加快本地立法進程，完善與維護國家主權、安全、發展利益相關的制度機制，履行由憲法和香港基本法賦予的憲制責任。

二、借鑒德國防衛型民主制度對香港現有法律資源進行體系性的解釋、整合和運用，以有效地遏制香港本土分離主義勢力的發展

所謂防衛型民主，其實是一種現代的民主模式，指的是在推行民主政治的同時，努力保護好其他必要的核心價值，包括保護好民主本身之存續的制度模式。

這種民主模式最早生發於德國，其有感於形式民主觀——完全遵循形式上國民主權意志的決定，在此情況下，民主甚至可以自殺——對自由民主的憲制秩序的毀滅性打擊，德國的民主理念開始轉向，從魏瑪憲法的價值中立的民主理念轉向價值拘束的民主理念。因此，這種民主理念轉向可視為對"施密特之警告"與"戈培爾之嘲弄"的回應。[56] 其率先由羅文斯坦（Karl Lowenstein）於 1937 年提出：民主應該與其敵人戰鬥，因而他將這種民主理念稱為"戰鬥性民主"。1941 年曼海姆（Karl Mannheim）又將這種價值拘束的民主理念稱為"防衛型民主"。而這種民主理念轉向在規範層面則表現為以德國基本法為基點的憲制秩序。通過對防衛型民主規範的具體適用與機制展開，德國不僅創設了民主鞏固的獨特路徑，且如今已被 33 個國家和地區所採納，[57] 進而也實現了德國在後納粹時代鞏固民主、維護基本法秩序的目標。

具體而言，防衛型民主主要展現為"德國基本法不再對於民主原則採取價值中立的判斷，而認為其內容在憲法、自由與人性尊嚴等價值塑造下，存在一種價值與界限"。[58] 換言之，國家在推行民主政治的同時亦應建立起控制民主的相應機制以保

護好其他必要的憲法核心價值，不允許 "民主的敵人嘗試以民主的手段顛覆民主制度本身"。[59] 如此，在這樣的一種民主制度中，由德國基本法所建立的整個憲法秩序便得到了特別保護，國家針對可能對這一制度持敵對立場之個人或組織不再採取中立的態度，而是採取積極捍衛的措施。

對於德國所創設的這種防衛型民主制度，我們可以進一步從三個構成要素來進行理解。[60] 這三者分別是 "防衛部署"、"價值制約"、"防禦打擊"。首先，"防衛部署" 要求防衛型民主的防衛機制 "進駐非暴力形式的政治行動領域"，由此對政治場域的行為者施加最為嚴格的限制，其限制從行為的事後規範前移至目的價值的事先預防。亦即，不僅要求行為者的外部行為不得危害自由民主的基本秩序，也要求行為者外現且明確的意圖與目的不得危害基本法秩序。[61] 因此，"防衛部署" 的要旨即在於對目的價值領域的事先預防。

其次，"價值制約" 是一套價值秩序。如果說 "防衛部署" 使民主的自我防衛延伸至目的價值的領域，那麼 "價值制約" 則進而設定一套價值秩序以劃定行為者目的的合憲性邊界，此亦即憲政秩序 "價值典範" 對政治場域行為者的拘束。例如，德國基本法所設定的 "價值制約" 即為 "國家存立" 與 "自由民主的基本秩序"。這就意味著，任何政治場域的行為者在民主過程中都不得觸犯這兩個核心價值。

最後，"防禦打擊" 是懲罰機制，亦即防衛型民主的 "戰鬥性" 所在。通過將違反憲制秩序的社團、政黨與個人進行懲處，民主的自我防衛立場亦得以實現。因此，其包含三種機制：社團禁止、政黨禁止與剝奪個人基本權。[62]

如前所述，近年來香港出現的包括分離主義抬頭、"港獨"勢力猖獗等新問題，直接衝擊了香港特別行政區的法治和政制架構，同時也為中央與香港關係的穩定帶來了新挑戰。法治傳統作為香港社會非常珍視的社會價值，也是中央政府依照香港基本法對香港進行管治時堅持的重要原則。因此，從法律角度去應對"法理港獨"即更加具有直接性和可行性，也會得到香港市民的理解和支持。[63]

而事實上，基本法作為香港公法體系當中最重要的一部憲制性法律，也充分考慮了"一國兩制"下"兩制"之間可能存在的緊張關係，從而內蘊自我防衛的核心立場。具體而言，雖然香港基本法在條文中並未將"防衛型民主"加以明確規定，但通過規範解釋可知，其相關條款的規範內涵已經直接或間接地體現了"防衛型民主"的理念。應該說，這與德國基本法"透過不同的路徑來達到自我維持的目的"[64]在某種程度上具有法規範意義上的一致性。目前，香港基本法中體現自我防衛理念的相關條款有：（1）對"國家安全"的維護以及對特定政治性組織或團體的禁止：第23條；（2）對香港特區主要公職人員任職的身份要求：第44、61、71、90、101條；（3）關於行政長官的產生程序的專門規定：第45條；（4）對公職人員忠誠義務的要求：第47條、第99條第2項、第104條；（5）對基本法的修改所採取的自我防衛立場：第159條第4項。[65]

因此，基於本土分離主義勢力的發展現狀與香港的法治傳統，以及香港基本法的自我防衛立場與防衛型民主的理念相合，與此同時，在基本法第23條所規定的本地國安立法尚付闕如，而中央為香港制定的香港國安法又有不少條文較為原則性且仍缺乏與之配套的相關細化規定和執行機制的情況之下，我們認為可以借鑒德國等國家防衛型民主制度的實踐經驗，以此指導基本法、香港國安法以及社團條例、公安條例等相關法例的解釋與適用，從而在香港建構起一套適合於自身的防衛型民主制度。這既是以域外理念與經驗為借鏡的結果，也是香港基本法自我防衛立場的內在實現。

當然，筆者也充分了解，當下的香港與德國在客觀環境上有著懸殊的差別，因而其制度建構的借鑒亦須謹慎。德國防衛型民主制度設計的特別之處，在於防微杜漸，以避免星火燎原，所以必須對於那些所謂的 "民主的敵人"，包括包藏禍心的激進政黨、陰謀分子及不忠誠的公務員等，進行監控、防範與打擊。[66] 而考察德國的司法實踐史，我們也不難發現防衛型民主制度在 KPD 案到 NPD 案中暴露出了諸多問題，[67] 而這些問題均可訴諸防衛型民主內部所蘊含的自由與民主的緊張關係。基於此，在香港引入德國的防衛型民主時，要避免防衛型民主的內部張力引致香港法律制度中自由與民主的價值衝突，亦即在通過防衛型民主排除極端主義與保護香港作為開放社會之間取得一定的平衡。

具體而言，首先，我們需要側重其理念引導，以防衛型民主的理念指導基本法、香港國安法以及香港本土立法的適用，促成相關國家安全立法的資源利用與規範整合，從而在防衛型民主的理念借鑒與經驗引入中實現基本法的自我防衛及其本土展開。同時，為了回應防衛型民主內蘊的價值衝突危險，在對相關法律進行以防衛型民主為目的取向的解釋時，亦須做好法教義學上的價值衡量，從而以 "實踐中的調和"[68] 消解防衛型民主在理念上的內在張力。

其次，除了理念引導，我們還可有限引入與香港本地法律相容的具體機制。在具體機制的引入上，一方面要考察具體機制的實施效果及其與香港現存機制的協調情況，從而整合、完整香港國家安全的細化規定與執行機制；另一方面則須確保引入機制的柔性化實施，從而不至於侵犯香港的居民自由和社會自治，引致自由與民主的緊張關係。

最後，須強調的是，香港在引入防衛型民主的過程中必須做好對基本權利和自由的保障工作，以防止相關機制在反擊和遏制香港本土分離主義勢力的同時對香港居民的基本權利和香港社會的公共利益造成侵害。

在此基礎上，通過防衛型民主的理念引導和機制引入，香港未來將有望形成一個以香港基本法為核心、香港國安法為軀幹、其他香港國家安全本土立法為主體的"一國兩制"憲制秩序的自我防衛體系，進而保障由憲法與基本法所構成的憲制基礎的內在核心價值，並有效遏制香港本土分離主義勢力的發展。

結語

———— • ————

綜觀而言，近年來香港本土主義的種種話語及其社運無非是本土派囿於殖民史觀的異化產物。在歇斯底里的表徵下，其呈現為虛構"威權者"以"奪回"主體性的線性敘事。

而通過回溯本土主義的歷史流變，我們會發現其異化的"種子"在回歸前就已悄然種下：在港人訴說"以港為家"的故事伊始，本土意識即逐漸通過"向外觀照"與"向內歸屬"的形成路徑，先後建構其經濟文化面向和政治面向。一開始，"以港為家"的本土故事尚以溫情脈脈的鄉土情懷"兼顧神州"，此時港人的身份認同也與內地緊密聯繫。但伴隨著東方主義的殖民話語規訓，對內地的身份認同紐帶和民族主義情結也在"故土神州"成為"落後東方"的態度轉向中逐漸解構。此時面對東方主義的話語誘導，"向外觀照"的形成路徑轉而成為加速疏離的"動力裝置"，其固有慣性不斷作用於兩地的基本社會制度差異，由此不斷證立中國內地"惡之'他者'"的虛幻"鏡像"。

最終，港英政府的民主轉向誘發了本土意識的異化開端。當"九七"逐漸迫近，殖民者的民主供給在促使香港本土意識政治面向覺醒的同時，亦使港人的去殖民化主體性陷入"求而不能"的受殖境況。一方面是通過"自覺的反思"把握族群未來的泛政治欲求;另一方面,這種去殖民化欲求又源於殖民者的民主供給,受到殖民者的權力規訓。因此,港人的主體性"解殖"在"被殖民"的宏觀語境下便只能淪為無力與焦慮的"畸形釋放"。而當這種"求而不能"與"畸形釋放"遭遇東方主義和民主供給的雙重語境,離心化的危險傾向便產生了。此時部分港人眼中的內地不僅是"落後東方",還是"反民主的威權者","加害者—受害人"的虛構語境由此發生。於是,主體性"解殖"的抗爭對象從英國這個真正的殖民者弔詭地轉向內地這個虛構的"威權者"。

可以說,本土主義的建構與異化是港人主體性"解殖"的產物,是部分港人虛構"威權者"並藉以"奪回"主體性的線性延續。從回歸前的"八九風波"、"世界主義"到回歸後的"反高鐵運動"、"佔中"、"修例風波","加害者—受害人"的虛構語境重複上演,主體性"解殖"的故事不斷言說,進而在近年達到高潮。

當本土主義逐漸異化,甚囂塵上的分離話語也促使"一國兩制"的憲制秩序與公法規範不再低語,其自我防衛立場亦須作出回應。有鑒於此,筆者建議,一方面應結合香港民主政治發展新形勢對"一國兩制"下中央與特區的關係加以重新釐清,並以憲法和基本法為基礎完善香港的管治機制;與此同時,也須積極借鑒德國防衛型民主制度對香港現有法律資源進行體系性的解釋、整合和運用,以有效地遏制本土分離主義力量的發展。

最後仍須指出的是,面對本土分離主義的詰難,"一國兩

制"的管治機制完善與自我防衛展開固然是抵禦激進本土派的
"堅固防線",但也是激進本土派靜默反思的珍貴契機。換言
之,憲制秩序與公法規範的"防禦打擊"只是"一國兩制"的"第
一道防線",更重要的仍有賴於激進本土派在"防禦打擊"的憲
制壓力與主體性"解殖"的徹底幻滅中,轉向對自身訴求的批
判反思。他們需要意識到,伴隨九七回歸,香港已然獲得去殖
民化的主體地位。伴隨高度自治,香港和港人已擺脫殖民時期
"解殖"的"求而不能"。進而,本土派亦須調整自身的主體地
位期待,明白港人把握本土空間與族群命運的欲求須居於"一
國"之下,應在國家統一存續與繁榮發展的宏觀語境下實現香
港社會的自我實現與港人個體的主體突顯。

質言之,在"一國兩制"規範體系漸趨完善的歷史契機下,
激進本土派須回歸理性,自我放棄主體性"解殖"的變態執念,
積極擺脫殖民話語的桎梏,從而真正達至對族群的"自覺的反
思"。當激進本土派捨棄主體性"解殖"的"一廂情願"時,其
主體性才得以真正解殖。

* 本章的主要內容曾以〈論香港本土主義的流變及其公法應對〉為題發表於韓國期刊 *Analyses & Alternatives* 2019 年第 1 期，作者為深圳大學港澳基本法研究中心特聘研究員黎沛文、深圳大學港澳基本法研究中心粵港澳大灣區青年發展法律研究所研究助理譚尹豪。

1. state 意指政治建構體之國家，country 意指文化建構體之國家。參見強世功：《中國香港：政治與文化的視野》，北京：生活・讀書・新知三聯書店 2014 年版，第 177-203 頁；劉爭先：〈兩類國家認同的分殊、整合與教育 —— 以香港人的國家認同問題為中心〉，《貴州師範大學學報（社會科學版）》2014 年第 5 期。

2. 萬明鋼、王舟：〈族群認同、族群認同的發展及測定與研究方法〉，《世界民族》2007 年第 3 期。

3. 此即 Tajfel、Turner 等人所言的 "積極區分假設"、"自尊假設"，亦即族群認同是滿足個體自尊的需要，個體往往通過提高自尊水平建構族群認同。參見張瑩瑞、佐斌：〈社會認同理論及其發展〉，《心理科學進展》2006 年第 3 期。

4. 根據金耀基的論述，所謂 "行政吸納政治" 是一個過程。在此過程中，政府把社會精英或精英團體（Elite Group）所代表的政治力量予以吸收進行政決策結構，因而獲致某一層次的 "精英整合"（Elite Integration）。此過程賦予統治權力以合法性，從而一個鬆弛而整合的政治社會得以建立。參見金耀基：《中國政治與文化》（增訂版），香港：牛津大學出版社 2013 年版，第 235-236 頁。

5. 筆者在此處試圖用心理學的路徑來分析香港。"向外觀照" 借鑒自拉康的鏡像階段論，參見〔日〕福原泰平著，王小峰、李灈凡譯：《拉康：鏡像階段》，石家莊：河北教育出版社 2001 年版，第 1-60 頁。進而有論者指出，以 "向外觀照" 建構族群認同是族群的原生本能。參見〔美〕約翰・卡馬婁夫：〈圖騰與族群性：意識、實踐與不平等的標記〉，《西南民族大學學報（人文社科版）》2017 年第 5 期。

6. "社會分類"、"社會比較" 是社會認同理論的兩個重要概念，意指個體通過參照其他族群，將自己族群的特徵類型化以發展出對己群的類屬意識的過程。參見張瑩瑞、佐斌：〈社會認同理論及其發展〉，《心理科學進展》2006 年第 3 期。綜觀而言，筆者在此處運用的兩種心理學路徑，即拉康的鏡像階段論和社會認同理論，前者以獨立的個體為視域，是為個體心理學；而後者則更注重將個體置於社會情景中，因此與社會心理學更為相通。這兩種理論雖有不同，但對於族群認同的動態描述卻無牴牾，故能互相補充。

7. 本章關於"主體性"的論述借鑒自羅永生，但與其觀點有所不同。羅永生雖洞見到港人主體性的"解殖"對本土主義發展的重要作用，但他並沒有區分出"殖民化的主體性"（不完整的主體性）和"去殖民化的主體性"（完整的主體性），而是一概將不完整的主體性視為主體性的完全缺失。此弊端有二：其一，就其主張的"主體性"內涵而言，港英時期的本土運動即已凸顯出港人"意識到自己作為族群主體而為族群發聲"的主體性意涵，雖是不完整的，但將其視為完全缺位則有所不當；其二，不加區分的"主體性"無法解釋在80年代中期民主化後的本土主義發展，此時的港人顯然已經發展出羅永生所說的"（完整的）主體性"欲求，卻仍無法"解殖"，這是由於欲求與現實的緊張關係所致，而羅永生的"主體性"概念卻未能揭示該點。參見羅永生：〈香港本土意識的前世今生〉，《思想》2014 年第 26 期。

8. 羅永生：《殖民國家外》，香港：牛津大學出版社 2014 年版，第 25 頁；轉引自劉嘉祺：〈試析香港的激進本土主義〉，《國際政治研究》2016 年第 6 期。

9. 參見羅永生：《殖民國家外》，香港：牛津大學出版社 2014 年版，第 25 頁；轉引自劉嘉祺：〈試析香港的激進本土主義〉，《國際政治研究》2016 年第 6 期。

10. 參見徐承恩：《城邦舊事：十二本書看香港本土史》，香港：香港青森文化出版社 2014 年版，第 66-67 頁；轉引自劉嘉祺：〈試析香港的激進本土主義〉，《國際政治研究》2016 年第 6 期。

11. 參見羅永生：《殖民國家外》，香港：牛津大學出版社 2014 年版，第 115 頁；轉引自劉嘉祺：〈試析香港的激進本土主義〉，《國際政治研究》2016 年第 6 期。

12. 參見劉蜀永編：《簡明香港史》（第三版），香港：三聯書店（香港）有限公司 2016 年版，第 395 頁。

13. 須注意的是，此時土生土長的港人僅是接近總人口的半數，而直至 1971 年才超過總人口的半數。筆者選取 1961 年而非 1971 年作為本土意識的發生始點，是因為本土港人近半的人口結構已經足以使得本土意識有所萌發。基於 20 世紀 60 年代到 70 年代的數場社會運動確已顯露本土意識的相關訴求，從此也可證明本土意識在土生土長港人接近半數的 60 年代初已經有所發軔。正如相關論者所言："（此時雖然）'北望神州'的還大有人在，但和以前大部分居民都懷著過客心態的情況比較，實在相差很遠。" 參見王賡武編：《香港史新編》（上冊）（增訂版），香港：三聯書店（香港）有限公司 2017 年版，第 218 頁。

14. 參見羅永生：〈香港本土意識的前世今生〉，《思想》2014 年第 26 期。

15. 有學者認為，1966 年的天星碼頭群眾動亂為一次 "準政治化" 的事件。但筆者並不認同：其一，這次社會運動源於社會利益訴求，而非政治訴求；其二，此次運動 "對政權有所訴求" 也並不意味著政治訴求。概言之，其仍停留在本土意識建構的（社會）經濟文化面向，至於政治面向的覺醒則在 70 年代末到 80 年代才始有發展。參見劉青峰、關小春：《轉化中的香港：身份與秩序再尋求》，香港：香港中文大學出版社 1998 年版，第 103 頁。

16. 關於鏡像理論在此問題上的挪用，祝捷亦有洞見。祝捷認為香港本土意識具有兩種 "敘述方式"：一種視殖民政府為 "他者"，另一種視中國內地為 "他者"，其將後者視為 "港獨" 的形成路徑。但筆者並不認同，因為族群認同之 "本土性" 本就要求港人視中國內地為 "他者"，這種鏡像策略是建構正常的本土意識所必經之路徑，而非 "港獨"（異化的本土主義）所獨有。參見祝捷、章小杉：〈"香港本土意識" 的歷史性梳理與還原 —— 兼論 "港獨" 思潮的形成與演化〉，《港澳研究》2016 年第 1 期。

17. 參見羅永生：〈香港本土意識的前世今生〉，《思想》2014 年第 26 期。

18. 原先英國政府僅將香港視作貨物的集散地和中轉地，因此不注重香港的本地治理而任之自生自滅，此即為 "消極不干預"。而隨著香港人口和經濟的增長，港英政府將其轉變為 "積極不干預"、"較積極干預"。參見劉青峰、關小春：《轉化中的香港：身份與秩序再尋求》，香港：香港中文大學出版社 1998 年版，第 104 頁。

19. "經濟發展—自尊提升—向外觀照（社會分類、比較）" 的發生路徑正好印證了社會認同理論的 "自尊假設"（其中一個推論）：自尊水平的提高有助於族群認同。參見張瑩瑞、佐斌：〈社會認同理論及其發展〉，《心理科學進展》2006 年第 3 期。

20. 此即 "積極區分" 的過程，亦即通過貶低他者、積極評價己群的方式來促成個體對己群的認同。因而這種貶低他者的 "積極區分" 在形塑 "大香港主義" 的同時，會增強港人的本土意識。兩者相輔相成。

21. 關於 "大香港主義" 的論述，可見徐承恩：〈香港人千年史：本土意識的前世今生〉，載香港本土論述編輯委員會／新力量網路編：《本土論述 2013-2014：中國因素：本土意識與公民社會》，台北：漫遊者文化事業股份有限公司 2015 年版。

22. 劉嘉祺：〈試析香港的激進本土主義〉，《國際政治研究》2016 年第 6 期。

23. 此即英國的"光榮撤退"戰略，參見強世功：《中國香港：政治與文化的視野》，北京：生活 · 讀書 · 新知三聯書店 2014 年版，第 279 頁。

24. 劉青峰、關小春：《轉化中的香港：身份與秩序再尋求》，香港：香港中文大學出版社 1998 年版，第 36-37 頁。

25. 英國此時與中國交好，且放緩香港的代議制進程更有利於英國，因此其尚能依循《中英聯合聲明》之精神，循序漸進地推動代議制改革，而拒斥"民主抗共派"的政治訴求。英國這種務實的處理態度於其 1988 年的《代議制改革白皮書》中亦有記載。參見強世功：《中國香港：政治與文化的視野》，北京：生活 · 讀書 · 新知三聯書店 2014 年版，第 279 頁。

26. 參見劉青峰、關小春：《轉化中的香港：身份與秩序再尋求》，香港：香港中文大學出版社 1998 年版，第 106-108 頁；祝捷、章小杉：〈"香港本土意識"的歷史性梳理與還原 —— 兼論"港獨"思潮的形成與演化〉，《港澳研究》2016 年第 1 期。

27. "東方主義"意指一種主張"西方（文化）"的優越性，並以此為參照，將"東方（文化）"塑造為蒙昧落後的存在的權力話語方式。殖民者即往往通過這樣的話語建構來證成自己的權力地位。參見〔美〕愛德華 · W · 薩義德著，王宇根譯：《東方學》，北京：生活 · 讀書 · 新知三聯書店 1999 年版，第 2-5 頁。

28. "內在批判者"的概念借鑒自羅永生，意指港人在"文化建構體之中國"的層面上與內地共享民族屬性，而在政治面向上的身份認同卻採取與內地"對抗"的態度。因政治面向的"對抗"將其稱為"批判者"，而在"文化中國"面向的緊密聯繫則又使其不至於脫離"中國人"的身份，故而是"內在的"批判者。參見羅永生：〈香港本土意識的前世今生〉，《思想》2014 年第 26 期。

29. 參見祝捷、章小杉：〈"香港本土意識"的歷史性梳理與還原 —— 兼論"港獨"思潮的形成與演化〉，《港澳研究》2016 年第 1 期。

30. "香港本質主義"即視某些本土要素為香港建構的本質性要素，進而對這些要素衍生出崇拜情結。這種本土意識的建構方法缺乏對族群認同的批判性視角，容易滋生自大情結。70 至 80 年代的"大香港主義"、"香港民族論"等激進本土主義即為本質主義的典型案例。而"世界主義"則通過將香港定義為"世界城市"，以維持香港"國際性"的敘事方式，將對本土要素的批判反思嵌入本土意識的建構與"外在批判者"的轉向之中。參見鄭湘萍、徐海波：〈香港回歸後的本土主義運動辨析〉，《理論研究》2016 年第 3 期；羅永生：〈香港本土意識的前世今生〉，《思想》2014 年第 26 期。

31. 在此 "向外觀照" 的發生邏輯再次印證了社會認同理論的 "自尊假設"：自尊水平的變動會激發 "積極區分" 的原生衝動，通過 "積極區分" 實現族群個體自尊水平的上升。只不過原自尊水平的上升或下降，會對族群認同（本土意識）的建構策略帶來不同的影響。當自尊水平上升時，族群認同將更趨向於本質主義的自大情結，例如前述的 "大香港主義"；而當自尊水平下降時，族群認同則傾向於將自尊的下降歸咎於 "他者"，此即海德（Heider）所說的 "外部歸因"。在 "外部歸因" 的情形下，"向外觀照" 和 "積極區分" 的過程就會誘發 "加害者（他者）—受害人（自我）" 的語境。

32. 對於 "香港本土主義" 的內涵和界分，學界觀點不一。有學者以實質內容的差異來界分 "本土意識" 和 "本土主義"，認為 "香港本土主義" 是在 "本土意識" 的基礎上添加了 "抗拒中國" 的色彩。參見劉嘉祺：〈試析香港的激進本土主義〉，《國際政治研究》2016 年第 6 期。但這種實質性的界分將使香港本土主義的形成時間提前至 20 世紀 90 年代，而與多數觀點不一。且 "本土意識" 和 "本土主義" 在語義上也並不支持這種實質性的界分方案。因此筆者主張一種形式性界分：當本土意識發展為一種持續而明確的緻密形態時，其即為 "本土主義"。

33. 有論者認為這場運動是 "戀殖" 的體現，筆者並不完全認同。一方面，該運動的部分 "80 後" 仍然受到東方主義的殖民話語影響，從而表現出 "戀殖" 的側面。此種心態以其中的 "歸英派" 尤甚。但更為重要的是，這種 "戀殖" 又往往似是而非，其藉由東方主義對 "殖民者" 的倒置而 "戀殖"，即視港英時期為 "民主"，視回歸後的特區政府為 "威權壓迫"。而究其根本，這是由於部分港人為了彌補去殖民化主體性在殖民時期的 "求而不能"，在真正殖民者的缺位下視特區政府為 "壓迫者" 的幻象補強所致。因此，這種 "戀殖" 的內在歸因仍是 "解殖"，只不過是一種虛幻 "解殖"；有關部分港人 "戀殖" 心態的論述，參見祝捷、章小杉：〈香港激進本土主義之社會心理透視〉，《港澳研究》2017 年第 1 期。

34. 參見劉嘉祺：〈試析香港的激進本土主義〉，《國際政治研究》2016 年第 6 期。

35. 此處的 "惡性事件" 指的是 "三鹿奶粉事件" 和在 2008 年汶川地震中疑似曝出豆腐渣工程的醜聞。參見徐承恩：〈香港人千年史：本土意識的前世今生〉，載香港本土論述編輯委員會新力量網路編：《本土論述 2013-2014：中國因素：本土意識與公民社會》，台北：漫遊者文化事業股份有限公司 2015 年版。

36. "80 後新世代" 與 "泛民主派" 的老一輩港人間的代際矛盾蟄伏已久。在 2013 年以 "愛國愛民，香港精神" 為口號的 "八九風波" 悼念活動中，這種代際矛盾即以雙方的口號分歧而集中體現。

37. 2011 至 2012 年的數場彰顯兩地矛盾的運動開始出現組織化的傾向。2011 年成立的 "本土香港力量" 以及 2012 年成立的 "熱血公民組織" 等 "港獨" 組織時常組織、煽動此類街頭運動。

38. 徐承恩將 "文化國族主義" 定義為熱愛中華文化卻抗拒中共的民族主義。但筆者認為，該定義並不準確，有可能混淆 "泛民主派" 的 "民主回歸論" 與陳雲的 "香港城邦論"。概言之，"香港城邦論" 認同 "中華文化"，卻否認 "文化中國"，因此以一種 "外在批判者" 的態度脫離於中國；而 "民主回歸論" 既認同 "中華文化"，也認同 "文化中國"，因此其主張的港人身份認同仍在文化面向上與 "中國人" 身份保持關聯（"內在批判者" 態度），而不至於異化為分離主義。參見徐承恩：〈香港人千年史：本土意識的前世今生〉，載香港本土論述編輯委員會 / 新力量網路編：《本土論述 2013-2014：中國因素：本土意識與公民社會》，台北：漫遊者文化事業股份有限公司 2015 年版。

39. 陳雲：《香港城邦論》（第六版），香港：香港天窗出版社有限公司 2016 年版，第 175、218 頁。

40. "華夷變態論"、"小中華主義" 意指以中原的中華文化被破壞為理由，自命復興中華文化的情結。歷史上曾受中華文化影響的藩屬邦國亦有類似論調，如越南、朝鮮等就曾自命為中華文化的 "光復者"。關於香港城邦論中 "華夷變態論" 的敘述，參見羅永生：〈香港本土意識的前世今生〉，《思想》 2014 年第 26 期；徐承恩：〈香港人千年史：本土意識的前世今生〉，載香港本土論述編輯委員會 / 新力量網路編：《本土論述 2013-2014：中國因素：本土意識與公民社會》，台北：漫遊者文化事業股份有限公司 2015 年版。

41. 參見田飛龍：〈香港社會運動轉型與《基本法》變遷〉，《中國法律評論》 2015 年第 3 期。

42. 參見香港大學學生會學苑編：《香港民族論》，香港：香港印象設計印刷有限公司 2015 年版。

43. 參見徐承恩：《香港：鬱躁的家邦 —— 本土觀點的香港源流史》，台北：台灣左岸文化出版 2017 年版，第 520-521 頁；孔誥烽：〈殘缺的國族自決的城邦 —— 二十世紀中國民族國家建構困境下的香港問題〉，香港大學學生會學苑編：《香港民族論》，香港：香港印象設計印刷有限公司 2015 年版。

44. 參見方志恆：〈革新保港民主自治永續自治 —— 香港前途宣言〉，方志恆編：

《香港革新論》，台北：台灣漫遊者文化事業股份有限公司 2015 年版，第 XIV-XVI 頁；徐承恩：《香港：鬱躁的家邦 —— 本土觀點的香港源流史》，台北：台灣左岸文化出版 2017 年版，第 525 頁；王理萬：〈"港獨" 思潮的演化趨勢與法理應對〉，《港澳研究》2017 年第 1 期。

45. 陳雲：《香港城邦論》（第六版），香港：香港天窗出版社有限公司 2016 年版，第 224 頁；陳雲：《香港城邦論 II：光復本土》（第三版），香港：香港天窗出版社有限公司 2014 年版，第 27 頁。

46. "法理型權威" 借鑒自韋伯，意指統治行為的正當性源於法律，被統治者並非基於統治者的個人魅力或神聖傳統，而是基於法律的合理性而服從的權威類型。參見〔德〕馬克斯·韋伯著，康樂等譯：《經濟與歷史 支配的類型》，桂林：廣西師範大學出版社 2004 年版，第 303 頁。自香港回歸以來，雖有 "法理型權威" 的制度語境，亦即以基本法為核心的憲制秩序，但基本法的適用並未嚴格以法治模式展開，而是參照古典的邊疆治理邏輯，依循以行政主導為制度抓手的 "協商政治" 模式。"壓力政治" 即為 "協商政治" 下的非正常產物，亦即當 "協商政治" 的正常模式不能滿足本土派的利益訴求時，其轉而以 "街頭運動" 的形式施加政治壓力。參見田飛龍：〈香港社會運動轉型與《基本法》變遷〉，《中國法律評論》2015 年第 3 期。

47. "價值典範" 借鑒自弗倫克爾。其認為政治共同體（國家）並非價值無涉，而是有其價值基礎。"價值典範" 即為國家維持存續所需的最低價值基礎。如，"一國兩制" 憲制秩序的 "價值典範" 為，在 "兩制" 的張力中，維持 "一國" 之存續統一性的自我防衛立場。參見葉海波：《政黨立憲研究》，廈門：廈門大學出版社 2009 年版，第 52-54 頁。

48. 參見祝捷、章小杉：〈"香港本土意識" 的歷史性梳理與還原 —— 兼論 "港獨" 思潮的形成與演化〉，《港澳研究》2016 年第 1 期。

49. 劉嘉祺：〈試析香港的激進本土主義〉，《國際政治研究》2016 年第 6 期。

50. 參見田飛龍：〈香港社會運動轉型與《基本法》變遷〉，《中國法律評論》2015 年第 3 期。

51. 劉嘉祺：〈試析香港的激進本土主義〉，《國際政治研究》2016 年第 6 期。

52. 劉嘉祺：〈試析香港的激進本土主義〉，《國際政治研究》2016 年第 6 期。

53. 參見〈2019 年香港區議會選舉〉，維基百科，資料來源於：https://zh.wikipedia.org/wiki/2019%E5%B9%B4%E9%A6%99%E6%B8%AF%E5%8D%80%E8%AD%B0%E6%9C%83%E9%81%B8%E8%88%89（最後訪問時間：2021 年 11 月 18 日）。

54. 參見金耀基:《中國政治與文化》(增訂版),香港:香港牛津大學出版社 2013 年版,第 276 頁。

55. 參見饒戈平:〈全面準確地理解和實施"一國兩制"方針〉,《求是》2014 年第 14 期;齊鵬飛:〈正本清源明辨是非 —— 全面準確理解"一國兩制"、全面準確理解"白皮書"〉,《人民日報海外版》2014 年 6 月 17 日,003 版。

56. 參見曾燕倫:〈防衛性民主的兩種模式 —— 並論我國違憲政黨管制的發展趨勢〉,《台灣中正大學法學集刊》第 35 期。

57. 參見葉海波:《政黨立憲研究》,廈門:廈門大學出版社 2009 年版,第 170 頁。

58. 法治斌、董保城:《憲法新論》,台北:元照出版有限公司 2005 年版,第 17 頁。

59. 〔德〕康拉德·黑塞著,李輝譯:《聯邦德國憲法綱要》,北京:商務印書館 2007 年版,第 540 頁。

60. 參見蕭國忠:〈防禦性民主與德國民主的正常化:從不寬容激進勢力到與之共存〉,《社會科學論叢》2010 年第 2 期。

61. 參見蕭國忠:〈防禦性民主與德國民主的正常化:從不寬容激進勢力到與之共存〉,《社會科學論叢》2010 年第 2 期。

62. 參見林來梵、黎沛文:〈防衛型民主理念下香港政黨行為的規範〉,《法學》2015 年第 4 期。

63. 王理萬:〈"港獨"思潮的演化趨勢與法理應對〉,《港澳研究》2017 年第 1 期。

64. 〔德〕Philip Kunig 著,盛子龍譯:〈法治國〉,載〔德〕Peter Badura, Horst Dreier 編:《德國聯邦憲法法院五十周年論文集(下冊)》,台北:聯經出版事業股份有限公司 2010 年版,第 459 頁。

65. 參見林來梵、黎沛文:〈防衛型民主理念下香港政黨行為的規範〉,《法學》2015 年第 4 期。

66. 馮惠平:〈從德國戰鬥性民主觀點論公務員忠誠義務之違反 —— 兼評公務員懲戒委員會 98 年度鑑字第 11520 號議決〉,《國會》2016 年第 3 期。

67. 參見程邁:〈民主的邊界 —— 德國《基本法》政黨取締條款研究〉,《德國研究》2013 年第 4 期。

68. 參見〔德〕康拉德·黑塞著,李輝譯:《聯邦德國憲法綱要》,北京:商務印書館 2007 年版,第 49-51 頁。

第二章

香港國家認同中封閉主體性的建構與解構 *

伴隨著中國內地與香港關係的縱深與發展，港人身份認同的離心化傾向卻逐漸在激進本土主義的異化話語中顯露出來，並藉由其話語論述和行動展開進一步解構香港的國家認同，最終導致港人身份認同與內地的疏離。可以說，近年來的香港本土主義社會運動即體現出此種惡性循環：一方面，社運的內在動因就是香港國家認同的缺失，其對內地不信任的"泛政治化"心態也恰好印證了這一點；而另一方面，這種國家認同困境所致的"港獨"話語則進一步解構著香港的國家認同。因此，這種惡性循環的癥結即在於香港國家認同的困境。

本章即試圖探究這種國家認同困境是如何產生的，並在此基礎上解答三個問題：（1）國家認同的建構與解構意味著甚麼？（2）這種國家認同困境是如何發生的？（3）其又該如何解決？通過對香港主體性的封閉化建構的刻寫，我們試圖在香港主體性與國家主體性的動態關聯中展現兩者的內在張力。並在此基礎上，最終提供一種使困境解決得以可能的理想模型，以期為其現實解決提供有益啟示。

現代性語境下的國家認同

———————— ● ————————

作為誘發共同體成員類屬意識和政治忠誠的自我歸屬模型,國家認同的核心就是在個體與政治共同體間締造一種交互聯繫。基於國家認同是近代民族國家的產物,因此我們有必要將此"個體—共同體"交互聯繫的動態發生置於現代性(Modernity)的語境下加以考察,只有闡明現代性語境下的個體是如何存在的,我們才能對個體為何以及怎樣與共同體發生交互聯繫作出回答。

在現代性語境下,個體欲圖顛覆此前將自己的存在境況訴諸一個外在的絕對"他者"的解釋圖式,而將這種自我解釋的自主性、能動性回溯到人類自身。於是個人便"擁有了特定的本體論上的自治"[1],其主體性也得以重新"在場"。[2]因此,在這場人類學哲學的轉向中,個體便作為一個內蘊主體性的存在者,擁有了對自我存在境況的自主解釋權。但是,這種自我認同與主體性並不能在一個"獨白式"的封閉場域中構成自身,自我認同本質性地依賴於我和他者的對話關係。[3]這樣一來,個體為了完成自我認同的確證和自身主體性的建構,就必須將意向性拋擲在介於完全內在於自我和完全外在於自我之間的場域，因為通過完全外在於自我的“他者”來確證個體主體性不符合主體性的能動意涵，而完全訴諸內在自我又無法說明個體主體性的構成及其世界的客觀性。[4] 因此，這個“介於二者之間”的場域就只能是主體間性的場域，即人類個體作為主體的、“主體—主體”間的交互實踐場所。其又須以政治共同體來充當現實載體，因為只有在具有一定邊界的公共場域中，主體間的交互才有可能。

至此，我們可以對國家認同的發生原因作一個初步說明：為了確證自我存在，個體主體性必定要指涉一個作為共同體的“他者”。個體主體性的指涉將使共同體生成族群層面上的主體性，而族群主體性作為個體主體性的“鏡像”又將最終補強個體主體性的存在確證。概言之，國家認同的內在結構即為“個體主體性—族群主體性”的雙向指涉，通過個體將其意向性拋擲於共同體，其族群主體性再反向補強個體主體性的交互過程，個體對國家的自我歸屬與政治忠誠得以實現。

但是，國家認同不僅是個體與國家的主體性交互，同時也包括了亞政治族群（例如香港），因此我們要進一步將亞族群納入主體性的指涉結構中。無疑，由於國家主體性的場域太過龐大，個體主體性必然首先指涉和自身關係更為密切的亞族群。比如港人的個體主體性必然先指向香港的亞族群主體性，由此誘發本土意識和政治認同，然後才由亞族群主體性指涉最高的共同體單位，從而誘發亞族群對國家的自我歸屬與政治忠誠。如此一來，國家認同即為“個體主體性—亞族群主體性—國家主體性”的層級指涉結構。在這裏，關鍵的問題就在於：亞族群主體性與國家主體性是如何雙向指涉的？

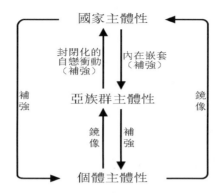

圖 2.1　正常狀態下的國家認同

　　如圖 2.1 所示，亞族群主體性與國家主體性的雙向指涉具有兩個面向。就第一個面向看，兩者相互補強。亞族群作為國家的構成性場域必然嵌套在國家主體性內，並向國家主體性敞開。由此，亞族群主體性的指涉為國家主體性增添了亞族群的要素（"亞族群性"），使其構成更加完滿。而國家主體性的反向指涉也將使亞族群獲得他性的補強（"國家性"），也即這種國家層面的他性通過成為亞族群主體性的構成性要素來補強亞族群的自我確證。[5]

　　但就本章的主題而言，更重要的是第二個面向：兩者間具有內在張力。首先，從靜態的觀點而言，兩者在構成形態上有本質差異：亞族群主體性須向國家主體性敞開，因而其構成是開放的。而國家主體性作為最高位的共同體主體性，無須再向"他者"敞開以完滿自己的構成。在這一點上，國家主權的內涵——對內至上性、對外排他性——為其封閉性提供了最好的證明。[6]雖然如此，但兩者作為族群主體性都須藉助自戀性的想象和表徵來建構自身，例如共享歷史傳統、強調族群英雄和特徵等。[7] 如此一來，亞族群主體性在自戀建構的衝動中，就有將自身認同為封閉場域的危險傾向，並由此阻斷向國家主體性的指涉，此即兩者張力所在。其次，從動態的觀點考察，這一張力的內在機理將更加清晰。如前所述，個體通過將意向性向共同體拋擲，完成個體主體性對族群主體性的指涉。而這一過程同時發生在亞族群主體性和國家主體性的兩個層面上。也就是說，意向性的雙重拋擲使其面臨一種潛在競合的狀態，而正是意向性的潛在競合構成了國家主體性和亞族群主體性間的內在張力。[8] 進而，我們可以用一種不甚精確的衡量尺度（主題化程度）來描繪這一張力。由於意向性朝向某物的同時會將該物主題化，即聚焦於該物，使其在意向性的場域中作為主題顯現。[9] 因此，當個體的意向性拋向兩個層面的族群主體性時，其同時也將兩者予以不同程度的主題化，故而兩者的主題化程度就對應於兩者的現實張力程度。至此，我們可以作如下結論：如果個體主體性向亞族群主體性指涉的主題化程度記為 A1，向國家主體性指涉的主題化程度記為 A2，則當 A2 ≥ A1 時，亞族群的國家認同尚在正常狀態；在 A2 < A1 時則有解構的危險。（A1+A2=1，且 A1, A2 ∈ [0，1]）

綜上，通過對國家認同的一般性說明，香港國家認同解構的深層機理得以揭示：其實質是香港主體性與中國主體性競合關係的現實化。從國家統合視域觀之，這種認同困境是香港主體性封閉化建構的產物，也是港人 "反向主題化" [10] —— 向中國主體性指涉的主題化程度降低，而向他者指涉的主題化程度上升 —— 的異化構造。

───── 第二節 ─────

香港主體性的封閉化建構

──────── ● ────────

　　既然香港國家認同困境是其族群主體性封閉化建構的產物，那麼這種封閉化面向又是如何發生的呢？由於港人個體的主體性指涉和香港族群的主體性建構都在殖民語境下發生，因此我們有必要回溯到受殖的原生境況，分析其對香港主體性的影響。

　　這種受殖的原生境況蘊含了兩種殖民權力機制：其一，東方主義的權力語境。[11] 英國殖民者通過將西方文化表徵為真理性、本源性的"在場"，將東方文化言說為野蠻蒙昧的"他者"來獲得對港人個體和香港族群的規訓權力。這種東方主義實質蘊涵拜物教（fetishism）的邏輯，[12] 也即將現在的東方文化（香港及中國內地文化）還原、凝固為一個落後原始的"偶像"（fetish），藉此掩蓋真正東方文化的不在場並證成自己的優越地位。其二，貶低香港的權力制度。若要維護東方主義語境，對話語的制度庇護就是必需的。因此，港英政府也通過對港人的歧視區隔制度來實現殖民地位的存續。例如將精英港人納入港督決策機制的"行政吸納政治"，通過區別英國化的精英港人與普通港人，實現對普通港人的反向歧視和貶低。

在兩種權力機制的共同作用下，英國殖民者得以作為自為[13]
（being-for-itself）存在，即作為一個內蘊主體性的、自由能動的
主體而存在，並凝視被殖民者。這種凝視是暴力且單向的。暴
力性指的是凝視的客體化功能，當主體凝視"他者"（香港）時，
"他者"便成為了其視覺經驗中與其他客體無異的自在（being-it-
itself），由此"他者"的主體性就被壓抑與解構。但殖民者的"權
力之眼"還不同於一般個體間的凝視。個體間的凝視是雙向交
互的，"我"在凝視"他者"的同時，"他者"也通過凝視把"我"
變為他的客體。但在受殖境況中，由於"殖民—被殖民"的權
力不對等，"凝視—被凝視"的交互關係就被殖民權力單向化
了。所以簡要而言，被殖民即被單向地暴力性凝視。

由此，這種單向凝視對香港主體性的形成產生了構成性的
影響：從港人個體的層面觀之，殖民者的單向凝視使其個體主
體性被壓抑、消解，也即東方主義"否認'他者'（港人）有
自主的能力"[14]。於是，港人主體性的缺失就需要族群主體性加
以補強。但由於此時中國內地與香港的交流有所阻隔，加之港
人在本土空間的交互加強，因此僅是"港人主體性—中國主體
性"的雙向指涉便不足以補強港人主體性，這就為港人將意向
性拋擲於本土族群 —— 也即香港主體性的生成 —— 提供了內在
動因；而從香港族群的層面觀之，殖民者的單向凝視使其族群
認同經歷了"主體性的原生缺失"。一方面，香港族群意識到
了"'自己'正被凝視著"，由此"自己"作為統一客體的存在
就被族群認同捕捉到了，此即自我反思意識的產生；[15]但另一方
面，這種自我意識又伴隨著"自己"只是自在的主體性缺失。
因此，這種"原生性缺失"也為香港主體性的建構提供了現實

衝動。

概言之，英國殖民者的單向凝視最終導向了香港主體性的建構。而這種建構必然在反殖民鬥爭中實現，因為只有對殖民權力的反寫，才能在突顯其欲成為自為的主體性尊嚴中擺脫恆定客體的命運。於是我們可以看到，從 1966 年的天星碼頭群眾動亂、1967 年的"反英抗暴"到 70 年代"爭取中文官方語言運動"的數場社會運動都帶有反殖民的印記。數場社運成為港人個體和香港族群奪回主體性尊嚴的線性敘事，藉此港人就實現了對本土族群主題化的意向性拋擲，進而完成香港主體性的初步建構與其對港人主體性的反向補強。

須注意的是，此時的香港主體性仍須向中國主體性敞開。因為當港人反殖民時，其須訴諸"中國人"的身份。[16] 這就意味著港人意向性在主題化香港主體性的時候，也不可避免地將中國主體性主題化，所以此時的主題化程度尚處於正常狀態（A2 ≥ A1）。

但是，這種主題化的正常狀態又伴隨著"反向主題化"的異化傾向，其實質上蘊含了一種自我他者化的邏輯。如前所述，反殖語境下的港人須對中國進行主體性指涉，以實現其對個體和香港族群的主體性補強，由此港人的身體圖式（schéma corporel）——即個體對自己身體作為統一客體的感知形象——就有了"中國性"的構成要素。因為身體圖式並不只是"一個生理學上的'我'，據以平衡空間、確定感覺"[17]，它還帶有歷史—種族的面向，而這種面向正是個體對族群進行主體性指涉時，族群主體性反饋給個體的補強產物，也即前文所說的"他性的補強"。[18] 所以，當港人訴諸"中國人"身份時，其身體圖式就具有“中國性”的要素。但這種“中國性”在反殖民中卻也逐漸被殖民者的東方主義語境解構，東方主義通過將其言說為落後愚昧的存在，使港人的身體圖式面臨被解構的危險。而身體圖式作為個體主體性的構成前提，其解構也就意味著個體主體性的重大挫折。所以此時，自我他者化就發生了：為了阻止身體圖式的解構和主體性的確證挫敗，港人主體性須向英國主體性指涉以獲得“英國性”的補強。因此，伴隨港人的身體圖式在一定程度上被“他者”替換，“反殖民”也在一定程度上被殖民者的凝視所規訓。

在此意義上，20世紀70年代的“大香港主義”就是自我他者化的產物：通過對“‘優越的’英國文化—‘落後的’中國文化”二元邏輯的內在接受，加之對“英國性”的自覺接納，港人由此產生一種對中國內地的優越感。[19] 更具體地說，這個過程就是在創設新的主體性指涉結構。港人將意向性拋擲於另一族群，以完成其向英國的主體性指涉，並進而獲得他性（“英國性”）的補強。如此一來，原先“港人主體性—中國主體性”的指涉主題化程度便有所下降，“香港主體性—中國主體性”的指涉結構也隨之弱化。簡言之，自我他者化正是“反向主題化”的起因。

但是，自我他者化不是沒有限度的，因為港人同時也在訴諸“中國性”以反抗殖民權力。這樣一來，香港主體性就呈現為兩種他性的博弈：一方面，港人主體性須向中國主體性指涉，為奪回主體性尊嚴而反殖民；另一方面，港人的意向性又須對英國主體性予以主題化，以阻止單向凝視對主體性的解構。由此，“中國性”和“英國性”便在香港主體性中博弈，並互為彼此設定了主題化程度的界限。這時一個關鍵節點就出現了：由於兩種他性均不能以一種指涉固定的本質化身份佔有香港主體性，加之港人本土交往的日益增加，且更為重要的是，20世紀80年代後港英政府的民主供給使其政治實踐開始成熟，[20]這些因素的共同作用最終使"香港性"被本質化地"發現"了。換句話說，"香港性"作為兩種他性的遭遇場域竟被港人的意向性排他地主題化了。正如80年代末到90年代"香港世界主義"所顯示的那樣，部分港人此時拒絕用"中國性"的民族屬性來定義香港，而將其定義為"世界城市"。[21]在這個過程中，"中國性"和"英國性"就被港人主動疏離，取而代之的是"世界的'香港性'"的突顯。至此，香港主體性的封閉化面向就形成了。這實際上意味著如下主張：（1）封閉化建構的實質是"港人主體性—香港主體性"的排他性指涉，也即"港人主體性—中國（英國）主體性"指涉主題化程度的降低和"香港主體性—中國主體性"指涉結構的阻斷（A2＜A1），因此香港主體性便將自己認同為完滿自足的場域；（2）從香港主體性的內部構成來說，這就意味著"香港性"（我性）對香港主體性的完全佔有，也即"中國性"（他性）被港人的意向性所懸擱；（3）所以，封閉化建構就是對香港主體性和"香港性"的"反向主題化"。

然而，這種"反向主題化"又伴隨著自我解構的內在悖論：一方面，部分港人欲圖在此過程中實現上述三個主張；但另一方面，香港主體性作為我性和他性的博弈場所，對其主題化的意向性拋擲很難脫離他性而訴諸"純然香港的"先驗主體性。因此，在香港主體性封閉化建構的同時，"中國性"作為香港族群"族裔的構成要素"便對欲圖封閉的"香港性"進行詢喚和反寫，使其無法完全佔有與閉合。所以，"反向主題化"就呈現出香港主體性"封閉面向—敞開面向（即封閉面向的解構）"的內在悖論。在香港的政治現實中，這種內在悖論就表現為"激進本土主義—本土愛國力量"的兩極光譜。

綜上，在此關鍵節點，香港主體性的建構內蘊解構國家認同的封閉化面向。但伴隨"反向主題化"的內在悖論，其又呈現為兩種認同面向動態博弈的矛盾統一體。

封閉化建構的延續與受挫

———————————— • ————————————

　　可以說，正是香港主體性的封閉化面向在回歸後的延續導致了近年來的本土主義。[22] 不僅如此，種種社運和話語中的激進傾向更可直接歸因於這種封閉化建構的受挫。為此，我們須探究封閉化建構為何受挫，並進一步闡明這種受挫和激進本土主義的症候有何關聯。

　　在探究封閉化受挫的成因之前，我們有必要先就如下問題作一說明：族群主體性在正常狀態下是如何穩態建構的？如前所述，族群主體性的建構始於個體主體性向族群的意向性拋擲，由此在主體性指涉的過程中生成族群層面上的主體性。而根據拉康主義的立場，這一主體性指涉的實現有賴於想象性認同和象徵性認同的雙重路徑。[23] 首先，個體須對族群產生共同想象，這種主體間的想象就為族群主體提供了凝固、統一的自我形象。此即拉康意義上的"形式凝滯"[24]（formal stagnation），而這一形象便是族群主體的"理想自我"（Ideal-Ich）。[25] 但是，"形式凝滯"僅是想象性認同的初步建構。因為這個族群形象僅是就"我們想成為甚麼"[26] 的自我想象，所以缺乏在更大的主體間性場域（象徵界）中固定自身位置的能力。因此，"理想自我"

還需要在主體間性的層面上完成想象性認同的最終建構，這也就意味著個體間對自己族群的共同想象需要接受其他族群的觀看和承認。

位於象徵界的 "他者"（Autre）對 "我"（族群主體）的觀看和承認，實則就是用能指（符號）——由於這一能指相較於此後 "我" 的諸多符號來說具有始原性，其被稱為原初能指——表徵 "我"。因此，"他者" 的觀看就是原初能指的給予，也即為 "我" 規定了一個認同位置。因此當 "我" 認同於原初能指時，"我" 便從那個位置認同自己，"理想自我" 也就在象徵界中佔據了一個由 "他者" 規定的固定位置。至此，想象性認同的雙重建構就完成了。與此同時，原初能指的介入也意味著 "我" 被能指所表徵，"我" 就成為了能指本身，繼而進入象徵性認同的層面。象徵性認同即為個體對族群的共同表徵，這種主體間的表徵便意味著族群在能指的連續產出中被建構。而能指作為 "放逐了所指的符號" 是沒有固定意義的，只能在向另一能指的差異性滑動中尋找意義的痕跡。[27] 因此，族群主體的 "自我理想"（Ich-Ideal）便呈現為能指滑動的鏈狀結構（能指鏈）。也正因如此，象徵性認同的實現就要求 "自我理想" 的錨定，也即中止能指鏈的滑動，從而使穩定的意義回溯性地產生。而這個 "錨定點"（point de capiton）就是原初能指。如前所述，原初能指實質上就是 "他者" 規定的認同位置，而 "我" 正是從那個位置進入象徵界的，因此原初能指作為第一個能指便錨定了此後族群的其他能指。[28] 所以簡要而言，象徵性認同的最終實現也有賴於其他族群對共同表徵的觀看和承認。

綜上，個體對族群的主體性指涉要求想象性認同與象徵性認同的雙重實現。而兩者的實現又要求：（1）個體對族群的共同想象和共同表徵；（2）原初能指的介入。其中更為重要的是後者。通過原初能指的介入，"他者"就為族群主體規定了一個認同位置。而族群也被要求從那個位置審視自己的共同想象和表徵，由此原初能指便成為了"理想自我"的"固定點"和"自我理想"的"錨定點"。最終在原初能指對共同想象和表徵的介入下，族群主體性得以穩態建構。

因此，香港主體性封閉化建構的受挫可歸於兩個問題：（1）"反向主題化"的內在悖論使香港族群的想象性認同和象徵性認同陷入"'香港性'—'中國性'"的內部分裂，因此不能完成共同想象和表徵；（2）封閉化建構無法接受"他者"（中國內地）的觀看和承認，從而面臨原初能指的錯位和缺失。進而，封閉化建構的受挫便導致了激進本土主義歇斯底里且不斷分裂自身話語的症候。以下將對這種受挫過程從想象性認同和象徵性認同的層面分述之。

在想象性認同中，香港主體性的封閉化建構首先意味著排他的共同想象。激進本土派欲圖通過共同想象賦予香港主體性一個被"香港性"完全佔有的自足形象，以此在我性的"反向主題化"中實現"港人主體性—香港主體性"的排他指涉。但是此處的"形式凝滯"，因問題（1）而無法實現：如前所述，"反向主題化"的內在悖論使封閉化面向在建構自身的同時，也要面臨敞開化面向的反寫。因此如圖 2.2 所示，激進本土派的封閉化想象（想象性認同 I）必然遭到本土愛國主義的"中國—香港"共同想象（想象性認同 II）的對抗。因此，後者對"中國性"的主題化就使封閉化的"理想自我"無法獲得穩固的統一形象。此外，想象性認同還須在主體間性層面上實現自身位置的固定，這就要求原初能指的介入。正是在此處，封閉化建構又遇到問題（2）：中國內地作為"他者"[29]而給予香港的原初能指和其封閉化想象發生了錯位。具體來說，封閉化想象欲圖阻斷"香港主體性—中國主體性"的指涉，但中國內地卻用內蘊"中國性"的能指詢喚香港，以此增強其向中國的主體性指涉。因此，這就意味著封閉化的"理想自我"缺失了原初能指的介入，從而無法完成其在象徵界的位置固定。

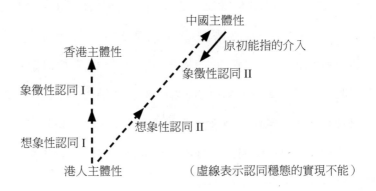

圖 2.2　香港主體性的封閉化建構

　　在想象性認同的雙重受挫下，香港主體性的封閉形象和其作為他性博弈場所的真實本體的緊張關係便突顯出來，進而導致封閉化"理想自我"的解構。而這種解構又最終引發激進本土主義的兩種傾向：一方面，"理想自我"的解構將誘發其對封閉形象的自戀，從而在封閉形象的自我保護中拒斥中國內地的觀看和承認；另一方面，"理想自我"和真實本體間無法緩和的緊張關係也使其產生了對封閉形象的自我否定，以此擺脫"'我欲所是'並非'我之所是'"且"欲而不能"的張力結構。而這一自否傾向將最終"外轉"（turning outward）為對中國內地的否定。[30] 具體來說，當封閉化建構在"他者"（中國內地）的觀看下無法實現時，激進本土派就會欲望"他者"的完滿形象，也即中國主體性作為國家主體性的封閉自足，進而將被欲望的"他者"認同為自己，並將上述的受挫張力投射到"他者"。因此，主體否定自己與主體指控他人這兩個時刻便混同了起來，[31] 自否也就變成了對中國內地的否定。最終，自戀和自否的相反傾向就悖論般地引發了本土主義與中國內地的緊張關係。

可以說，近年來本土主義的激進傾向都可訴諸這種自戀和自否。從 2009 年的"反高鐵運動"、2012 年的"反國教運動"到 2014 年的"佔中"，本土主義的社運和話語實際上都蘊含了對"理想自我"的自戀。在封閉形象的受挫和解構下，他們將中國內地視為"理想自我"的"掠奪者"，進而拒斥中國內地的能指"入侵"，以此保護"理想自我"。因此，從"反高鐵運動"開始而一以貫之的"拒斥兩地融合"其實就是拒斥中國內地的觀看和承認，拒斥其原初能指的給予，以此在拒斥"掠奪者"的敘事下反抗"理想自我"的解構。但是，這種反抗卻將加速"理想自我"的解構，因為拒斥中國內地的觀看就意味著原初能指的繼續缺失。於是我們可以看到，"理想自我"的持續解構使"後政改時期"的本土主義愈發激進。此時的本土主義不僅是原先自戀傾向的產物，而且伴隨著封閉形象和真實本體間的張力增加，更多地帶有自否的印記。從 2015 年的"旺角暴亂"到 2019 年發生的"修例風波"，激進本土派將中國主體性的完滿形象部分地認同為自己那"欲而不能"的"理想自我"，進而將受挫張力歸咎於中國內地，由此在搶奪和否定"他者"的同時實現自我解構與張力消解。這種自否傾向即在"勇武抗爭"和"攬炒"的歇斯底里中表現得愈發明顯。至此，想象性認同的受挫症候便表現為本土主義愈發激進的傾向。

而在象徵性認同的層面上，激進本土派則欲圖用"本土至上"的共同表徵將"香港性"塑造為族群的"本質身份"。但這種共同表徵因問題（1）而無法實現："反向主題化"的內在悖論使封閉化話語（象徵性認同Ⅰ）必然受到愛國話語（象徵性認同Ⅱ）的反寫。由此，香港族群的自我表徵便呈現為"'香港性'—'中國性'"的能指分裂，其就使封閉化表徵在愛國話語的反寫下呈現出能指的爭拗與消解，從而加劇了封閉化的"自我理想"作為能指鏈的滑動。進而，劇烈的能指滑動又因問題（2）而無法錨定：封閉化表徵錯位於"他者"（中國內地）規定的認同位置，即無法獲得其觀看和承認。這就意味著封閉化的"自我理想"缺失了作為"錨定點"的原初能指。

在象徵性認同的受挫下，封閉化的"自我理想"便呈現為一條無限滑動的能指鏈。從"香港城邦論"到"香港民族論"再到"革新保港論"，從"反高鐵運動"到"佔中"再到"修例風波"，正是"理想自我"從能指向另一能指的重複滑動產出了如此繁多的封閉化話語。但是這些話語由於缺乏原初能指的錨定，其意義便在能指滑動中無從建構。也就是說，激進本土主義只能不停地言說其"港獨"主張，不停地與愛國主義和本土主義內部的能指爭拗，而無法確定"港獨"到底意味著甚麼。至此，象徵性認同的受挫便呈現為"自我理想"的無限滑動和意義虛無，也即表現出本土主義不斷在分裂自身中生產話語的病態症候。

綜上，我們可為激進本土主義作一註解：其為香港主體性的封閉化面向在近年來的延續與受挫的產物，其愈發激進且不斷分裂的特徵正是想象性認同與象徵性認同的受挫症候。

封閉化面向的商談式解構

既然本土主義及其國家認同困境都是香港主體性封閉化建構的產物，故而問題的解決就在於封閉化面向的解構。為此，我們將提供一種香港與內地商談的理想模型，並展示這一商談的實現可能性，以此作為封閉化面向的解構方案。

首先，我們需要回答封閉化面向的解構意味著甚麼，因為只有明晰解構的目標所在，我們才能對應該採取何種解構方案作出回答。其意味著如下目標：第一，相對於封閉化面向的建構，其解構便首先意味著 "港人主體性—中國主體性" 指涉主題化程度的上升（A2≥A1）。第二，在香港主體性建構的層面上，其意味著激進本土派的共同想象和表徵向 "中國性" 敞開，從而在對他性的主題化中彌合 "封閉面向（'香港性'）與敞開面向（'中國性'）" 的內部分裂。〔問題（1）的解決〕同時，其還須接受中國內地的原初能指介入。〔問題（2）的解決〕其中，後者作為族群主體性建構的第二步最為關鍵。當激進本土派接受中國內地的觀看和承認時，其就意味著本土主義的共同想象和表徵願意接受 "中國性" 的原初能指，從而在能指介入下實現封閉化面向的解構與香港主體性的彌合重構。在此意義上，問題（2）的解決實則蘊含了問題（1）的解決。因此簡要而言，封閉化面向的解構目標就在於原初能指的介入。在香港的政治現實中，這就意味著激進本土派與中國內地的爭拗消解。

如此一來，我們就可對兩地爭拗的政治現實予以理性重構，以此在非理性爭拗下尋找解決問題的理性基礎。由此，激進本土派與中國內地 "各說各話" 的政治爭拗實則預設了一個理想話語情境（ideal speech situation）：激進本土派主張 "本土至上"，而中國內地則主張 "'一國' 下的 '兩制'"。雖然雙方發生了認同位置的爭拗，但是雙方都在為了證立自己的認同位置而提供有效性主張，並在接受或否定彼此的有效性主張中期待對方的承認，此即理想話語情境。[32] 一方面，這種理想情境構成了兩地現實交互的前提條件，只有雙方為自己的主張提供理由並回應對方的批判，進而期待自己的主張被 "他者" 接受，兩地交互才有可能；但另一方面，其作為一種 "現實交往的理想化" 在現實中又未完全實現，故而兩地交互才呈現為非理性的爭拗。[33] 因此，理想話語情境便是有待實現且可能實現的。此外，這一理想情境的實現可能性還被封閉化面向的受挫必然性所增強：如前所述，封閉化面向因問題（1）、（2）而必然受挫。因此，當激進本土派意識到封閉化建構無法實現時，其就可能在批判反思的基礎上向合理的認同位置敞開，從而促成理想話語情境的實現。

因此，在理想話語情境具有雙重可能的基礎上，我們即可主張兩地商談的解構方案。其意味著如下主張：首先，商談是理想話語情境的實現，也即雙方為自己的認同位置提供有效性主張，並在有效性主張的論辯中期待對方的承認；其次，一旦如此，兩地商談就是對原初能指的商談，也即對香港族群認同位置的商談，進而商談的目標在於達成原初能指的共識；再次，其進一步要求香港與內地雙方批判反思的參與態度，以此向可理性證立的共識敞開。同時，商談還要求中立且非強制的程序保障，即在證成過程中如遇合理的不同意，則退一步尋求共同基礎。[34] 由此，封閉化面向即可在原初能指共識的形成和介入下實現解構。以下將對這種解構過程從想象性認同和象徵性認同的層面分述之。

在想象性認同中，商談式解構始於對封閉化想象的修正。如圖 2.3 所示，[35] 當港人（激進本土派）參與相關政治論題的商談時，"我們在一起商談"的同質感將誘發"中國—香港"的共同想象，[36] 由此封閉化想象（想象性認同 I）就在向"中國性"（想象性認同 II）的敞開中實現初步解構。進而，激進本土派在封閉化受挫的批判反思下，中國內地和香港雙方就有可能從"各說各話"轉向可理性證立的共同基礎，原初能指共識即有望達成。其將呈現為兩階段的動態發展：[37] 一開始，這種共識僅以"臨時協定"（modus vivendis）的不穩定狀態勉強為雙方接受。而"臨時協定"的達成同時就意味著"中國性"的能指對封閉化想象的介入和解構，進而在"中國—香港"的持續想象中促進商談共識的再次產出。由此伴隨著共識產出的良性循環，其就逐漸深化為"政治文化"（political culture）的穩定狀態。這種"政治文化"作為與兩地的自我理解（族群主體性）分離的中立場域，[38] 便脫離了前者的工具性格而具有規範價值。

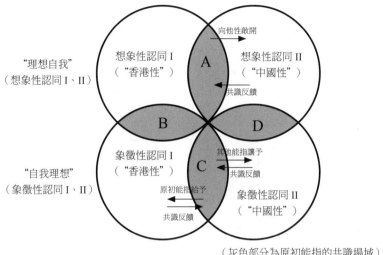

圖2.3 香港主體性的商談式重構

因此，商談共識的動態發展就是想象性認同 I 接受初步共識而向 II 敞開，進而想象性認同 II 的 "中國—香港" 共同想象又促進 I 繼續解構和共識再次產出的過程。而 I、II 的動態交互即重構為香港主體性在商談語境下的 "理想自我"，其得以在想象性認同的兩個層面上完成穩態建構：其一，I、II 的動態交互就意味著 "封閉面向—敞開面向" 的彌合，因此可在 "中國—香港" 的共同想象中完成 "形式凝滯"。其不同於封閉化想象對我性的靜態佔有，而是在不斷包容他性的線性進步中獲得穩定的族群形象，從而完成 "動態的凝滯"。[39] 其二，由於 I、II 的動態交互以原初能指共識作為中介，因此 "理想自我" 便得以實現在象徵界的位置固定。至此，兩地商談便實現了封閉化 "理想自我" 的解構與重構。

而在象徵性認同的層面上，商談式解構表現為能指交互：首先，封閉化表徵（象徵性認同 I）接受能指共識即意味著其

向 "中國性"（象徵性認同Ⅱ）的敞開，"本土至上"的自戀話語就轉向 "中國—香港" 的共同表徵，由此實現封閉化表徵的初步解構。此即象徵性認同Ⅰ向Ⅱ的能指讓予。同時伴隨這種能指讓予，兩地將在 "中國—香港" 的持續表徵中促成共識的再次產出，繼而封閉化表徵將在進一步的能指讓予中繼續解構。其次，封閉化表徵接受能指共識也意味著 "中國性" 能指對其的介入，由此象徵性認同Ⅰ便獲得了由Ⅱ給予的 "錨定點"。在 "中國—香港" 的話語錨定下，激進本土派將更偏向於具有意義的穩態話語，進而促成共識的再次產出，封閉化表徵也將在 "錨定點" 的動態發展中實現繼續解構和穩態重構。因此，Ⅰ、Ⅱ的能指交互就成為香港主體性的 "自我理想"，其也得以穩態建構：其一，Ⅰ、Ⅱ的能指交互即呈現為包容他性的話語過程，由此實現 "封閉面向—敞開面向" 的彌合；其二，Ⅰ、Ⅱ的能指交互以原初能指共識作為中介，因此其充當了 "自我理想" 的 "錨定點"，使香港與內地雙方對香港認同位置的表徵具有意義。至此，兩地商談便實現了封閉化 "自我理想" 的解構與重構。

綜上，兩地商談即通過原初能指共識的形成與介入，實現封閉化面向的解構和香港主體性的穩態重構。最後，我們可為兩地商談的核心主張作一總結：（1）原初能指不能依靠兩地的 "獨白式言說"，而須基於雙方的商談共識；（2）香港主體性只有向 "中國性" 敞開，才能在其穩態建構中實現香港作為亞族群的主體地位；（3）通過港人對兩地共識的意向性拋擲（主題化），中國主體性和香港主體性的內在張力將有望消解。

結語：粵港澳大灣區下的
"多元共治"

———— ● ————

　　如前所述，本土主義欲圖在封閉化建構中獲得香港排他性的主體地位，其便在 "本土至上" 的想象與表徵中肆意解構著香港的國家認同。但如我們所見，愈發激進的暴力社運既是封閉化的產物，也是其受挫的症候。在族群的內部分裂和 "他者" 的能指錯位下，激進本土派已然陷入了 "我欲所是" 並非 "我之所是" 更非 "我之應是" 的妄想症。於是，一場接著一場的社運，一次甚過一次的暴力都變成了徒勞無功的努力和自我解構的懲罰，香港也在主體性的分裂中無法獲得真正的主體地位。因此，"香港問題" 的解決要求我們掙脫主體性的封閉化建構，轉而將其置入一個 "對話式" 的商談環境中。是故，兩地商談就為問題解決提供了理論可能。通過預設理想話語情境的實現場域，雙方在其中就自身的利益關切與認同位置進行有效性主張的持續論辯，香港主體性即有可能在雙方認同位置的 "中間道路" 上實現穩態重構，即在 "'一國'下的'兩制'" 中找到自己的主體地位，並在商談共識的基礎上達至 "一國" 與 "兩制" 的動態平衡。在此，關鍵的問題在於：這種兩地商談的理想模型在現實制度的層面上如何可能？

具體而言，對商談理想的現實化關切使我們得以賦予粵港澳大灣區一種制度性期待：大灣區作為深化香港與內地間交互的制度供給與完善國家治理體系的制度探索，兩地商談的理論可能必然在其框架下實現。在此意義上，兩地商談的理論模型將最終揭示大灣區治理範式的內在要求，也即粵港澳大灣區必然指向一種"多元共治"[40]的現實可能——各行政區政府、跨區半政府組織、非政府組織、功能團體、相關個人等多元主體在大灣區中就相關公共事務進行意見交換，並在多方共識下實行跨區劃、跨界別的公域合作，以此在粵港澳公共自主的基礎上達至"社會一體化"的整合目標。

這種"多元共治"的治理範式首先基於一種視域轉向：[41]以往多數論者視大灣區為"區域的空間"（regional spaces），即將其視作由創新因素與制度導向激勵的經濟系統，因此對於大灣區的制度構想往往限於市場、資源流動意義上的"功能上的一體化"。而在兩地商談的語境下，我們可以將大灣區視為香港與內地間的多元主體基於其對共有空間的生存關切而對公域事務進行自我決定、相互商談的公共領域。如此一來，粵港澳大灣區就成為了側重社會建構與政治活動的"區域主義的空間"（spaces of regionalism），對於大灣區治理目標的期待也就轉向了在公共自主意義上實現區域統合的"社會一體化"，也即前述的"多元共治"。因此總體而言，"多元共治"的範式轉向不僅是完善國家治理體系的內在要求，也是將粵港澳大灣區視作兩地商談的實現場域的必然結果。

進而，這種將粵港澳大灣區視作兩地商談場域的理解路徑，又要求我們對其公共領域結構進行考察。具體而言，兩地商談將在大灣區的兩個層面上實現：一方面，粵港澳各級政府在現行制度下相互磋商達成政治決策與立法規劃的相關共識，此為被正式程序所規範的 "強" 公共領域的商談實踐；而另一方面，粵港澳民眾、跨區劃的功能團體、非政府組織將在對大灣區公共事務關切的基礎上基於相關利益偏好形成日常輿論，由此多方非政府主體將在輿論中呈現出分散、無規範論辯的商談實踐，此即 "弱" 公共領域。[42] 由此，"弱" 公共領域作為目標開放、持續生成的交互網絡，構成了大灣區公共領域的 "外圍"，這種彌散性、無主題的 "外圍" 將為 "強" 公共領域的政府間商談提供商談議題與合法性資源。而 "強" 公共領域作為被正式程序規制的決策商談，則構成了大灣區公共領域的 "核心"，其為 "弱" 公共領域的彌散性交互提供了一個公共意志產出的聚合平台，並以立法的方式表達出來。同時，這種 "強" 公共領域的良性商談又可反向增強 "弱" 公共領域商談實踐的能動性。由此，大灣區的公共領域便呈現為一個二元交互的 "核心—外圍同心圓" 結構，[43] 而正是在其中兩地商談也才可能實現。

正因如此，"多元共治" 就不僅蘊含 "區域主義的空間" 的視域轉向，而且也要求從 "強" 轉 "弱" 的重心偏移，即大灣區的制度建構要從 "強" 公共領域轉而側重 "弱" 公共領域。原因有二：其一，在理論層面上，有關論者對粵港澳大灣區的制度設計多側重政府間的合作商談，而忽視了非政府主體間公共討論、彌散性交互的重要作用。[44] 其二，在現實層面上，制度供給亦限於政府合作與區際立法，而沒有為 "弱" 公共領域的非正式商談提供制度支持。但毋庸置疑，"社會一體化" 的區域統合不僅要依賴政府間的相互協商與共識，更須將兩地商談置入一個多元主體的廣闊場域。通過多元主體對日常公共事務的溝通互動，"弱"公共領域層面的商談實踐將表現為彌散性的交互網絡，從而在這種對公共事務的主張進行交換的網狀結構中，香港主體性才能呈現出包容他性的持續動態，"社會一體化"的整合目標也才能在多元主體公共自主的意義上加以實現。因此，正如哈貝馬斯（Habermas）所言："這樣，民主程序就不再單純是從參與和政治表達過程當中獲取其合法化的力量，而是轉向依靠對所有人都保持開放的話語過程，它的特徵也就決定了人們對於合理結果的期待與接受。"[45]

綜上，兩地商談的理想模型即為我們揭示了"多元共治"的內在要求與現實可能，其要旨就在於對粵港澳大灣區宏觀論述與制度設計的"兩個轉向"：（1）從"區域的空間"到"區域主義的空間"的視域轉向；（2）從"強"公共領域到"弱"公共領域的重心轉向。由此，在港人與內地對粵港澳大灣區公共事務的共同關切與現實商談下，港人的意向性拋擲將在一個比本土空間更大的主體間性場域實現，由此完成港人主體性向中國主體性的正常指涉。同時，這種對中國主體性的主題化又是在粵港澳大灣區的公域合作及共識達成中實現的，因此香港主體性與中國主體性的意向性競合便得以最終消解。通過粵港澳大灣區公共領域"同心圓"結構的二元互動，"多元共治"最終承諾了香港國家認同的理性重構，即在粵港澳的"社會一體化"架構下，香港主體性將在向中國主體性的持續敞開中實現自身的穩態重構。

由此，在"多元共治"治理範式下的粵港澳大灣區也將具有三重意義面向：其一，粵港澳大灣區作為國家治理體系創新的制度性嘗試，是在特定區域尺度上展開集體行動的治理框架。[46] 在此意義上，"多元共治"即為粵港澳大灣區的內在要求。其二，粵港澳大灣區作為兩地商談的實現場域，將為香港主體性的理性重構提供現實可能。其三，粵港澳大灣區作為解決"香港問題"的制度設計，將為世界的後殖民理論實踐提供一種"中國方案"。進而言之，"香港問題"的發生機理在於前述亞族群主體性的封閉化建構在後殖民時代的線性延續，而這種封閉化延續作為"殖民地官方民族主義"的發生邏輯在世界範圍內具有一種普遍性。[47] 所以，"香港問題"不僅是中國的問題，其同時表現出世界範圍內的共性——受殖亞族群在後殖民時代下都面臨著族群主體性建構與國家統合的難題。因此，粵港澳大灣區在解決"香港問題"的同時，也為世界視域下後殖民區劃的國家統合提供了富有中國智慧的制度探索。

當然，這種粵港澳大灣區下的"多元共治"並非凝滯的、終局的，這意味著：其一，"多元共治"作為包容"他者"的政治構想，其本身也應是包容的。作為解決路徑的一種可能，它必然要向其他可能敞開，並且需要其他機制的補強與互動。其二，"多元共治"下的粵港澳大灣區只是提供了一種共識達成的可能平台，因此兩地商談的實現前提仍在於雙方對其自身認同位置的先行反思，也即激進本土派須在意識到封閉化建構必然受挫的基礎上，將其向合理的認同位置和主體地位敞開，進而形成兩地商談與"多元共治"的參與意願。最後我們相信，在非理性爭拗中亦蘊含著理性回歸的契機。在激進本土派對封閉化建構"欲而不能"的批判反思下，香港與內地雙方將共同期待理想話語情境的實現，也將共同朝向粵港澳大灣區下"多元共治"的現實可能。

| 註釋 |

*　本章的主要內容曾以〈香港的國家認同：封閉主體性的建構與解構〉為題發表於《中國社會科學（內部文稿）》2020 年第 6 期，作者為深圳大學港澳基本法研究中心特聘研究員黎沛文、深圳大學港澳基本法研究中心粵港澳大灣區青年發展法律研究所研究助理譚尹豪。

1.　〔丹〕丹·扎哈維著，李忠偉譯：《胡塞爾現象學》，上海：上海譯文出版社2016 年版，第 133 頁。

2.　在前現代的哲學人類學中，人類存在的自我確證總是訴諸超驗 "他者"，如柏拉圖的超驗秩序與經院哲學的超然上帝，而自笛卡爾以來近代哲學則關切人類自身，以理性個體作為客觀世界及自身存在的基點。在主體性哲學的現代性轉向下，個體就成為可以自我立法的主體。正如海德格爾所說："主體性建構了主體。" 參見〔美〕沃格林著，劉新樟等譯：《沒有約束的現代性》，上海：華東師範大學出版社 2007 年版，第 47-63 頁；張文喜：《自我的建構與解構》，上海：上海人民出版社 2002 年版，第 24-32 頁。

3.　Charles Taylor, "The Politics of Recognition", in Amy Gutmann (ed.), *Multiculturalism: Examining The Politics of Recognition* (Princeton, New Jersey: Princeton University Press, 1994), p. 50.

4.　主體性哲學因其唯我論的視角，無法解釋自我及世界的構成為何是客觀的，這使其具有懷疑論的危險傾向，主體間性的視角轉向由此必要。參見王曉東：《西方哲學主體間性理論批判：一種形態學視野》，北京：中國社會科學出版社 2004 年版，第 16-21 頁。

5.　"國家性" 在亞群體的視角下就是內化於亞群體主體性中的他性，"亞群體性"就是亞群體主體性中的我性，兩者都是個體主體性向相應的族群主體性指涉（意向性抛擲）的產物。舉個例子：港人對本土空間的主體性指涉在生成香港主體性的同時，也生成了寓居於香港主體性中的 "香港性"（我性）。同時，港人對中國的主體性指涉生成了 "中國性"，其又通過國家對香港的主體性指涉成為香港主體性的構成要素（他性）。下文的 "中國性"、"英國性" 對應於此處的 "國家性"，"香港性"（本土性）則對應於 "亞群體性"。

6.　在本體論上，筆者並不否認國家須向 "他者" 敞開，因為一個國家必然要在受其他國家影響的過程中容納其他國家的他性。但由於主體主義對主權話語的影響，國家主體性往往把自己表徵為封閉場域。這種封閉化表達受到雙重因素的影響：其一，主體主義的第一人稱視角使其傾向於自戀的封閉化表達；其二，場域越大的主體性向 "他者" 的敞開程度越小。在此意義上，國家主體性向 "他者" 敞開的程度是最小的。參見〔美〕科斯塔斯·杜茲那著，郭春發譯：《人權的終結》，南京：江蘇人民出版社 2002 年版，第 76-88 頁。

7. 將共同體的本體論訴諸共同想象與表徵，參見〔美〕本尼迪克特·安德森著，吳叡人譯：《想象的共同體：民族主義的起源與散佈》，上海：上海人民出版社 2016 年版，第 183-201 頁；Homi K. Bhabha, "Introduction: Narrating the Nation", in Homi K. Bhabha (ed.), *Nation and Narration* (London: Routledge, 1990), pp.1-3.

8. 意向性的潛在競合（比較視野）對國家認同的影響，參見李西傑：〈國家認同視野下的公民意識 "他者" 化問題〉，《哲學研究》2015 年第 12 期。

9. 本章的主題化概念受到胡塞爾先驗還原的啟發，參見〔丹〕丹·扎哈維著，李忠偉譯：《胡塞爾現象學》，上海：上海譯文出版社 2016 年版，第 41-52 頁。

10. 因為在國家統合的視域下，港人主體性向中國主體性的指涉為正常狀態，故而筆者將這種對他者族群主體性指涉程度上升的非正常狀態稱為 "反向主題化"。

11. 薩義德的 "東方主義" 有三種含義：作為一種學術研究學科、思維方式或權力話語方式。此處側重於第三種含義。參見〔美〕愛德華·W·薩義德著，王宇根譯：《東方學》，北京：生活·讀書·新知三聯書店 1999 年版，第 2-5 頁。

12. 參見賀玉高：《霍米·巴巴的雜交性身份理論研究》，北京：中國社會科學出版社 2012 年版，第 60-65 頁。

13. 自為與自在是薩特本體論中的基本存在模式。自為是人類個體的存在模式，因為人是一個對自身虛無的本體進行籌劃的存在者，所以自為就是作為自由主體的存在。自在即被動的客體存在。參見〔法〕薩特著，陳宣良等譯：《存在與虛無》，北京：生活·讀書·新知三聯書店 2007 年版，第 21-27、107-121 頁。須注意的是，筆者有必要就此處薩特與後文拉康的人類學哲學立場作一調和：作為自為的主體既不是薩特般的全然自由，也不是拉康的只能被象徵界閹割、宰制的全然不自由，而更像是齊澤克所說的實在界與象徵界間的 "消隱的中介"（vanishing mediator），即主體必然內嵌在象徵秩序中，因此自由的籌劃必然受限，但其面對象徵界和自在又有一定的能動自由。

14. 〔美〕愛德華·W·薩義德著，王宇根譯：《東方學》，北京：生活·讀書·新知三聯書店 1999 年版，第 40 頁。

15. 參見〔法〕薩特著，陳宣良等譯：《存在與虛無》，北京：生活‧讀書‧新知三聯書店 2007 年版，第 319-376 頁。

16. 參見羅永生：〈香港本土意識的前世今生〉，《思想》2014 年第 26 期。

17. Frantz Fanon, *Black Skin, White Masks* (London: Pluto Press, 1986), translated by Charles Lam Markmann, p.111.

18. 由於個體須在主體間性中構成，其身體圖式必然帶有其他主體的印記，如此也就帶有歷史—種族的面向。拉康的鏡像階段論也持類似觀點：自我對完整身體形象的形成必然受 "他者" 的構成性影響。其甚至主張，想象界中的自我就是 "他者" 的鏡像。參見〔日〕福原泰平著，王小峰等譯：《拉康：鏡像階段》，石家莊：河北教育出版社 2001 年版，第 1-56 頁。

19. 參見祝捷、章小杉：〈香港激進本土主義之社會心理透視〉，《港澳研究》2017 年第 1 期。

20. 香港與澳門的族群主體性雖同樣面臨受殖的原生境況，但只有前者形成了內蘊分離主義的封閉化面向，這和港英政府從 "行政吸納政治" 轉向代議制民主有關。參見強世功：《中國香港：政治與文化的視野》，北京：生活‧讀書‧新知三聯書店 2007 年版，第 286-296 頁。

21. 參見羅永生：〈香港本土意識的前世今生〉，《思想》2014 年第 26 期。

22. 我們在此並無意於概覽回歸後香港國家認同的全貌，而僅是對從 2009 年 "反高鐵運動" 以來的激進本土主義作成因分析。即便如此，我們也能為回歸後到 2008 年的認同境況作一補充說明：此時香港主體性呈現為兩種面向博弈的動態，敞開面向處於優勢（A2 ≥ A1），但偶見封閉面向的建構。伴隨著 2004 年 "自由行" 後的兩地摩擦漸增，"拒斥兩地融合" 的異化語境開始產生，此即回歸後 "反向主題化" 的開端。

23. 筆者在此對拉康理論的挪用須作兩點說明：其一，我們試圖將其對個體認同的主張置於族群層面，如此則與安德森、霍米‧巴巴等人立場相同，即族群的主體化建構有賴個體間的共同想象和表徵；其二，筆者與拉康的旨趣不同，拉康欲圖解構主體主義的 "我思"（cotigo），而我們則以此解釋香港封閉主體化的受挫成因。

24. 參見〔法〕拉康著，褚孝泉譯：《拉康選集》，上海：上海三聯書店 2001 年版，第 108 頁。

25. "想象界—理想自我" 和 "象徵界—自我理想" 是對應的兩組術語。其中，想象界是想象性認同的場所（界域），即鏡像階段；象徵界是象徵性認同的場所，即能指秩序。相應於 "理想自我" 是 "我想成為甚麼" 的自我想象，

"自我理想" 就是 "在他者期許下,我應是甚麼" 的自我表徵。參見吳瓊:《雅克 · 拉康 —— 閱讀你的症狀》(下冊),北京:中國人民大學出版社 2011 年版,第 640 頁。

26. 〔斯洛文尼亞〕齊澤克著,季廣茂譯:《意識形態的崇高客體》,北京:中央編譯出版社 2001 年版,第 145 頁。

27. 參見禾木:〈象徵的捕捉 —— 論拉康的 "象徵界" 理論〉,《哲學動態》2005年第 1 期。

28. 從個體的層面舉例,原初能指就是父母對孩子的指認和命名。通過父母的命名,名字就成了表徵孩子的第一個能指。而通過名字對孩子自我想象的指認,名字這個原初能指便介入並固定了孩子的想象,也讓孩子在此後諸多能指的稱呼中獲得(錨定)了固定身份。參見吳瓊:《雅克 · 拉康 —— 閱讀你的症狀》(下冊),北京:中國人民大學出版社 2011 年版,第 638-639 頁。

29. 雖然拉康的 "(大)他者" 在嚴格意義上並非現實的個體或族群,而是抽象的能指秩序,即 "他者" 期許 "我之應是" 的話語。但基於(1)"中國性" 是香港的 "族裔的構成要素",且中國作為香港的 "祖國" 具有類似 "父親的權威" 的正當話語權力,因此能主導香港族群 "我之應是" 的認同話語;(2)封閉化建構所拒斥的也正是內地作為 "祖國" 的話語地位,故而筆者將中國內地作為香港族群的 "他者"。

30. 參見嚴澤勝:《穿越 "我思" 的幻象 —— 拉康主體性理論及其當代效應》,北京:東方出版社 2007 年版,第 74-88 頁。

31. 〔法〕拉康著,褚孝泉譯:《拉康選集》,上海:上海三聯書店 2001 年版,第 111 頁。

32. See Barbara Fultner, "Communicative Action and Formal Pragmatics", in Barbara Fultner (ed.), *Jürgen Habermas: Key Concepts* (London: Routledge, 2014), pp. 60-65.

33. See Edmund Arens, *The Logic of Pragmatic Thinking: From Peirce to Habermas* (New Jersey: Humanities Press, 1994), translated by David Smith, pp. 105-106.

34. Charles Larmore, "Political Liberalism", (1990) *Political Theory* 18(3), p. 351.

35. 圖中的 A、B、C、D 為同一能指共識的不同面向。A:想象性認同 I 、 II (理想自我) 的 "形式凝滯點";B、D:"理想自我" 的 "固定點";C:象徵性認同 I 、 II ("自我理想") 的 "錨定點"。

36. See Ciaran Cronin, "Democracy and Collective Identity: In Defence of Constitutional Patriotism", (2003) *European Journal of Philosophy* 11(1), pp. 13-14.

37. 此處能指共識的兩階段發展主要受到羅爾斯的憲政共識與交疊共識兩階段發展論的啟發，參見〔美〕羅爾斯著，萬俊人譯：《政治自由主義》，南京：譯林出版社 2011 年版，第 146-156 頁。

38. See Jürgen Habermas, *Between Facts and Norms: Contributions to a Discourse Theory of Law and Democracy* (Cambridge, Mass.: The MIT Press, 1996), translated by William Rehg, pp. 302-328.

39. See Ciaran Cronin, "Democracy and Collective Identity: In Defence of Constitutional Patriotism", (2003) *European Journal of Philosophy* 11(1), pp. 12-13.

40. 關於 "多元共治" 的治理範式內涵，可見黎沛文：〈香港 "多元共治" 社會治理模式對粵港澳大灣區建設的啟示〉，《港澳研究》2019 年第 2 期。但須注意的是，此處的 "多元共治" 與前者略有不同：前者泛指廣義的公共治理，而此處的 "多元共治" 則側重於哈貝馬斯意義上的公共自主與自我立法。

41. 瓊斯與麥克勞德所做的空間視角二分和哈貝馬斯關於 "生活空間—社會一體化" 與 "系統—功能上的一體化" 之二分內涵相似，參見 Martin Jones, Gordon MacLeod, "Regional Spaces, Spaces of Regionalism: Territory, Insurgent Politics and the English Question", (2004) *Transactions of the Institute of British Geographers* 29(4), pp. 433-452；〔德〕尤爾根·哈貝馬斯著，曹衛東譯：《後民族結構》，上海：上海人民出版社 2018 年版，第 98-99 頁。

42. 關於 "強"、"弱" 公共領域之二分，參見 Kevin Olson, "Deliberative Democracy", in Barbara Fultner (ed.), *Jürgen Habermas: Key Concepts* (London: Routledge, 2014), pp.147-150.

43. 由於哈貝馬斯將 "強" 公共領域與 "弱" 公共領域描繪為 "核心" 與 "外圍"，故而筆者將此種公共領域的二元互動概述為 "核心—外圍的同心圓"。參見 Jürgen Habermas, *Between Facts and Norms: Contributions to a Discourse Theory of Law and Democracy* (Cambridge, Mass.: The MIT Press, 1996), translated by William Rehg, pp. 354-359.

44. 參見謝滌湘、譚俊傑、楚晗：〈粵港澳大灣區城市群行政區劃體制改革研究〉，《規劃管理》2019 年第 8 期；謝滌湘、譚俊傑、楚晗：〈粵港澳大灣區糾紛解決機制的設計理念與實施策略論綱〉，《理論月刊》2019 年第 4 期等。

45. 〔德〕尤爾根·哈貝馬斯著，曹衛東譯：《後民族結構》，上海：上海人民出版社 2018 年版，第 127 頁。

46. 張福磊：〈多層級治理框架下的區域空間與制度建構：粵港澳大灣區治理體系研究〉，《行政論壇》2019 年第 3 期。

47. 族群主體性封閉化在後殖民時代的線性延續正是安德森所說的 "殖民地官方民族主義" 第四波浪潮的發生邏輯。而這種線性延續一旦發生於亞族群，就會產生分離主義思潮與國家統合難題。因此，近年來香港的分離主義與世界上其他欲圖獨立自決的政治亞族群有其一致性，即都在線性延續下表現為一種 "本土的民族主義"。關於封閉化的線性延續與 "殖民地民族主義" 的內在親緣關係，參見〔美〕本尼迪克特·安德森著，吳叡人譯：《想象的共同體：民族主義的起源與散佈》，上海：上海人民出版社 2016 年版，第 109-131、159-179 頁；〔英〕安東尼·D·史密斯著，王娟譯：《民族認同》，南京：譯林出版社 2016 年版，第 132-136 頁。

第三章

文化濡化與香港青年的身份認同 *

在 1997 年 7 月 1 日香港回歸之際，首任特別行政區行政長官董建華在就職典禮上發表講話，就指出"由於香港在相當長的一段時間和祖國分離，香港同胞往往對國家缺乏了解。在'一國兩制'的新環境下，我們將有許多機會和充分條件，去認識國家，認識民族；去熱愛國家，熱愛民族。只有這樣，我們才能夠重新接上中華民族的根，'一國兩制'的事業才能成功。"

至今，香港回歸祖國二十餘載，當時樹立的願景是否得以實現？根據香港大學民意研究計劃對香港市民身份認同感的民意調查，在"香港人"、"中國的香港人"、"香港的中國人"、"中國人"四個選項中，認為自己是"中國人"的受訪者從回歸之始的 18%，到 2008 年上半年達到 38.6% 的峰值，又在 2019 年跌至 10.8%；認為自己是"香港人"的受訪者，從回歸之始的 35.9%，到 2008 年上半年跌至谷值 18.1%，又於 2019 年升至 52.9% 的高值。

回歸後對"中國人"認同感的提升到下降，以及對"香港人"認同感的下跌到增強，展現了香港社會自身身份定位的普遍性變遷，甚至被認為與 2014 年以來"佔領中環"、"修例風波"等社會運動事件的發生，以及"港獨"思潮在互聯網時代的快速傳播緊密相依。由此，國民身份認同問題更頻繁地出現在政策界、學界的討論中，乃至在國家層面的綱領性文件中也有所體現。

習近平總書記在中國共產黨第十九次全國代表大會的報告中提出："我們堅持愛國者為主體的'港人治港'、'澳人治澳'，發展壯大愛國愛港愛澳力量，增強香港、澳門同胞的國際意識和愛國精神，讓香港、澳門同胞同祖國人民共擔民族復興的歷史責任、共享祖國繁榮富強的偉大榮光。"

回歸早年，香港市民對國家的身份認同感不高，這通常被歸咎於當時內地與香港的經濟社會發展水平的客觀差異，以及香港經歷了一百多年港英殖民統治和教化。但近年來，國家經濟騰飛、實力大增，在國際上也更具影響力；在增加兩地經貿往來交流的同時，中央政府、特區政府乃至民間社會各界皆投放了大量資源，以宣傳、教育等手段，試圖通過讓港人更了解祖國的歷史文化、當前發展，提高港人對國家的自豪感、歸屬感和認同感。然而，從民調數據上看，在 2008 年後，港人對國家的身份認同感逐步回跌，近年處於較低水平。

可以說，香港市民的國民身份認同建構問題自回歸以來一直懸而未決。而隨著與祖國內地羈絆較淺的 90 後新生代逐漸成為社會的中流砥柱，更多地掌握話語權，一些造成較大影響的社會運動被認為與國民身份認同薄弱相聯繫。理解當下香港青年國民身份認同的建構邏輯，重思現有的青年工作與政策，有助於在未來更有效地促進 "人心回歸"。

在更加重視 "人心回歸" 的政策大方針下，社會各界投放了大量資源以促進兩地來往，尤其是鼓勵香港青年到內地交流學習，希望通過 "文化濡化" 活動增進香港青年對國家的認識，從而提高對國家的歸屬感和認同感。一般認為，通過鼓勵香港青年到內地交流，了解祖國、習得文化，從而激發對國家的情感並影響個人行為，有助於國民身份認同的提升。回歸以來，尤其是 "佔中" 之後，政策性、引導性的交流活動日益增多，然而，從宏觀數據和社會輿論來看，香港青年的國民身份認同情況也未見起色。在此背景下，本章期望探尋內地經歷作為一種文化濡化方式與香港青年國民身份認同之間的關係。

內地經歷對香港青年的國民身份認同是否有影響？如有，是怎樣的影響？不同類型內地經歷的影響有何不同？在內地經歷作為一種文化濡化方式的過程中，香港青年對於國家的認知和情感是如何建構的？

---- 第一節 ----

身份認同與文化濡化
相關概念辨析

----- • -----

一、國民身份認同（National Identity）

國民身份認同源於身份認同（Identity），身份認同概念的早期研究以哲學範式為主。隨著社會發展，從不同學科角度出發的身份認同研究也應運而生。如何定義身份認同，學者有著不同的理解。

亨廷頓認為 "Identity" 即 "一個人或一個群體的自我認識"，是 "自我意識的產物 —— 我或我們有甚麼特別的素質而使得我不同於你，或我們不同於他們"，強調 "我者" 相對於 "他者" 的認知。[1] 張淑華等從心理學角度把身份認同定義為 "個體對自我身份的確認和對所歸屬群體的認知，以及所伴隨的情感體驗和對行為模式進行整合的心理歷程"，並將身份認同的特徵概括為 "由主觀認同和客觀認同組成"、"一個複雜的心理結構"、"對自己所歸屬群體的共同性和其他群體的差異性的認知"、"具有社會屬性"、"具有交融性"。[2] 卡斯特提出 "認同（Identity）是人們意義（Meaning）與經驗的來源"，並進一步指出認同建構的個體化（Individuation）過程："認同儘管能夠從支配性的制度中產生，但只有在社會行動者將之內在化，並圍繞這種內在化過程建構其意義的時候，它才能夠成為認同"。[3] 在社會認同理論中，這個過程被 Tajfel 以四個相互關聯的概念——"社會類化"（Social Categorization）、"社會身份"（Social Identity）、"社會比較"（Social Comparison）和"心理區分"（Psychological Distinctiveness），來說明個人通過歸類、比較和區分內群體（In-group）和外群體（Out-group）形成社會認同的過程。[4] 許多有關國民身份認同問題的研究都依據社會認同理論而展開。

如何認識國民身份認同（National Identity）（或稱國家認同），學界也有多面向、多層次的討論。台灣政治學者江宜樺認為，認同包含了同一（Oneness）和等同（Sameness）、確認（Identification）和歸屬（Belongingness）、贊同（Approval）和同意（Agreement）三重意義，國家認同則是"一個人確認自己屬於哪個國家，以及這個國家究竟是怎樣一個國家的心靈性活動"。[5] 他基於認同的標的，將國家認同的概念分為族群認同、文化認同和制度認同三個層面，分別指向族群血緣關係、歷史文化傳統和政治社會經濟體制三種類別，這導致國家對不同的國民來說可以是族群國家、文化國家或者政治國家。換言之，國民身份認同可以概括為"一個國家的公民對自己祖國的歷史文化傳統、道德價值觀、理想信念、國家主權等的認同"，由此形成"一種重要的國民意識，（這）是維繫一國存在和發展的重要紐帶"。[6]

蕭濱嘗試闡明公民身份和國家認同之間的關係，確立兩種公民身份（"政治—法律"公民身份和"文化—心理"公民身份）

以及國家認同的雙元結構（贊同性國家認同和歸屬性國家認同）之間的關係：在"政治一法律"公民身份的語境下，公民對公民民族的認同、對國家制度的認同和憲法愛國主義構成了贊同性國家認同的支柱；在"文化一心理"公民身份的語境下，公民對國家/民族領土、歷史、文化以及對祖國同胞的認同形成了歸屬性國家認同。[7]

關於國民身份認同，在國內外皆已有數量較多的研究。綜觀國內外，學者對於國民身份認同問題的研究有所選擇和側重，主要包括了國民身份認同的分類、特徵及價值研究，以跨境（界/國）民族為對象的國民身份認同研究，針對青少年群體的國民身份認同研究，以及民族認同與國民身份認同的關係研究幾類。國內學術界首先聚焦於台灣、香港、澳門和海外華人的中國認同研究。而隨著港澳的回歸，以及港澳居民制度認同問題的浮現，都促使學界更多地探討有關港澳居民和國民身份認同問題。[8]

（一）有關香港市民國民身份認同的研究

回歸前後，香港市民的國民身份認同歷經多個階段的變化，故此有學者首先對香港市民國民身份認同的發展進行梳理和剖析。沈慶利從香港歷史變遷的角度，將自英治時期以來香港人的身份認同劃分為三個階段：從 1841 年—1940 年代的"在港中國人"，到 1950 年代—1990 年代香港認同與中國認同之間的糾結，再到回歸後"一國兩制"下國民身份認同的曲折建構。[9] 對於現下港人的認同問題，學者也有不同的判斷。徐曉迪分析港人在回歸後的政治認同，認為理性的利益（資源與優勢）認同是導致代際政治認同差異的原因。[10]Matthews 等也有類似的看法，他們認為港人正處於 "學習如何歸屬於一個國家"（Learning to belong to a nation）的階段，指出香港市民所擁有的是一種 "市場主導型的國民身份認同"（A market-based sense of national identity）：當國家的經濟和政治環境對自身有利、符合預期時，國民身份認同才會隨之增強。[11]周永新則將香港市民的國民身份認同與價值觀念相互聯繫，當回歸後香港市民對於中國公民身份的認識沒有顯著進步，而 "自由、民主、人權、法治" 成為今日香港市民的核心價值時，他將香港社會的分化和撕裂，部分歸咎於香港社會缺乏共同的身份認同以及由該身份而來的價值觀念。[12]

在本土主義興起的背景下，也有更多學者試圖通過剖析香港市民身份認同的內在結構，理解香港市民身份認同的深層次內涵，尤其是對於香港本土意識，以及本土認同和國民身份認同之間的分析。劉強在梳理香港本土意識的歷史脈絡後，認為本土意識是香港本土社會內部生成加上內地 "他者" 外部刺激共同作用的結果，故此判斷本土意識是處於國家認同與鄉土認同之間的一種臨時狀態。[13]馮慶想等也提出了相似的 "他者論"，特別指出經濟和社會發展水平的差距導致 "香港人" 與 "中國人" 二元分化身份架構的形成，在此過程中，內地人被 "他者化" 而使香港本土身份逐漸形成。[14]其中，馮慶想認為，自 20 世紀 70 年代起，港人的本土意識沿著文化認同、經濟社會認同、政治認同的邏輯序列發展，構築了香港本土主義的內在組成。[15]

對於國民身份認同中的 "本土—國家" 二元論，學者也有不同的觀點和論述。Eric Ma 等對 1996 年至 2006 年的問卷數據進行分析，發現港人的國民身份認同更傾向對歷史和文化的認同，而政治認同始終較弱，故此，他認為在本土與國家的二分之外，應從更多維度理解國民身份認同。[16] 另一方面，Steinhardt 等在分析 1997 年至 2013 年香港市民國民身份認同的民調數據後，表示在香港回歸後曾相互兼容的本土和國家認同，在近年來呈現了分崩離析的跡象。[17]Veg 也基於三個案例研究得出相似的結論 —— 雖然傳統上對地方和對國家的認同並不矛盾，但近年社會運動所提倡的與地方民主社區關聯的公民身份認同，正與中央政府所推廣的與中華民族關聯的民族和文化身份定義漸行漸遠。[18]

針對香港市民身份認同的建構問題，學界也有許多探索，試圖找出影響香港市民身份認同的主要原因，提出加強港人國民身份認同的建議。權麟春認為國家認同低下的原因是民族認同和文化認同的缺失，故此應以國民教育的方式加強文化認同。[19] 郭小說等基於政治國家認同的角度，認為港人國民身份認同的問題在於港人對中國共產黨執政的、作為政治實體的中國感到排斥。[20] 對此，她認為應當從民生、意識形態等方面建構政治認同的實現機制。陳薇聚焦於大眾傳媒在身份認同建構中的位置，提出媒體的符號現實與經歷的主觀現實會對香港市民身份認同形成共構的觀點。[21] 輝明等提出應參考新加坡國家認同的建構模式，在推進香港與內地 "經濟一體化" 的基礎上，正確看待香港本土意識並在此之上建構國家意識。[22]

現有有關香港居民國民身份認同的研究以香港社會整體的國民身份認同為主，選定特定群體作為研究對象或將不同群體進行比較的研究較少；不過，青年作為被認為與內地的聯繫比上一代更少，國民身份認同感更低，且傾向於有更強烈本土認同的群體，近年來由於現實政治的需要，也在學界得到了更多關注。

（二）有關香港青年國民身份認同的研究

現有有關香港青年國民身份認同的研究，主要可分為內容研究、現狀研究、影響因素與後果研究、建構的對策研究。[23]

在內容研究方面，現有的研究以身份認同（Identity）和國民身份認同（National identity）的概念釐清及理論建構為主，並不僅限於研究香港青年群體。對於現狀研究，則大概可以歸納為悲觀基調和謹慎樂觀兩個派別。[24] 持悲觀態度的學者認為，在英國的殖民教育政策下，香港青年缺乏對國家的向心力和凝聚力。在回歸之後，對國家的認同依然淡薄，甚至在本土意識崛起的背景下，加劇了弱國家認同的情形。[25] 另一方面，持謹慎樂觀觀點的學者判斷有所差異。鄭宏泰等認為，儘管民調數據顯示香港人對 "中國人" 的國民身份認同不高，但這並不能直接等同於本土主義興起乃至分離主義盛行，應著眼於認同問題背後的社會因素。[26] 陳章喜等就對香港青年的國民身份認同現狀、原因作出較為全面的分析和總結，認為香港青年國民身份認同的問題在於文化認同強於政治認同、地域認同削弱國家認同以及民主認識誤區影響國家認同，而將原因歸咎於港英政府文化殖民的後續影響、內地與香港經濟差距縮小而導致的心理落差、香港青年盲目崇拜西方民主的心理以及特定制度對人員的分隔；基於以上問題，提出強調 "一國" 與 "兩制" 的同等重要性、樹立國家良好的媒體形象、強化香港青年的國民教育和推進內地與香港青年交流的對策，以加強香港青年的國民身份認同。[27] 不過，針對許多學者所提倡的通過教育提高國民身份認同的路徑，Yuen 等對教授政府與公共事務科目的高中老師進行訪談，受訪教師則認為理性且具批判性的教學並不會提高學生的國民身份認同或愛國情懷。[28]

目前有關香港青年國民身份認同的研究，大多基於整體社會環境，以宏大的敘事手法，對香港青年（整體）國民身份認同的變化作出推演和分析，但較少研究真正從香港青年（個體）出發，實際理解他們國民身份認同變化背後的邏輯和機制；從單一維度對香港青年國民身份認同的分析較多，而較少討論香港青年國民身份認同的內在多重性與複雜性。

"加強交流" 在許多研究中被認為是增強香港青年國民身份認同的重要舉措。徐曉迪就認為應通過創新內地與香港青年的交流模式，"抓住重點、突出實體、深耕項目、引導輿論、重塑史觀"，增強香港青年的國家認同。[29] 伍思敏等也深化了交流工作的研究，提出建構長效交流機制的對策。[30] 但對於交流工作實踐的成效，相關研究並不多。趙永佳等通過實證研究發現，有內地經驗的香港青年雖然傾向於發展出較正面的中國觀感，但由於香港青年的身份認同往往是由多重社會、歷史、政治因素所組成的，內地交流經驗實則難以改變香港青年的身份認同。其背後的原因與邏輯，值得進一步探究。[31]

二、文化濡化（Enculturation）

（一）社會化（Socialization）与文化濡化

身份的建構實則是人們在時間和空間中的同一性（Sameness）與新經歷、價值和表現的融合之間的調和過程。[32]Adams 等也指出，"身份" 的形成是一個持續的過程，個人在與宏觀及微觀環境的聯繫中，會受到社會上有關於文化、歷史、經濟、宗教方面，以及在人與人日常社會互動中所產生的共享的意識形態、標誌、符號和信息的影響。[33] 對於個人與場景互動所形成的身份認同，Proshansky 提出場所認同（Place identity）的概念，來指稱個人身份認同的一個子結構，它是個體在所處的環境中對物理世界的認知。這種認知包括與日常生活中多樣、複雜的物理環境有關的記憶、想法、感受、態度、價值觀、偏好、意義，以及行為和經歷的概念。[34] 在最基本的定義中，社會化意味著個人在他們所處環境中與他人互動而產生的改變的總和。這些改變影響個人接受、表達以及基本處理（如感知、情感和認知功能）的水平。故此，個體身份的建構與個體的社會化緊密相扣。

個人習得特定社會文化的過程是多樣的，而文化濡化（Enculturation）是其中一條路徑。社會化與文化濡化的過程雖然在概念上相互關聯，但兩者的側重有所區別。Mead 認為社會化要做的是 "人類社會加諸於人類身上的一系列的不分物種的條件與苛求"，而文化濡化指的則是 "習得一種文化所有獨特性和特殊性的過程"。[35]Poole 在一篇關於社會化、文化濡化與個體身份認同發展的文章中，將社會化定義為 "互動過程 —— 它

們的結構、背景和行動者 —— 在其中學習成為一個行動者，參
與互動、獲得位置、扮演角色、在社區生活中建立社會關係，
以及獲得適應這種社會參與的能力、技能、敏感度和性情"；
而文化濡化的焦點在於 "在構成文化的概念領域中獲得理解、
取向和能力的過程 —— 組織的圖式、腳本、模型、框架和其他
影像，以及關乎文化構成、社會分佈和個人解釋的知識的情境
化"。文化濡化關心的是 "通過習得規則、理解和取向，描繪出
社區生活的輪廓，從而為有效參與提供具有啟發性的指南"，並
試圖探尋個體在這個過程中 "如何在解釋、表現、期望、意向
等方面發展出較高或較低的適應（或者不適應）程度"。[36]

（二）文化濡化、文化涵化（Acculturation）與身份

文化濡化的概念由 Herskovits 首次提出，他將文化濡化定
義為社會化以及維持原籍文化（Indigenous culture），包括顯著
的價值、想法和概念的過程。在 Herskovits 的語境中，文化的
定義是廣泛的 ——"文化是習得的，它使人適應自然環境；它
是多變的；它體現在制度、思想模式和物質對象中"。他引用
了 E. B. Tylor 對文化的描述："包括知識、信仰、藝術、道德、
法律、習俗以及人類作為社會成員所獲得的任何其他能力和習
慣"。[37]這個概念的焦點在於文化、民族、或社會的主體 ——
人，以及人的文化獲得及傳承機制。[38]有學者認為濡化中的傳播
過程是 "同一文化內部的、縱向的"，也有學者以同儕相互影響
的實例說明濡化還 "表現出橫向傳播的特徵"。[39]

在獲取文化知識或者觀念方面，Spiro 特別指出，相比起
"熟悉、理解但並不同意這種知識" 和 "擁護該主張但沒有足夠

的個人意義來發起行動"，只有相當於"個人的信念系統且用於指導和塑造行為"，以及"可對個體的感知、理解、情感、評價和動機的範圍施加強制力"的情況，方能算作文化圖式（Cultural schema）的內化。這種文化圖式，"有助於關於身份，或者物體、事件、情境、行動或人的概念屬性的建構，使對於這些現象中未觀察到的、隱性的、模糊的方面，可以有超出引導推論之外的解釋"。[40] 簡而言之，濡化過程中的語言和經驗相互作用，"通過人的心理結構而與基本的信仰和價值聯繫在一起"。[41]

在現代有關文化濡化的研究中，主要圍繞多文化社會中移民對於原籍文化或社會主流文化的適應所展開。在文化濡化之前，另一個相似的概念 —— 文化涵化（Acculturation）先為學者所使用。文化涵化的提出早於文化濡化，Redfield 等首次將其定義為"包含那些當共享不同文化的群體進行持續的直接接觸時，任一或兩方群體原有文化模式變化的現象"[42]。在 Redfield 等的這份研究中，文化涵化的結果可以從接受（Acceptance）、適應（Adaptation）、反應（Reaction）三方面來衡量。隨後，Grave 用心理涵化（Psychological Acculturation）來形容文化涵化對個體層面的影響，指出這個過程涉及個體因與其他文化接觸的經歷，而在態度、價值觀和身份方面產生的變化。[43]

在"如何涵化"的問題上，Berry 針對移民提出的觀點對後續研究的影響很大。他認為在文化涵化的策略上，主要圍繞文化維護（Cultural Maintenance）（即在多大程度上文化認同和特徵被認為是重要的，並努力去維護它），以及接觸和參與（Contact and Participation）（即在多大程度上接觸其他文化群體，或留在原有群體）兩個問題展開。他基於此提出個體和群體在經歷文化涵化時因其態度和行動的差異，會產生四種不同的文化涵化策略：整合（Integration）、同化（Assimilation）、分離（Separation/Segregation）、邊緣化（Marginalization）。[44]這成為了跨文化研究領域中的一個主導模型。

不過，Weinreich 對 Berry 的文化涵化策略模型持批判態度，他認為，應注意在多元文化背景下身份建構過程的複雜性，才能更好地理解在這種情況下持續的文化濡化過程。他認為，"文化表述被選擇性地融入到人們的身份中，並作為他們身份的方面被不同地表達"。[45] 移民群體錯綜複雜的社會心理過程，需要一套適當的概念來解釋。他認為，在身份問題上，相比文化涵化，文化濡化是更重要的過程；身份發展涉及的基本過程是文化元素的文化濡化，而非移民"接受"主流文化的文化涵化。文化濡化將個體的認同過程和個人可獲得的其他有影響力的文化元素聯繫起來；對重要他者和中介所表現的元素的文化濡化，是一個文化元素的融入過程，從而成為個人整體身份認同的基本方面。回應 Berry 的理論，Weinreich 認為相較於對整個文化的全盤接受或拒絕，個體身份中混合文化元素的共存是許多人重塑其身份的可能結果。

Kim BSK 等對文化涵化和文化濡化進行了更明確的區分，他認為文化涵化是對社會主流文化規範的適應，而文化濡化則是（重新）學習及維護原籍文化規範。[46] 相對於主要著眼於適應主流文化的文化涵化，文化濡化同等重視個體學習和保留原籍文化的過程。[47] 例如，對於亞裔美籍家庭，文化涵化指的是適應美國文化規範的過程，而文化濡化則是社會化和維持亞洲文化

規範的過程。[48] 在觀測和評估的層面上，Kim BSK 等回顧了 33
種用以衡量文化涵化和文化濡化的工具，並基於他們的發現，
提出文化涵化和文化濡化的四個面向：行為（Behaviour）、
價值（Value）、知識（Knowledge）、身份認同（Identity）。
在將身份認同列為四個維度之一時，他們也指出，這一概念在
很大程度上與民族認同（Ethnic identity）及種族認同（Racial
identity）有所重疊。

三、小結

國內以"文化濡化"概念開展的研究不多，主要關於民族
研究、民族文化等，暫未有將文化濡化與身份認同相聯繫的研
究。現有關於香港青年國民身份認同的研究，一方面基於問卷
調查和民意調查，對香港居民國民身份認同的趨勢走向以及相
關因果邏輯作出分析，進行解釋並點出問題；另一方面，則更
多地聚焦於具體問題，著重於描述香港青年國民身份認同的現
象、衍生的結果及背後的原因，並就相關政策和具體工作提供
對策建議，主要包括通過國民教育、文化交流等方式提高或建
構香港青年的國民身份認同。然而，現有基於實證的研究以整
體性的香港居民國民身份認同研究為主，較少深入剖析香港青
年國民身份認同的建構過程和機制，其中涉及本土認同和國家
認同關係的研究也未對青年群體作具有針對性的分析；那些嘗
試對香港青年國民身份認同的建構過程和機制進行分析的研
究，也以基於對社會現象和青年行為的觀察敘述為主。進一步
看，很多研究所提出的有關提高或建構香港青年國民身份認同

的建議，都未能足夠有的放矢地對國民身份認同形成過程中的特定環節或問題給出對策。

文化濡化可以協助我們更深入地理解香港青年身份認同的建構過程和機制。特別是由於經歷過殖民統治的歷史，香港產生了獨特的本地文化，而以"一國兩制"回歸祖國的方式又讓她進而在文化上與內地有所區隔。因此，在本研究的語境下，從一般港人的視角出發，將中國（內地）或中華文化看作"原籍文化"，香港本地文化作為"主流文化"，而內地經歷則是一種社會化和維持中國（內地）或中華文化的文化濡化方式。現有研究所提出的與香港青年身份認同建構有關的國民教育、文化交流等影響因素或應對策略，本質上都在香港青年文化濡化過程中身份認同建構的框架之內。

目前，有關香港青年國民身份認同的研究較少從青年個體出發，也未有從文化濡化角度切入。由此，本研究嘗試基於文化濡化的框架，以實證為基礎，基於分析內地經歷如何影響香港青年個體的認知、行為與情感，探索在文化濡化過程中香港青年國民身份認同的建構機制。

研究內容及研究方法

一、研究內容

　　本研究基於文化濡化的框架，嘗試從青年個體的角度切入，結合具體青年工作的案例，分析文化濡化經歷如何影響香港青年的國民身份認同，並探索在文化濡化過程中香港青年國民身份認同的建構機制。

香港本土主義與國家認同

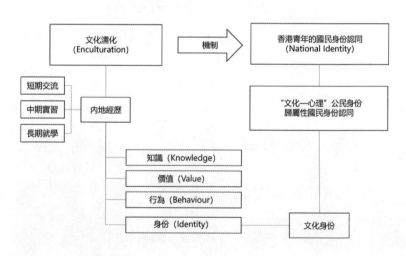

圖 3.1　研究框架

在文化濡化方面，本研究將文化濡化具象化為內地經歷（交流、實習、學習）；在國民身份認同方面，本研究參考蕭濱對國家認同雙元結構的分類，側重於考察與文化濡化概念對應的"文化—心理"公民身份語境下的歸屬性國家認同，著眼於香港青年對國家領土、歷史、文化以及對同胞的認同。[49]

二、研究對象

本研究以接受過（或正在接受）專上及高等教育課程的 90 後香港大學生為研究對象，集中討論擁有較高學歷水平（或有意追求較高學歷）的年輕一代。在樣本的選取上，以代表性以及多樣性為原則，選取了 13 位曾到內地短期交流、實習，或在內地就學的香港青年，在 2019 年 2 月至 3 月對其進行半結構式訪談。

表 3.1　研究對象

時長	短期 （2 天 -10 天）	中期 （4 週 -6 週）	長期 （1 年及以上）
類型	交流 （短期交流計劃）	實習 （假期實習項目）	就學 （攻讀學位課程）
訪談數	5 人	5 人	3 人

三、研究方法

本研究以一對一深度訪談作為主要研究方法。通過對參加過內地交流計劃、內地實習項目的香港高校就讀或已畢業的香港大學（專）生，以及在內地高校就讀的香港大學生進行訪談，了解短、中、長期內地經歷作為一種文化濡化方式對其國民身份認同建構的影響及箇中機制。

研究以 Kim BSK 等提出的文化濡化概念的四個面向為訪談框架，考察香港青年在文化濡化過程中所受到的行為、價值、知識和身份方面的影響：[50]

行為（Behaviour）：友誼選擇、電視節目與閱讀偏好、文化活動的參與、與原有文化的接觸（在原籍國度過的時間）、使用的語言、食物的選擇、音樂偏好。

價值（Value）：對於社會關係、文化習俗和文化傳統的態度和信仰，以及對性別角色和對健康和疾病的態度和想法。

知識（Knowledge）：特殊的文化信息，例如原籍文化中歷史領袖的姓名和主流文化，以及特殊文化活動的重要性。

身份（Identity）：對一個人文化認同的態度、對原籍和主流群體的態度、對原籍和主流群體感到舒適的程度。

通過考察香港青年在文化濡化過程中認知（Cognitive）、行為（Behaviour）、情感（Affective）三個層面的改變，了解內地經歷對香港青年歸屬性身份認同的影響。

在此基礎上，為了豐富研究的內涵，訪談同時借鑒了 Gim Chung 等所開發的針對亞裔美國人文化涵化（Acculturation）的測量工具 "Asian American Multidimensional Acculturation Scale"（AAMAS），以文化身份（Cultural Identity）、語言（Language）、文化知識（Cultural Knowledge）、食物（Food Consumption）四個方面的具體問題 —— 主要涉及文化身份及文化知識兩個方面，作為衡量文化濡化影響的補充。[51]

文化身份：與中國（內地）人的共同之處、對中國人的認同、與中國（內地）人的接觸和聯繫、想和中國（內地）人接觸和聯繫的程度、對作為中國人群體一分子的自豪感、對中國（內地）人的負面感覺。

文化知識：對中國（中華）文化和傳統的認識、對中國歷史的認識、在日常生活中實踐傳統和保留節日的程度。

先已存在的濡化條件：
個體背景差異

—————— • ——————

正如"文化濡化"概念提出者 Herkovits 所指出的，"儘管
所有人都接觸到不同於自身的文化元素，但他們在特定的情況
下，會接收甚麼、會拒絕甚麼，是由他們先已存在的文化以及
接觸的情景所決定的"。[52] 同樣的，Poole 也認為，"由於不同的
個體會在社會文化環境的不同方面遭遇、學習和內化，他們對
於社區生活各個方面的知識、觀點和投入都會有所不同"。[53]
個體原先的建構作為先已存在的條件，決定了他們對於內地經
歷的假定（Assumption）與所看重的元素（Elements）。這影響
了個體在文化濡化過程中所能接收乃至內化的符號和資訊。本
研究嘗試根據訪談材料，提取在其中發現的較為重要的個體要
素，以作參考。

一、家庭背景与家庭社會化

在本次研究的實證部分中，大多數受訪者的家庭皆有內地
背景，或其直系家庭成員與內地有經濟或社會聯繫。一方面，

這可能折射了一定的偏差——其一是本研究的樣本選擇偏差，其二是研究對象總體（主動或被動參與內地經歷的香港青年）本身存在的人群偏差，即是無內地聯繫、抗拒接觸內地的香港青年參加內地經歷的可能性較小。不過，另一方面，這也與香港整體社會情況基本吻合：香港早年是一座"移民城市"，根據香港統計處 2016 年中期人口統計結果，45 歲或以上的人口中有42.7% 在內地 / 澳門 / 台灣出生，而內地與香港之間的經濟往來也向來緊密。因而，受訪青年或其家庭普遍與內地有聯繫的情況也不足為奇。關於香港青年出生地與社會身份選擇之間的強聯繫，也有相關實證研究，[54] 在此不作深入討論。本章主要聚焦於香港青年因家庭與內地的聯繫，對本研究主題文化濡化以及國民身份認同的潛在影響。

大部分受訪青年（11 人）因父母祖籍在內地（主要為廣東），而有回鄉探望親戚或在內地居住過一段時間的經歷。即便沒有較強的親緣聯繫，個體的直系家屬或多或少也與內地有經濟往來，或者在日常生活中有到周邊城市（如深圳）休閒的經歷或習慣。如上文所述，這可能是樣本偏差的一種體現，也可能說明青年因家庭原因而產生的原有的與內地的接觸，使其對內地的生活環境和文化有更多了解，故而有較大意願或較小阻力（主動或者被動地）參與交流計劃、實習項目，或者到內地升學。

根據訪談，未能證明回鄉探親的受訪青年因他們的家庭背景和與其相關的與內地的弱聯繫，對個體的國民身份認同有直接影響。但是，在特定案例中，我們可以看到家庭社會化對於個體身份認同建構的重要性。直系家屬與內地的聯繫，及其族群身份與認同，都會對受訪青年對自身身份的定位乃至採取的行動有較大影響。

在 T 的案例中，長居香港但只會說客家話的奶奶，讓 T 將自身身份定義為 "客家人"。在與朋輩的來往中，發現自身與其他 "本地" 同學家庭背景的不同，使 T 更多地投入在探索自身身份、傳承和傳播文化的活動中。

類似的案例還有其母親為內地北方人的 M："相對於其他香港土生土長的⋯⋯我始終覺得我和大陸的聯繫更多⋯⋯覺得有點尷尬，起碼我兩邊都是。" 在對自身身份的模糊性感到困惑的同時，M 也更多地承擔內地人與香港人之間的橋樑角色，以 "兩邊幫口" 的方式消除誤解。

在另一個 C 的案例中，據其表述，其爺爺及母親有著強烈的中國國民身份認同，而其母親從事中國貿易方面的工作。C 在訪談中對其在內地經歷體會的描述，也表現出較強的家國情懷。

在成長的歷程中，青年直系家屬自身與內地的聯繫、原有的國民身份認同，會通過家庭社會化的方式對青年直接或間接地造成影響。在上述的案例中，直系家屬身上的與 "本地香港人" 不同的群體象徵與特點、與內地聯繫的緊密程度、原有的國民身份認同程度，以及因其所造就的青年的成長環境和經歷，或者潛移默化中使其產生傾向於與家人一致的身份認同，或者促使青年更多地思考、探索自身的身份。

國外一些有關家庭社會化（Familial socialization）或家長社會化（Parental socialization）的實證研究也印證了相關理論。Umaña-Taylor 等以墨西哥裔的美國青年為研究對象的實證結果表明，對於父母是移民的青年，他們的族群認同顯現出是由家庭驅動的；Juang 等對美國亞裔、拉丁裔、白人和混血學生的研究，也證明家庭文化社會化與更多的族群身份探索和承諾有關，突出了家庭對後青春期身份認同發展的重要性。[55]

二、個人興趣、學科專業及未來打算

從訪談中發現，受訪青年的個人興趣及其學科專業，與其參與內地經歷的動機，以及文化濡化的過程和效果都有較強的聯繫。個體興趣和學科選擇反映了個體建構的一部分，而興趣與學科的實踐又進而強化了原有的建構。

舉例說，曾經或正在修讀文史專業的受訪青年更可能因為交流計劃的文化相關主題而選擇參加，對經歷中的歷史文化符號也更為敏感。在 A 的案例中，由於本科時修讀中文系，"探索神州大地" 以印證在專業學習中獲取的知識，是其參與交流計劃的一大動機；在內地經歷中，A 聯想到過往學習過的文學作品、出土文獻、語言學研究，獲得了深刻的印象。對於歷史系在讀的 H，參與文化交流計劃與實習的動機既是喜歡民俗文化，也是為日後的職業發展做準備。在就學方面，案例 N 也因為對古典文學感興趣而選擇到學科實力較強的內地院校就讀。

對歷史文化有相關興趣或知識儲備的個體，在文化濡化的認知層面給出了更有意義的反饋。原有的歷史文化積累使個體有更強的動機和意識主動尋求或被動接受濡化經歷中的歷史文化符號，以印證腦海中的原有想象。歷史文化知識的有效習得，實則為個體隨後的價值、行為改變，乃至為 "文化—心理"

公民身份的建構提供基礎。以曾經在高中修讀中國歷史的 C 為例，對中國歷史（尤其是近代史）的認識，使其奠定了基本的（面對他者的）國家概念；而後在內地實習與生活的見聞經歷，使其表現出更強的對於家國和人民的關懷。

除此以外，對於修讀商科、對創業感興趣的香港青年，由於展望未來有機會在內地發展，也會被相關主題的交流計劃或實習項目吸引，在接觸內地的契機中獲得更多增加認知、觸發思考的機會，並在進一步探索和交流中有所改變。

總的來說，受訪青年的個人興趣、學科專業及未來打算，反映其擁有、關心以及希望獲得甚麼樣的信息和經歷，並決定其"接入"文化的渠道。個體更願意參與和興趣與學科相關的活動，對其感興趣的信息投入更多關注，並在濡化經歷中更易記憶和內化有關知識和文化。

三、個人特質

個人特質作為個體建構的另一重要組成，對青年個體在內地經歷的濡化過程及反饋也有較大的影響。其一，個人特質及其思維方式，影響個體是否選擇參與內地經歷、選擇何種參與經歷，以及對經歷做何種假定。其二，個人特質貫穿整個濡化經歷，包括在此過程中所能捕捉到的符號與信息、個體與人和環境的互動。例如，較為務實、理性的受訪青年僅表現出對經濟信息的關切；而喜歡接觸不同文化的受訪青年，則表現出面對不同文化符號時更為包容接納的態度。

對其他文化開放的程度，是影響個體文化濡化結果的重要特質。對多元文化的興趣和包容，使青年能以更開闊的心態接收不同的文化元素，甚至有更強的意願挖掘其中深入的意義。

此外，"人"作為個體與文化之間的重要媒介，對香港青年在濡化過程中的感知和改變有較大影響；因而，與人打交道的意願和能力，也決定了個體是否能夠通過與人產生連結而進行更深入的濡化。根據訪談案例，即便擁有類似的內地經歷，相較於不擅與人交往的青年，性格開朗、喜歡結交朋友的青年在內地經歷期間的融入程度更深，在認知和行為層面所獲較多，也傾向於給出更正面的觀感，更容易產生與群體之間的聯繫感和身份上的連結。

個人特質與以上提及的家庭背景、個人興趣部分三者相互關聯，都屬於個體建構的範疇，是影響個體在內地經歷中進行文化濡化的重要背景因素。

四、語言能力及學習意願

在本次研究中，發現一項並未引起過多注意，但確實會對香港青年的文化濡化過程造成影響的一個因素：語言。普通話的掌握程度以及學習普通話的意願，對個體與他人交流乃至濡化經歷的有效性都有影響。部分受訪青年表示，"普通話是區別於粵語的另一門語言"。儘管普通話在香港愈發普及，但許多香港青年依然在普通話的聽說上面臨困難。根據訪談，認為自身普通話基礎較佳的受訪青年，會覺得濡化經歷"比較少一點障礙，也容易和他們有文化交流"，同時也"很想去給多一點機會自己多說"。有一定普通話基礎和有較強普通話學習意願的受訪青年更傾向於與內地人有更多交流，相對更容易融入群體，通過人的媒介進行濡化，並增強與群體的聯繫感。

　　而對普通話的態度，本身可能已經隱含了個體對內地經歷的假定，以及先已存在的身份傾向。有關港人文化身份和對語言態度的實證研究驗證了個體對自身身份定義與對普通話態度之間的關係：傾向於認同 "中國人" 身份的群體，對普通話展現出更積極的整合方向，會將普通話看作是國家語言和民族表示；但對傾向於認同 "香港人" 身份的群體，普通話只是一種交流工具，而沒有任何特殊意義。[56]

　　　　"始終語言不通，讓我意識到，我們是不同地方的人。（普通話和廣東話）是兩種語言，簡直不是方言，（而是）不同語言。我只會當他們是多認識一個朋友，而不會覺得，我是他們群體的一個大因素。" H 說道。

　　儘管在大多表述中，香港與內地 "同文同種" 是心照不宣的既定事實，但青年會將普通話與粵語的使用看作是一種重要的區分來源，這會在內地經歷的濡化過程中持續影響對自身身份的認識。

香港青年在內地經歷中的文化濡化

一、認知（Cognitive）層面的反饋：知識（Knowledge）

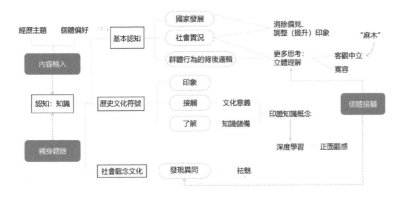

圖 3.2　認知層面的反饋：知識

（一）基本認知

1. 對國家發展的認知

　　大多數面向香港青年的內地交流計劃與實習項目都帶有國情教育的意味，增進對國家的認識通常是項目日程中的一項重要安排。因此，對中國內地社會整體環境的認識增加，是參與交流計劃或（及）實習項目受訪者的普遍反饋。

通過"眼見為實"的體驗，青年在經歷中直觀地感知體會內地一日千里的發展。尤其與香港近年來停滯不前的發展比較，內地的高速發展在更大程度上重塑了青年腦海中原有的對國家的印象。個體覺察的認知內容，主要取決於經歷的主題和個體關切的領域，可以涵蓋科技、創業、文教等方面。整體而言，由於科技創新本身是內地的發展重點、香港的發展短板，受到各方關注更多，許多交流計劃和實習項目都有涉及科創方面的內容。因而，許多受訪青年都表示參觀科創園區、航空航天基地、互聯網企業等經歷，以及在內地生活中接觸到創新的產品、生活方式，讓他們發現"原來國家的經濟發展去到這樣的階段了"、"感慨內地的發展很快"。

經歷過殖民統治的香港在特殊的歷史背景下，在過去很長一段時間中，社會經濟發展水平和人民生活水平都遠超內地，加上媒體以偏概全的渲染，香港社會普遍對內地的印象是經濟落後、國民素質低下、衛生與治安情況不佳。在親身體驗內地發展的過程中，青年對於國家的認知增加，也使他們持續調整自身原有的印象。由於現實情況往往比預想更好，青年對於內地整體環境的印象普遍都有所提升，會覺得"沒我們的想象中印象那麼差，很多東西你不體驗過不知道，你不會有那樣的感慨的"。

"我發覺原來香港媒體很多時候都渲染到，有時候只報道中國（內地）那些惡劣的東西。但是你自己親身去到，會看到很多內地的好，例如說，治安和社區清潔那些，去到不是全個中國（內地）都那麼差，相反很多地方都很好的，這是對內地的整體印象是有一個提升。"D 說道。

跳出原有框框後，香港青年也會發現自身過往曾受到本地媒體、資訊的局限，將許多事情簡單化，致使對內地的情況有很多先入為主的理解。在內地的見聞，有助於減少信息不對稱的問題。這表現出來的是青年通過認知，完善自身對全景的了解，從而部分消除偏見或刻板印象的過程。這也側面反映了"親身體驗"對於個體在重構認知方面的重要性。

2. 對群體行為背後邏輯的認知

這種誤解的消除，除了發生在宏觀社會環境的層面，在改善對"中國（內地）人"群體的觀感上也有較為顯著的效果。在香港開放"自由行"後，吸引了大量內地旅客赴港旅遊，部分遊客一些不符合本地社會規範的行為，對香港市民的生活造成一定程度上的困擾。媒體對於衝突的放大，又強化了香港市民對內地人群體的負面印象，令兩地群眾之間的氣氛更為緊繃。而有過內地經歷的受訪者，根據他們在內地的見聞和生活經歷，對內地社會實際發展情況有更多了解，找到這些行為和現象背後的原因。例如，在訪談中，他們會將插隊、隨地大小便等不文明行為，歸因於內地人口眾多、資源匱乏，且總體教育水平依然較低。這裏表現了他們在認知增加的同時，對（在香港不受歡迎的）人及其行為背後邏輯的理解也顯現出更多的包容性。這也部分解釋了鄭宏泰等在 2012 年進行的調查，發現香港居民與中國（內地）居民接觸的頻密程度和對自由行正面評價之間存在正相關關係。[57]

3. 對社會實況較深入的認知

相比參與大型交流計劃的香港青年，參與小型深度交流計劃以及實習項目的個體有更大可能在生活中對於社會實況有更深入的認知，而對於內地社會運作乃至現存的社會問題有更多思考。譬如，有受訪者會觀察到內地的貧富懸殊問題、地域的戰略分工佈局問題。

對社會實際情況的認知廣度和深度增加，也意味著不可避免地會接觸到負面的信息，以及與香港普遍價值有所差異的社會現實，但這並不代表青年會全盤否定內地的整體發展。在訪談中發現，當受訪者增加對國家運轉邏輯的深入認知後，傾向於從更大的視角、更全面地看待這些（對個體而言負面的）社會現象，從純粹的批判到立體的理解，明白社會現實存在的合理性，個體的觀感趨於客觀中立。

"其實我之前一開始，中學非常討厭大陸，非常討厭大陸的政治。……（交流／實習後）不喜歡的還是政治。但是開始過渡，不喜歡政治不代表整件事，不代表不喜歡整個中國。……（政治）是一部分的東西，你會理解事件的全面性，（以前）當了這個（政治）是全面的東西，（現在）然後去縮減對於這件事的一小部分，而不是看作全部。" V 說道。

"（意識形態宣傳）到現在都是覺得很難受的……理解上的一種說法，因為國家太大，一個這麼大的國家，很難統治，唯有在意識形態上才可以著手，有一點有一種存在即合理的。即是每一樣都有它的合理性，不需要贊同它，但需要理解它，怎樣去運行。……我不贊成的依然是不贊成的，但是我能夠理解現在的整個背後有個想法是甚麼，所以我現在能夠理解他為甚麼要這樣做。"N說道。

尤其在"一國兩制"的安排下，法律—制度層面的差異使兩地存在對政治認知的鴻溝，這也是港人較難建立"政治—法律"公民身份的緣由之一。有學者認為，香港民眾的身份認同與他們對自由民主政治的態度關係非常密切。[58]對"政治—法律"差異不贊同的觀感，是許多港人"離心"的直接原因。對於參加過內地經歷的香港青年，看到制度缺陷的同時，也會看到內地近年發展帶來的正面社會反饋，"有一個最客觀的標準就是人的生活水平，很多人的生活上的痛苦，不開心的東西在逐漸消減，例如貧困、飢餓"，也意識到制度內部進步需時。在對內地發展歷程有更深入而全面的認知後，會更理解社會發展的歷程和局限，從而在態度上呈現出更為溫和的傾向，至少對抗的激烈程度有所降低。

"我以前中學是很'反中'的，特別是'雨傘革命'的時候……後來在聽聞之中了解更多……我覺得這是一個國家成長過程，很多東西會慢慢成長，例如中國解決了很多貧窮的人口，這是他們很出色的地方。另外是中國有那麼多人口，13億人，也不可能一次過完成民主，也有他自己一套發展的過程。"S說道。

不過，在訪談中發現，青年趨於中立化的態度也有可能是基於其他原因。當青年參與更多交流、與內地往來更為緊密、花費更多時間浸入內地社會時，對環境的適應會使人"麻木"。對於一些原有持負面觀感的事物，因其與日常生活的關聯並不緊密且無太大影響，個體會選擇迴避（"不予置評"），其在生活中逐漸"日常化"，而不會引起過多的情感波動。此外，帶來正面觀感的事物也可能與帶來負面觀感的事物相互抵消，而使個體的觀感"中立化"。

在認知到觀感改變的過程中，不可忽略個體接觸在其中的力量。通過與其他個體的接觸，香港青年得以消彌對內地人群體的誤解。通過與他們的深入交流，香港青年才能夠對於社會實況有無法自行觀測的、更深入的理解。例如，受訪者在交流或實習期間，有從認為"內地人沒有文化、自我中心"，到看到他們無私的一面的；有發現與平日在香港的境遇不同，原來不少內地人都很有禮貌和修養的；有過往認為內地教育制度不及香港，而在交流中被優秀主動的內地大學生所打動的。除此以外，在消除片面的誤解、"不知不覺沒有那麼討厭"之上，也令"整件事情更容易'入口'"，為進一步的認知和觀感改變奠定基礎。

（二）對歷史文化的認知

在"文化—心理"公民身份的語境下，對國家歷史與文化的認同是歸屬性身份認同的組成要件。因此，為了增強香港青年在這一方面的認同，許多交流計劃或實習項目都以歷史文化為主題。一些即使並非以此為主題的交流計劃或實習項目，也會部分涉及到中國歷史文化知識的傳播。

然而，對於（僅）參與了交流計劃的受訪青年，計劃中文化歷史景點的遊覽對他們的意義僅停留在"增廣見聞、開闊視野"，算是"心願清單打了個勾，但是就沒有甚麼得益"。在走馬觀花式的參觀中，個體對於文化歷史符號的認知通常停留在表層：在訪談的過程中，他們大多只能大致羅列，而較難具體描述曾經遊歷過的文化歷史景點。實際上，在大多交流計劃與實習項目中，文化習得的時間實則並不長，加上個體的現實生活與習得的歷史文化迥然相異，在這種情況下所增進的文化知識較難被一直保留，而僅會在青年的腦海中留下印象，或會在未來的特定場景中喚起記憶。總體而言，在以上討論的情況中，文化認知習得的有效性和持續性並不高。

基於訪談，能夠讓受訪青年留下較深刻印象的文化習得經歷，在於他們得以在現實（內地歷史文化符號）中直觀地印證過往習得的書面知識和抽象概念。可以留意到，這一種較有意義的認知增進需要兩項前置條件：其一，交流計劃或實習項目本身具有文化意義，在項目日程中包含了有關歷史文化的景點、講座、活動等；其二，參與者本身具有歷史文化相關知識與理論儲備。在具體案例中，例如曾經修習中國文學、中國歷史等科目，或者個人對歷史文化較感興趣，有一定的知識儲備，才會在經歷中留意到並關注相關歷史文化符號。從訪談情況看，在兩者兼備的情況下，參與者才會真正進入面向歷史文化的濡化過程，從而感到"跟這種文化和知識走得更近"，對相關歷史文化知識更有印象，甚或繼而引發自身反思。

不過，上述"接觸"只是歷史文化認知和鞏固印象的第一步，而了解文化背後的故事和深層次含義，才會使個體更有可能對該文化符號，甚至其所處的地方產生更正面的觀感。以曾到北京實習的 H 為例，通過小規模的文化知識專業講座，以及親身實地體驗的經歷後，H 對北京中軸線的歷史沿革和文化意義都有了較深的認識，也發現並體驗到此符號與現實生活的具體聯繫。在深入了解文化知識和親身接觸之後，H 對該歷史文化符號留下深刻的印象，產生欣賞的情緒，更對北京這個城市有更多的好感。

在內地就學的受訪青年可以作為一種"反例"，說明"學習"在歷史文化認知方面的重要性。與參與交流計劃和實習項目不同，在內地就學的香港青年雖然有更多接觸歷史文化符號、習得歷史文化知識的時間和便利。但是在學習生活中，如果個體沒有特別的興趣主動涉獵，或者沒有被安排參加歷史文化的學習，他們更多的僅是在整體環境和身邊朋輩的影響下，參與到傳統節日的習俗遵循與慶祝活動中。他們雖有文化活動的體驗，卻無文化知識的學習，也未見由此而增進對歷史文化的認知和了解，或提升歷史文化對個體的意義和重要性。

（三）對社會觀念文化的認知

在訪談中發現，只有參與實習項目以及在內地就學的香港青年才會增進在社會觀念文化方面的認知。這是由於這一類認知需要"人"作為學習的媒介，而只有在時間較長的實習項目和就學生涯中，個體才有機會與不同的人進行深度的交流。在共同完成任務、共同遊歷與生活的過程中，受訪者固然會覺察到內地與香港社會有不少與原有預期相異的社會觀念文化，例如對日常生活習慣、地方文化背景、語言，乃至處事風格、學習方式和婚姻締結習俗等方面的認知，但在發現差異的同時，也會看到相同之處，感到彼此的差異並沒有想象中大。

> "我覺得大家的生活習慣沒有想象中那麼不同，可能語言有不同，大家的思想，譬如政治想法有一點不同。但是其實在生活細節上，都是這樣而已。不需要說他是大陸人，我不想和他相處。" H說道。
>
> "以前我覺得我們一定差很遠，中間有個缺口，文化差異很大，但去到之後發現很聊得來、很好玩。大家聊的東西很像，也都很喜歡吃東西。" C說道。

可以留意到，對內地與香港社會觀念文化差異的認知，很大程度上取決於個體本身對內地的"想象"。增進對內地社會觀念文化的認知，可以說是一種"祛魅"的過程，消解兩制區隔所放大的港人對內地社會脫離實際的一些想象。

二、認知層面的反饋：價值（Value）

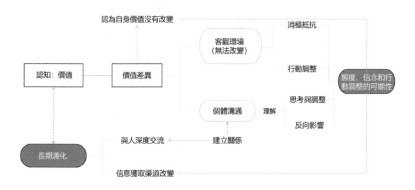

圖 3.3　認知層面的反饋：價值

在更深層次的價值認知方面，根據訪談結果，只有在內地就學的香港青年對價值的差異有所覺察並作出反應。由此推斷，由於價值並不能通過直觀的觀察和簡單的交流習得感知，而往往潛藏於社會行為中，因此，長期在環境中的浸淫以及與其相關的和他人的深度交流，是價值認知的前置條件。

在學習生活中涵蓋方方面面的深度參與，能使香港青年個體切身感知到內地與香港客觀環境（如制度、權力關係）及其背後價值的差別。譬如，在學生組織選舉中，感知到內地"自上而下"與香港"自下而上"的運作邏輯差異。同時，通過與他人建立關係並進行深度交流，個體之間因成長環境不同而造成的價值建構上的差異也會自然凸顯。

對於難以一人之力抗衡的大環境下的普遍價值，有受訪個體面對無法接受的價值，傾向於以消極抵抗的態度應對：可能會偶爾"抱怨一下"，但在行動上接受現實。且出於現實利益的考量，不會決絕地將自身隔絕在外。但同時"始終偏好香港'那一套'"；在大環境社會通行規則的影響下，也有受訪個體觀察到當周邊的人對於一些（原來無法接受的）價值和規則都習以為常時，個體可能會接受並適應曾經不太認可的行事方式。

> "我現在覺得大家都是這樣，就沒有那種負罪感，習慣了，你發現每個人都是這樣。" Y 說道。

面對個體交流層面的價值差異，受訪青年則表現出了更多的理解。一方面，作為同樣接受高等教育的大學生，彼此大都能以尊重、開放的態度傾聽不同的意見；另一方面，在與其他個體交往的過程中，受訪青年能夠對價值觀塑造的背景和原因有更深入的認識。儘管不會認為這些相異的價值觀 "不正確"，而且覺得 "合理的也會選擇理解"，但受訪青年也並不認為自己會因而改變原有價值。鑒於個體之間的交流是雙向、動態的過程，香港青年在聆聽和學習之餘，也會說出自己的看法，甚至 "想改變他們這種主流價值觀"。在個體的深度交流中，香港青年甚至有可能反向影響內地朋輩的價值認知。

雖然受訪青年都不認為自身原有價值被環境或朋輩影響，但是在訪談中也發現，當青年在交流中意識到差異或產生衝突時，"衝突會引發思考，引發思考之後會不斷地調整自己"。通過社會經歷，對多樣的社會觀念和價值認知增加，會引發青年更多的思考和可能的調整。

值得一提的是，在訪談中發現，在內地求學的香港青年還會面臨信息獲取渠道改變的情況，這可能對他們的價值認知有一定影響。當脫離了原有的環境，青年接觸香港本地資訊和媒體輿論的機會變少，而且在內地的網絡環境下，青年獲取境外資訊的難度也較大。在此情況下，如非青年個人對香港的政經發展有強烈的興趣，否則都不可避免地會減少與香港本地社會接觸的頻率和深度。故此，青年個體可能會因為 "接觸香港比較少"、"很少看香港的新聞"，導致過去堅持的一些價值 "可能會程度減輕一點，偏中立"。

有趣的是，在訪談中，一方面，青年否認自身價值受到內地生活影響而有所改變。另一方面，在具體場景的案例中，也可以留意到，在與內地環境和個體的相互作用下，加上信息獲取渠道的改變，他們對社會關係的態度和信念以及他們的行動策略有逐漸調整的可能性。

三、行為（Behaviour）層面的反饋

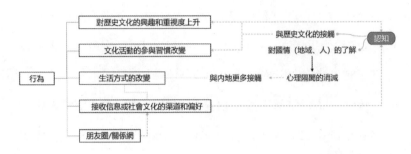

圖 3.4　行為層面的反饋

　　個體在行為層面的改變，通常基於認知層面的反饋，而部分行為又很可能進一步影響個體的認知。內地經歷首先給予香港青年一個增加對內地認知與體驗的契機。通過參與交流計劃，對國情有更多了解，"覺得中國很大，很多地方值得遊歷"。此外，結識了來自五湖四海的人，認識到地域差異和人的流動性，都成為青年有意進一步探索內地不同地區的動因。此外，通過認知和接觸青年的心理隔閡得以消滅，這為青年願意再次踏足內地提供了心理基礎。因為"沒那麼不喜歡內地"、"現在覺得沒問題"，所以會選擇更多地到周邊城市（如深圳）休閒，計劃未來到內地旅行等。建基於更多的認知，伴隨著觀感的改變，個體在生活上傾向於不抗拒，甚至主動尋求更多接觸的機會。

　　這種接觸的契機，對於青年接收信息或社會文化的渠道和偏好，乃至生活方式也會有一定的影響。內地經歷使青年個體認識到更多內地時興潮流的生活方式，儘管生活方式或者信息

接收渠道的改變並"不可能是一兩次的交流團就產生的"，但是在接觸之後，有機會觸發青年主動尋找相關信息，製造進一步接觸的機會，從而產生更多的聯繫和影響。

> "所以透過交流去真正看多一點，（而後）透過社交媒體帶給我的影響，更加想去深入認識，從而令我和他們會聯繫得更加多。"S 說道。

從被動經歷到主動接觸的過程，就"好像是一個圈子，一踏進去之後就會慢慢踏入"，這個邏輯也適用於歷史文化的認知和探索。在交流中認知與接觸歷史文化的機會，使自身對中國歷史與文化產生興趣，或感知到歷史文化的重要性，有可能使個體在日後作出主動習得歷史文化知識的選擇。例如，有受訪青年由於參與過內地交流計劃，以及在交流中接觸到歷史文化元素，之後在選修課程的時候，選擇了中國研究或中國歷史相關的科目，進一步學習相關知識。

如上文所述，相比參與交流計劃和實習項目，在內地就學的香港青年能夠深度浸淫在當地社會，與人有更深層次的接觸和交流。故此，受到環境與人的影響，在內地就學的香港青年開始做一些新的嘗試，更多地參與到文化活動（傳統文化節日的慶祝、文化習俗的遵守）中，例如在冬至包餃子、在元宵吃湯圓等。同時，與之相對的是，因環境氣氛的影響和現實條件的限制，他們在內地就學期間，減少了部分西方節日（如聖誕節）的慶祝。儘管受訪青年並不認為節日的慶祝會增加文化活動對個人的意義和重要性，但是在行為層面上，也有受訪者表示，當"接受這樣的東西的時候，就變成了習慣了"。不過，由於這種行為的改變因環境影響居多，在離開該（內地）環境後，行為保持的可能性無法確定。

此外，在內地就學的香港青年在朋友的選擇方面，也顯現出較為一致的傾向。一方面，由於文化背景、價值觀相近，他們較為親密的朋友依然主要為香港（或澳門）同學；另一方面，在內地長期生活的經歷，自然地使他們的朋友圈（關係網）發生改變——與香港的朋友聯繫減少，而與內地的同學關係更為緊密。在訪談中發現，朋友圈的變化繼而影響了青年接收信息的渠道，尤其在社交媒體使用方面，可能"即便回香港，也是更喜歡（微信）朋友圈，用多過 IG（Instagram）"。與上文呼應，在內地就學的香港青年在信息接收渠道方面的改變，部分源於行為層面的朋友圈變化，也會進而對個體在認知層面對內地的認知和價值造成影響。

四、情感（Affective）層面的反饋：身份（Identity）

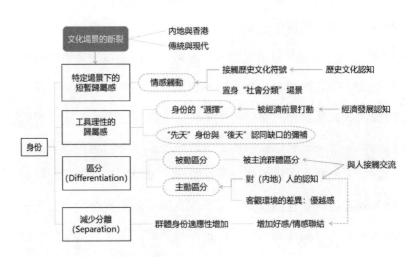

圖 3.5　情感層面的反饋：身份

本章的研究主要討論國民身份認同中的"文化—心理"公民身份與歸屬性國民身份認同，而歸屬性的國民身份認同則由對國家領土、歷史、文化、祖國同胞的認同的元素所組成。[59] 坊間很多人認為，鼓勵香港青年到內地遊歷，進行文化濡化，在增加認知之上，增強青年與土地、文化和人的聯繫，以此喚醒青年的家國情懷，便可加強他們的國民身份認同。然而，本章研究發現箇中邏輯並不如此簡單：受訪青年在情感層面身份認同的反饋實則不多，更不見經過內地經歷而產生身份認同的重大變化。

（一）特定場景下的短暫歸屬感

訪談發現，在歸屬性國民身份認同的語境中，直接接觸特定符號或置身於特定場景，的確有利於香港青年"文化—心理"公民身份的建構。例如，在天安門廣場前觀看升國旗奏國歌、在故宮遊覽感受歷史遺物，以及與（內地人）群體共同慶祝一個傳統節目的"那一刻"，可以類比"在香港看奧運，看到中國隊贏的時候"——在特定的情景和氣氛的渲染下，個體的情感在這些時刻會有所觸動，當下對國家的歸屬感更為強烈。這種場景與 Tajfel 的社會認同理論中提出的"社會分類"過程擬合："'社會分類'過程是將群體中的社會對象或事件聚集在一起的過程，而這些社會對象或事件與個人的行為、意圖、態度和信仰系統相同"。[60]

不過，需要注意的是，裝載歷史文化符號的場景能夠引起情感觸動，需要建基在個體對中國歷史和文化的一定認知和正面觀感上，繼而在相關場景中與腦海中先已存在的符號產生共鳴，才更可能聯繫到個體情感層面的文化身份認同。

　　"我會覺得，你說去做一些文化的考察，當中你可能會感受到一樣東西就是說……你會欣賞中國源遠流長幾千年的文化發展，或者她留下來的一些足跡，從而你可以鞏固你的民族認同感。我覺得是有它的作用在這裏。"F說道。

　　但對於沒有相關興趣、知識儲備或強烈情感的青年，與文化符號的短期接觸並不會對他們的情感以及文化身份有影響。這些符號或場景僅被認為是旅途中的景點，而不會引發共鳴、觸動情感。

　　然而，即便在特定場景、特定時刻下產生更強的歸屬感與認同，但是在訪談中可以留意到，內地與香港生活方式和環境的根本差異，使個體在脫離該場景、回到香港後，面對截然不同的環境時，很難將在內地習得的文化以及因而產生的歸屬與認同"帶回"到原本的日常生活中。而且，與該場景或符號的聯繫感也會隨時間而逐漸減弱。

　　"在內地的時候，我會覺得那種歸屬感更強，在那一刻，我當自己是本地人。但是問題是回到香港，回到現實，我真的不是那裏（內地）的人，我只是一個過客。聯繫是有，但是越來越少，而且不是特別深。"H說道。

　　這種文化場景的斷裂不僅存在於內地與香港之間，也普遍存在於內地傳統文化與現代生活之間。

"在那一刻我看著歷史資料、人物資料、描述甚麼的，那一刻會有這些感受（情感觸動）。但是一出來看到現實，就找不回那種共同的感覺了。" V 說道。

在現代化的進程中，對外所宣揚的傳統歷史文化符號也被"束之高閣"，只陳列於展館之中，而少見於日常的社會生活中。尤其當歷史文化景點普遍趨於商業化，更使個體在文化習得過程中曾經建構想象的文化符號較難在現實場景中得以印證。

短促的文化接觸，加之文化場景的斷裂，難使個體在某一時刻的情感觸動得以保留、延續、深化，遑論由此產生切實的文化身份認同。

（二）工具理性的歸屬感

在情感性的歸屬性身份認同之外，建基於工具理性的歸屬感也常見於香港人群體。在內地經歷中所增進的有關國家富強、經濟實力崛起的認知，會提高國家在個體心目中的地位。考慮到"先天性香港是屬於中國的"，加上直觀地看到了作為中國人的利益所在，覺得"中國是一個不錯的地方"，進而更為認同自己是中國人。這種心態可以回溯到"香港人"身份在歷史上和制度上的獨特性，以及"中國人"身份於港人而言的"可選性"。這與 Mathews 等的觀點 —— 港人有著"市場主導型的國民身份認同"[61] 有類近之處。

不過，在訪談中發現，這種市場主導的身份認同，在工具理性的考慮之外，還可能是對"先天性"身份與"後天性"認同之間缺口的一種彌補。受訪青年大都接受香港作為中國一部分的事實，也承認自身在香港人身份之上的中國人身份，但始終較難在情感層面有所觸動。即便嘗試"主動透過一個共同的文化、一段共同的歷史，看看能否找到我們的共同之處，然後找到我們的身份認同"，但在"暫時找不到"的情況下，只好"透過經濟角度去找這種關係"。換個角度看，功利性的經濟認同，可能恰恰是歸屬性身份認同不足的體現；工具理性的歸屬感，有可能是認知的身份與實際的認同之間缺口的心理性彌補。

（三）對群體的適應和區分

在內地與人接觸交往的經歷，使香港青年對內地人的"了解多了、認識更深"，個體之間更為親近；也認可相對其他人（外國人）來說，內地人與香港人的文化、觀念、生活環境較為相近。但是，受訪青年並未因從中感到彼此的相同之處更多而增強"共同感"，反之看到更多差異。更甚者，會"更加尖銳地覺得（和他們）不一樣"。個體從源於制度、經濟條件、生活環境、公共資源所造成的文化安排與生活方式的差異，直觀地感到內地與香港是"有分別"的，故此無法產生"同屬一個群體"的共同感。其中，語言作為日常溝通的必要工具，讓部分受訪青年時刻感到彼此的差異。

> "始終語言不通，讓我意識到，我們是不同地方的人。（普通話和廣東話）是兩種語言……我只會當他們是多認識一個朋友，而不會覺得，我是他們群體的一個大因素。" H說道。

雖然未見共同感的提高，但有過時間較長內地經歷（實習或者就學）的受訪青年，在與內地人的接觸交流、對（內地人）群體的認知增加，並在與其他個體交往過程中產生好感和情感聯結後，面對（內地人）個體的舒適度提升，也更適應作為該群體一員的身份。在這一點上，個體反饋在身份上"覺得沒那麼分離"。

由此可見，通過與人交往，個體層面的交流加深了兩個群體對彼此的認識，增強了香港青年和內地個體之間的聯繫感，以及對（內地人）個體和群體的適應度。對於個別的受訪青年，甚至因為長時間生活在某地的經歷，使其"自然把自己當成這裏的一分子"，產生對該地的歸屬感。儘管如此，這始終未觸發香港青年作為（中國人）共同體一員的覺知，反而喚起個體區分（Differentiation）的本能和需求。

一方面，受訪香港青年表示，在內地經歷中與人交往時，也會意識到主流群體對他們刻意的區分。在香港獨特歷史沿革和兩制區隔的背景下，香港青年在內地生活期間，除了制度安排上的區別，也會被內地群體以言語或行動區分。另一方面，個體在定義自身身份的時候，雖然承認自身"先天的"在法律—制度層面的中國人身份，但並不代表不想區分在"這兩個不同文化體系下的兩種人"。

> "即使血液一樣，政治實際上寫是同一個地方，但是明顯知道有文化的差異，明顯知道生活模式、政經社文運、教育、法律、貨幣、科技發展的程度差異是有不同的時候，你還是想和人家表達你的不同。這是人性很基本的想

法。" V 說道。

有受訪青年將 "香港人" 與 "中國（內地）人" 身份類比為 "富人" 與 "窮人" 身份的區分需求，可見這種個體的主動區分建基於內地與香港在政治經濟制度以及整體社會經濟發展水平上的差異。在 Tajfel 社會認同理論的假定中，個體保持團體成員和尋求新團體成員資格的傾向，是基於這些團體的社會身份能使其從中獲得滿足感。[62] 在社會分類中辨識社會身份，繼而在社會比較中產生心理區分，在這個語境中，基於客觀環境條件的優越感，香港人將自身定義為內群（Ingroup），而內地人則被視作外群（Outgroup）。馮慶想等也提出，經濟和社會發展水平差距讓內地人被 "他者化"，促成了香港本土身份的形成。[63]

在就學組別的受訪青年身上，可以看到更完整的區分邏輯。在內地（北京）就學深度濡化的經歷，讓他們對香港人身份有更強的知覺──南北差異、城鄉差異、兩制差異三重差異的疊加，對比在個體差異並不大的原有環境（香港）中，香港青年更強烈地意識到自身與他人的不同，從而更加強調 "香港身份"。在與人接觸交流的過程中，對於個體差異的感知是香港身份強化的觸發機制。

正如 Tajfel 所言，"除非周圍有其他群體，否則一個群體的定義毫無意義"。[64] 這種 "認知自己屬於某種群體，並對自己的成員資格感到有情感和價值意義" 的社會認同，只有在劃分原有群體和其他群體的社會環境下，通過社會分類的影響來定義。所以在這種多組結構（Multi-group Structure）中，香港青年對於自身作為香港人群體資格的認知更為明顯。

> "只要一相處，發現我們的想法有不同的時候……當
> 我去探究為甚麼會不同的時候，最後的結論往往是會回
> 到……不是說我是香港人，而是我接受的教育是這樣的，
> 你接受的教育是那樣的，我身處的環境是這樣的，你身處
> 的環境是那樣的，再多一步就是，我是香港人。"N 說道。

客觀環境差異所造成的個體建構差異的認知，為青年對自
身香港身份的獨特性和優越性提供了素材，加強了個體對香港
身份的自豪感和認同感。而外界他者對於個體的定義與反應，
也起到了"推波助瀾"的作用。例如，有受訪者提到，香港人
的身份使其在內地更容易與人打成一片——朋輩因對"香港人"
的好奇使個體在人際交往中獲得實質收益，也強化了香港身份
對青年的意義。

香港青年在內地經歷的文化濡化過程中，所遭遇的融入與
區分之間的心理張力，與 Brewer 在最優獨特性理論（Theory
of Optimal Distinctiveness）中提出的假定相容。該理論假設社
會認同源於兩種普遍的人類動機的對立力量——一方面是包容
（Inclusion）和同化（Assimilation）的需要，另一方面則是與其
他人區分（Differentiation）的需要。隨著群體資格越來越被包
容，個體對包容性的需求得到滿足，但對差異化的需求也隨之
啟動；相反，當包容性降低，區分的需求也會減少，從而使同
化需求被啟動。因此，從訪談中可見，隨著交流的深化、與群
體聯繫感增強，而更多被群體所包容的時候，個體顯現出更強

的區分香港身份的心理需求。[65]

　　然而，香港身份的強化並不一定意味著中國身份的削弱。事實上，在很多情況下，地域認同（Local Identity）和國民身份認同（National Identity）兩者是可以兼容的。事實上，根據Steinhardt 等的實證研究，近年來港人漸行漸遠的本土認同和國民身份認同，在回歸早年時是相互兼容的。[66] 在內地就學的長期濡化過程中，在各個方面的影響下，個體有可能對香港以及對國家的身份認同會同步增強。

　　"我覺得（對於身為中國人的自豪感）是高了，但和我對於身為香港人的自豪感也高了。兩者同時升高。" Y 說道。

不同類型濡化經歷的比較

———————— • ————————

本研究主要以交流、實習、就學三種類型的內地經歷，對應短、中、長期的文化濡化過程。基於對訪談材料的分析可得，三類經歷對文化濡化影響的主要區別在於經歷時長、與"人"的接觸和關係、濡化途徑和內容。

一、經歷時長

本次研究所選取的交流、實習、就學三種類型的濡化經歷時長差異較大，從為期數天的交流計劃、數週的實習項目到數年的求學歷程，可以由此看到香港青年在不同時長內地經歷中濡化過程的區別。

總的來看，個體的認知會隨著在內地逗留的時間變長而增加。在短期交流經歷中，青年的認知增加有限，感知文化差異甚至產生不理解或衝突的可能性也很低。由於時間較短，個體只會"提一些很'觀光客'的想法……只會停留在飲食層面，半小時、一小時能聊完的東西"；而且行程倉促，到地方後適應需時（比如有受訪者說，"我會覺得其實我剛去那個地方，我要一兩天來適應，適應完之後，就去到了中段，接著就走了"），也使濡化的效果打了折扣。在短期的交流計劃中，青年增長的認知以及與人的接觸大都停留表層，儘管可以"留下印象"，但對生活方式、價值文化上的異同不會有深入認知或切身體驗。

在這一方面，參與實習項目的青年會有更多的體會。在一個地方生活四到六週的時間，足以讓青年較為深入地了解一個地方和在此生活的人。在表層的認知之上，"就算是已知的事情，在適應的時候沒有自己想象中快"。在一段較為完整的時間中，通過觀察生活和與人交流，青年開始對較深層次的社會觀念和文化有更多認知，也得以親身體驗當地的生活方式。

與短、中期的交流及實習相比，在內地高校就讀的受訪青年在長時間的深度沉浸中進入另外一種狀態。在內地就學的香港青年有較為明顯的在價值方面的感知和在行為層面的改變。長時間的生活以及與內地同輩朝夕相處的經歷，比起淺層的認知和體驗，使他們除了在行為上受到同輩和社會規則的影響外，對於一些約定俗成的價值和文化都有更深的體會。

在情感層面上，相較於僅參與交流計劃的受訪青年，參與實習項目以及在內地就學的青年因有更充分深入的認知，在身份方面有更多思考或者改變。在內地時間較長的生活經驗，使他們更適應與內地人群體相處，也更有可能建立聯繫感和歸屬感，降低分離（Separation）的傾向。同時，深度的交流和相處也讓他們更能意識到"我者"與"他者"的差異，而不見得提升共同感，甚至激活區分（Differentiation）需求。

二、與 "人" 接觸及建立關係

在內地經歷的時間與青年個體在認知、行為、情感層面的改變之間，"人" 在濡化過程中起著非常關鍵的作用。人本身作為文化的一種載體，在文化濡化中承擔著嚮導的角色。更重要的是，個體之間情感聯繫的建立，對文化濡化的進程和效果有重大且持續的影響。

首先，接觸到的 "人" 構成濡化經歷中的重要部分。在本研究的訪談中，由於受訪青年皆為大專學生或畢業生，他們產生正面觀感並與他們建立良好關係的，大都是與他們年齡和思想層次相仿、受過高等教育的內地青年。根據訪談，雙方能夠理性、平等地進行討論，是建立良好人際關係的要素；有著相同志趣和話題的同齡人使濡化經歷更為生動豐滿，令香港青年留下更深刻的印象，並對濡化經歷給出更正面的反饋。

由此，在濡化過程中，與重要他人（Significant Others）的互動和關係的建立，可使香港青年在內地的濡化經歷中收穫更多。以短期交流計劃為例，對比 "旅遊團式" 的交流，與 "人" 有深度互動的交流計劃通常能讓個體留下更深刻的印象。即便是短期交流，與同齡人共同完成任務、一起度過旅程，讓青年 "不會覺得只是機構和機構之間……而是多了一點不是官方的東西"，首先改變了青年對於交流團的假定和預設觀感。相較於靜態的文化符號，同儕除了承擔嚮導的角色，向香港青年介紹有關社會文化的知識、價值和行為外，也讓青年直觀地在他們身上觀察、感受生動鮮活的文化。

個體之間關係的建立，有助於文化知識的習得；而個體感情的**觸動**，則使其在心理上更易於接受文化的輸入，甚至對其進行美化。此處以 V 參與一項校際小型交流計劃的經歷作為一個案例。

從開始互動，

——"我們素未謀面，他們居然付出那麼多努力，去招待我們，好感動"；

到建立關係，

——"（和）他們已經做了朋友，他們說出來更有說服力"；

然後改變觀感，

——"改變就是你在不知不覺中沒有那麼討厭，整件事更容易'入口'，所有認知的事情，（包括）人、事。你就會發現，可能有一些東西我不喜歡，但是有一些我挺喜歡"；

甚至美化一些符號，

——"可能先入為主，認識的（東北）人挺好，所以覺得東北話挺好"。

由此案例可見，與人的接觸、互動及建立關係，是濡化過程中連接文化和青年個體的橋樑，使香港青年改變對濡化經歷的假定，使其對文化產生"先入為主"的良好觀感，從而使"暈輪效應"在文化濡化過程中發揮作用。

三、濡化途徑及內容

基於訪談材料，可以留意到，濡化途徑及與之相關的內容，和經歷時長之間有著較緊密的關聯。不同的濡化途徑和內容，對於青年的濡化過程和效果也有不同的影響。

首先，內地經歷本身的性質與內容，吸引了帶有不同動機的青年，決定了選擇參與其中的青年的類型和心態，進而導致濡化過程和效果的差異。譬如，就業創業交流計劃的團員確實希望了解內地發展的機會；在主要內容為遊覽玩樂的交流計劃，團員的期望是吃喝玩樂；在義教（支教）計劃中，參與的青年大都抱著關懷他人、助人為樂的心態。

其次，在內地經歷，尤其是交流計劃中，文化活動的安排與內容，對青年的文化濡化進程也起著重要的作用，這決定了青年可接觸到的符號和信息，以及在客觀環境中的遭遇和互動。在組織良好的交流計劃中，日程的安排大多大同小異。其中，景點參觀常見於交流計劃中。但作為一種增加認知和體驗的濡化途徑，基於受訪青年的反饋，對於事前沒有知識儲備或興趣的青年，它們很難使其在具體場景中獲得實質輸入。尤其是當參觀時間短促、人數較多的時候，青年在匆匆一瞥中，只會產生"參觀香港也好、內地也好，都是這樣參觀"、"中式建築來來去去都是這樣"的感覺，文化習得的效果極其有限。因此，先已存在的認知對於在內地經歷中歷史文化知識的習得有著重要的位置。以 H 為例，在進行實地考察之前，他通過小班教學的深入講解先深度學習相關文化知識，再親身到實地考察體驗以鞏固印象，這使其對該文化符號印象深刻，並由此產生情感上的聯繫。故此，當內地經歷的安排和內容能夠讓參與青年真正了解文化符號背後的故事時，方能提高其文化習得和體驗的有效性。

進一步看，對於在內地逗留時間較長的，即參加實習項目或在內地就學的青年，融入當地生活是一種有效的文化習得乃至增強情感體驗的濡化途徑。例如，在實習項目的空閒時間中，不僅"像個遊客一樣周圍逛逛"，青年還"可能會做一下當地人平時週末會做的事情"，如看一套關於北京胡同變化的話劇。在沉浸於本地人群體的日常生活，並觀察和體驗更多文化細節的過程中，青年會放開自己本身"對內地人框框的思想，願意了解為甚麼人家要這樣做"。通過體驗當地生活，個體原先的建構與具體場景產生互動，青年在雙向互動、深度浸入中習得文化。

在此，需要特別強調的是，內地經歷是一種動態的而非單向的文化濡化方式。在通過內地經歷進行文化濡化的過程中，個體原先的建構與人、環境產生互動，而這些受過良好教育的、具有批判性思維的香港大學生從中獲得材料而形成自己的想法。過於強調單向的輸出，試圖向香港青年灌輸一些內容，可能會適得其反。例如，如果有人面對香港青年相異的政治觀點時，"下意識地統戰"，便容易引起"極度反感"、產生衝突，甚至"更加強化自己原有的價值"。

總結與討論

——————— • ———————

　　本章的研究基於文化濡化的框架，以一對一深度訪談為方法，從知識、價值、行為、身份四個方面，考察內地經歷作為文化濡化的一種方式，如何影響香港青年的國民身份認同。

　　整體來看，香港青年對其內地經歷的主要反饋在於知識方面的增長。對國家發展、群體背後行為邏輯以及社會實況的認知，使香港青年在對國家的印象重構、對（內地人）群體評價改變、對內地負面觀感中立化上都有較為明顯的作用。

　　基於學習中國歷史有利於提升文化認同的假設，許多交流計劃和實習項目都會包含歷史文化的元素。但是，研究表明，大部分內地經歷的增加，對提升歷史文化認知乃至認同的有效性存疑。本章研究發現，只有在濡化內容和途徑，以及個體先已存在的建構兩項前置情境兼備的情況下，青年才能有效增進對歷史文化的認知，並在印證抽象概念之上產生正面觀感。

　　可以注意到，"人" 在社會觀念文化的認知上的媒介作用尤為重要。只有在時間較長、得以與 "人" 建立關係的實習項目和就學生涯中，方可見青年在社會觀念文化上的知識增進。在與人的溝通之中，青年進一步消解了因兩制區隔所放大的對內地社會脫離實際的一些想象。

不過，在更深層的價值認知方面，只有在內地就學的香港青年對價值的差異有所覺察並作出反應。由此推斷，長期在特定環境中的沉浸，以及與其相關的和他人的深度交流，是價值認知的前提條件。面對相異的價值，儘管受訪青年並不認為自身價值受到環境與朋輩的影響。但基於對訪談內容的分析，青年呈現出接受和適應的表現、反向影響的嘗試，以及在思想乃至行動策略上的可能調整。此外，在行為層面信息接收渠道的變化，也有可能從另一角度導致青年價值（在香港與內地之間）的“中間化”。

個體在行為層面的改變，主要源於認知層面的反饋。認知增加所觸發的更多接觸，間接導致行為的改變。進一步地，部分行為的調整，也會繼而反向對認知造成影響。例如，隨著對國家基本認知的增加，青年尋求更多與內地的接觸，從而使其對國情知識的興趣和重視度上升，並採取進一步學習的行動。與價值認知類似，由於行為層面的改變需要長期的沉澱，在內地就學的青年受到更多影響：可以確切地看到他們濡化過程中，在文化活動的參與、資訊接收的渠道和朋友的選擇上都有所變化。

與許多人預想中不同的是，受訪青年通過內地經歷，在情感層面身份認同的直接反饋實則不多，在訪談中也未見香港青年通過內地經歷這種濡化方式而產生身份認同重大變化的簡單邏輯。與對歷史文化認知增加的情況類似，在給定的前置條件下，青年確實可以在特定場景下產生短暫的歸屬感，但內地與香港、傳統文化與現代社會兩種文化場景的斷裂，都使青年習得的文化以及因而產生的歸屬與認同，難以在生活中得以保留和延續，而與該場景或符號的聯繫感也會隨時間而逐漸減弱。

在與文化和群體有關的歸屬感外，在內地經歷中對國家富強的認知也會使青年產生工具理性的歸屬感。誠然，趨利避害是人之本性。但在訪談中發現，功利性的歸屬感也有可能是對"先天性"身份與"後天性"認同之間存在的缺口——即香港青年雖然在認知上認可自己的中國人身份，但歸屬性身份認同不足——的一種補償性解釋。

總體而言，在內地的濡化經歷中，通過與人接觸和建立關係，一方面，青年因與群體的聯繫減少了分離的傾向；另一方面，認知層面的增長也使青年更意識到彼此（內地人與香港人）的不同，在日漸緊密的關係中，香港青年（在中國內地人中）的群體資格越來越被包容，反而激發了他們區分的本能和需求，使其意圖強化香港人身份。但是，香港人身份的強化並不一定意味著中國人身份的削弱，這也可能意味著青年在長期濡化經歷與人建立關係的過程中，對香港以及對國家的身份認同都會增強，地域認同和國民身份認同的相容性（Compatibility）更高。

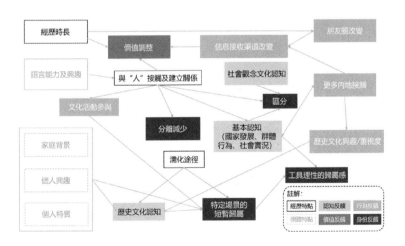

圖 3.6　香港青年在內地經歷中的文化濡化

在香港青年的文化濡化過程中，內地經歷本身的經歷時長、與“人”接觸及建立關係，以及濡化途徑和內容都會影響濡化過程和結果。此外，不可忽視的還有青年個體的背景差異：作為先已存在的濡化條件，青年原先的家庭背景、個人興趣與學科展望、個人特質，以及語言能力和興趣，都會對香港青年的文化濡化（不僅限於本章研究所涵蓋的三種內地經歷期間）造成持續的影響。

總結本章研究的實證部分內容，個體背景差異、濡化經歷特點，與在內地經歷中產生的知識、價值、行為、身份反饋相互交織、相互影響。這反映了文化濡化並非是一個線性的過程，而內地經歷作為一種文化濡化的方式，對香港青年國民身份認同的影響邏輯也非常複雜。

在所有類型的內地經歷中，置身於新的環境，香港青年對內地的知識都會有所增加。可以說，知識是在作為一種濡化方式的內地經歷中，最易對青年造成影響的一個方面，也是使青年得以在其他方面進一步進行濡化的必要條件。但是，許多研究或者政策都假定，簡單具體的國家象徵（如國歌、國旗）可以引發青年對國家的歸屬感，教育、媒體等社會環境中符號的頻繁展示和情感意義的強調，會喚起青年對國家的正面態度。但是，這些具體的國家符號實則被嵌入在更廣泛的認知和價值體系結構中，而這些認知和價值通過心理機制，將大量、多樣的社會信息轉化為相互耦合的認知和情感結構。[67] 這也回應了本章研究中，僅通過知識灌輸是無法達至情感層面觸動的結論。以內地經歷作為文化濡化的一種方式，不可忽略個體的心理結構和嵌入機制。就如 Spiro 所提出的，在認知和理解之上，能夠用於指導和塑造行為，或者說對個體的感知、理解、情感、評價和動機有強制力，才能算作文化濡化的內化。[68] 在考量內地經歷作為一種文化濡化方式對香港青年的影響時，在簡單的認知之上，應更多著眼於行為、價值和身份方面的改變。

基於本章研究的發現，要促成在行為、價值乃至身份方面的改變，由於對個體而言建構深度和複雜性增加，簡單的經歷安排在其中的作用愈來愈有限。先已存在的個人建構和原有經歷，作為濡化的前置條件，輔以特定濡化途徑和內容的情景因素，會在內地經歷中產生 "化學反應"，促成香港青年在文化濡化過程中反應不一的觸動和改變。這協助我們理解，內地經歷作為一種文化濡化方式，如何對香港青年的認知層面的知識和價值、行為層面以及情感層面的身份認同造成影響，並為日後進一步的研究、濡化經歷的安排以及相關政策的制定提供參考。

在現實中，儘管社會各界投放了大量資源鼓勵香港青年到內地交流、實習、就學，但內地經歷是否能夠增強香港青年的國民身份認同一直面臨質疑。在趙永佳等基於問卷調查和訪談的研究中，就得出內地交流經驗僅能消解香港青年對內地的成見，而難以改變身份認同的結論。[69] 本章研究則嘗試從更立體的角度，剖析青年在內地經歷中的濡化細節，希望找出個體在中間環節產生的細微變化。

客觀而言，內地經歷在香港青年國民身份認同的建構中有其意義。儘管短期接觸在身份建構上的效果並不明顯，但交流計劃為許多青年提供了踏出一步、嘗試了解的契機，並引發更多接觸的機會。通過認知和接觸，青年的心理隔閡有所消滅，

並建立新的觀感 —— 比如"沒去之前很多東西都是空想的",
而在接觸中"建立新的觀感"後,認識到"以前'雨傘革命'
很極端",到現在想法"慢慢有一些轉變"。這一種態度轉變未
必能夠在現有的對香港青年國民身份的調查或測量中體現,但
在現實中,的確會為香港社會以及內地與香港未來的交流發展
帶來深遠的影響。

在許多安排良好的內地經歷中,尤其是交流計劃,組織方
出於"保護"的目的,會刻意避免讓學生接觸到"敏感"或"負
面"的信息,只著重展示"富強"的一面。誠然,這種思路符
合許多人對港人國民身份認同的假定,這種認知也確實有利於
香港青年建立基於工具理性的歸屬感。但是,對內地社會運行
邏輯、發展局限的認知,並不代表會全盤否定內地的發展,而
可能在立體的認知中增進理解。尤其是,目前香港青年對內地
的負面印象,或者對國家認同的抗拒,一部分來源於在兩制安
排之下對政治制度的不理解和不信任。對國家整體政治與社會
環境更全面的認識,對於具批判性思維的大學生而言,或可在
純粹的批評對抗之上,增添客觀中立的理解。

的確,現下許多香港青年,或者香港普遍社會都被認為持
有功利的"市場主導型"的身份認同。在批判這種認同或與這
種認同相聯繫的政策之外,本研究也嘗試反思產生這種認同背
後的一種可能原因。亨廷頓指出,認同感本身具有多重性,"包
括歸屬性的、地域性的、經濟的、文化的、政治的、社會的、
族群的、國家的等",而且"在不同的時空條件和環境下,這些
認同的輕重分量也會發生相應變化"。[70] 當受訪青年普遍都承認
自身"先天性"國民身份,而"後天性"國民身份認同不足的

時候，認知與情感的不相稱也會使青年對自身身份產生困惑。當無法從政治、文化等方面尋得認同，經濟性的認同可能因此而被放大。

在長期或頻密的濡化經歷中，我們也可以留意到，隨著時間的增加，雖然激發了區分的需求，但青年確實展現出對環境以及（內地人）群體更高的適應性，這對未來的相互交流也有積極的意義。基於對訪談內容的分析，我們還可以看到，青年心理區分的來源除了感知到的制度和文化環境上的客觀差異之外，一個很重要的考量還來自於內地與香港目前社會經濟發展水平的差距。雖然部分受訪青年也樂觀地展望，內地與香港未來會逐漸趨同，在社會經濟發展水平達到均衡時，可能會自然地相融。但當這顯然並非能在短期內達成的情況下，兩地客觀的發展階段差異也啟示我們當下不能僅寄望於依靠經濟發展的論述，"吸引"香港人心回歸。因此，回到本章著重討論的"文化—心理"公民身份，如何建構香港青年的歸屬性身份認同，是當下需要直面的問題。

值得注意的還有，在看待內地經歷作為一種文化濡化方式時，我們不能忽視這是一個雙向、動態交流的過程。香港青年作為參與者的同時，也在擔當傳播者的角色，為內地同儕帶去"文化衝擊"，甚至會嘗試在"國家的發展裏面付出一份力量，帶一些比較'文明'的、'前衛'的想法給他們"。在文化習得之外，角色轉換對於青年個體及其身份認同的意義，也值得深入挖掘。

未來，在單一的統計數字或個別的極端事件之外，我們應更立體、多維地理解香港青年複雜、動態的國民身份認

同，也應摒棄單向的灌輸思維，而更多關注（不同群體的）
香港青年對國家、國民身份認同、自身身份定位等抽象概念
的心理建構，了解個體真實具體的需求，從而更有效地促進
人心回歸。

對人心回歸的啟示與展望

————— • —————

　　從文化濡化的角度看內地經歷對香港青年的影響，不難發現大多數大型交流計劃的明顯短板：過於倉促的時間安排、停留表層的文化習得以及鮮少與 "人" 的接觸交流，甚至都無法使青年完成知識的輸入，遑論建立與之聯繫的歸屬與認同。以歷史文化認知的習得為例，活動本身的文化意義和適當的濡化途徑，以及個體原先的相關知識和理論儲備，兩者都是有效習得的要件。

　　參考本章研究中的案例，讓青年了解相關符號背後的故事在先，親身經歷在後，在先已存在的知識印象之上，再以實地場景中的體驗鞏固認知，方能形成有效的文化習得過程。通過社會化和文化濡化來學習，不僅要獲悉社會互動中的文化概念、類別、圖式、框架和支配參與的腳本，還要理解背景的特點及其焦點事件、相關的背景知識，以及嵌入社會互動的情境線索。[71]

　　因此，在微觀層面，在政府或團體組織相關濡化經歷時，在 "為辦而辦" 之外，應關注不同類型和性質的活動對青年個體的實質意義；在注重經歷的廣度之外，也要考慮知識學習的深度和個體的習得有效性；在濡化經歷的安排上，應深思舉措的目標，創造與之相匹配的合適場景和契機，使濡化過程真正增進對個人的意義。

此外，在不同類型的內地濡化經歷中，無論是在認知層面和行為層面，乃至情感層面的輸入和改變，"人"的角色都不可或缺。在內地經歷中，應注意與人接觸的契機、舉辦群體文化活動、鼓勵青年融入當地，鼓勵個體之間建立聯繫，促使青年在濡化經歷中增加認知、改變觀感、調整價值，並進而增強與群體的聯繫感和舒適度，甚至觸發對自身身份的思考。

回到本章主要討論的"文化—心理"公民身份，根據研究結果，在特定條件下，個體並非不能在內地的濡化經歷中產生對歷史文化的自豪感和認同。然而，內地與香港、傳統文化符號與現代社會生活的雙重文化場景斷裂，是情感無法保留的原因之一。

我們或可重思，其一，當我們在談論通過內地經歷，使香港青年增強"文化—心理"層面的歸屬性身份認同時，其中的"文化"到底涵蓋甚麼內容？濡化場景的文化符號可以與現實生活保持一致性嗎？其二，當我們期望在香港青年的心目中產生對國家的文化自豪感、樹立對國家的文化認同時，"國家的文化"又是甚麼樣的一套論述？它具有完整性和連續性嗎？在思考以內地經歷作為一種文化濡化方式時，實際上其牽涉更廣的底層邏輯問題。

或者說，在"人心回歸"的議程上，除了"如何落實"的方法論，也需要在宏觀意義、頂層設計的層面上進行全局統籌。

面對香港青年乃至全體香港市民建構一套文化或民族論

述，是討論增強港人國民身份認同的前置任務。其一，這一套論述應有一致性和連續性：一方面將內地與香港相連，另一方面則是將傳統、歷史與現代社會相掛鈎。其二，它有一定的折中性和相融性：考慮到香港在經歷其獨有的歷史進程後，發展出了一套自身獨特的文化和生活方式，因此，這套論述不應是強加的，而應結合香港本地情況，易於被香港民眾所接受。其三，這一套文化或民族論述有其有限性，但同時也應有完整性：文化上的聯繫並不必然涵蓋生活的方方面面，但與第一點相似，它應是完整自洽的，從而可被推敲和傳播的。由此，通過傳播和濡化這一套文化論述，並將具體符號嵌入在港人的社會生活和心理機制中，以文化話語將中國（內地）和香港連接起來，建構文化層面的"想象的共同體"。

內地經歷作為一種文化濡化的方式，在建構國民身份認同上確有其作用。但對大多數人而言，日常生活中的邂逅（Encounter）才是建構認知和情感的基本途徑。香港作為在中國地理位置上較為邊緣的一個特別行政區，向心力的形成有一定的難處。通過簡化（Simplifying）和意識形態化（Ideologizing），將多重、多樣的社會信息轉化為連貫的認知和情感結構，[72] 既需要在日常生活中反覆出現的具體場景和象徵符號，也需要一套能夠使人聯繫到遙遠共同體的想象論述。

不過，在以文化作為載體，建立香港青年"文化—心理"公民身份以及加強歸屬性的國民身份認同時，內地經歷作為一種文化濡化方式並不必然是唯一的途徑。在"他者"中尋找"我者"，可以是建構、強化香港青年國民身份認同的另一種方法。在本研究的一個案例（T）中，個體通過在國際環境（國際學校）中代表和展現中國文化，在國外看到海外的中國文化、接觸有著強烈中國認同的海外華人，引發其深入挖掘中國人身份的內涵、強化對中國文化的認同，甚至形成傳播中國文化的使命感。在另一個案例（C）中，學習中國歷史也呈現出相似的邏輯：在學習近代史的過程中，個體代入中國人的身份，感受抵抗"他者"的歷程，對其國民身份的建構有所作用。龐琴等也曾基於問卷數據分析，提出利用"他者"提升國家認同感的可行性。[73] 這為未來香港青年"文化—心理"公民身份的建構提供了另一種思路。

由此，在中觀層面上，香港青年國民身份認同的建構可結合國家當前發展戰略順勢而為 —— 在粵港澳大灣區發展規劃以及"一帶一路"合作倡議中，香港青年亦可發揮過往香港所承擔的"超級聯繫人"角色，在參與國家戰略的過程中，習得中國論述，從而強化國民身份。在具體的政策舉措方面，一方面，在注重粵港澳大灣區的建設以及城市群的經濟聯動的基礎上，同時也應注重粵港澳大灣區中的文化建設，關注交流濡化的質量（相對於只關注數量），培養個體歸屬性的連結。與此同時，在推動香港青年融入國家發展大局的思路之外，也應拓寬視野，運用、發揮香港國際都市的獨特性，鼓勵香港青年在國際舞台上擔當"中國代言人"的角色，在"一帶一路"倡議、"走出去"等國際戰略中，超越單向學習的濡化模式，承擔"講述者"（Story-Teller）的角色，使他們在傳播中學習、詮釋、理解中國文化，並探索、證明、鞏固國民身份。

需要注意的是，承接社會認同理論，從社會心理學的角度出發，Tajfel 認為國家歸屬感（National Affiliation）的特點是情緒強度的寬泛性。在一種極端的情況，一個國家的成員完全不會在日常生活中明顯地表達他們的國家歸屬感（通常只是潛意識）；在另一種情況下，當成員資格成為區分個體和與其交往的他人的一種標準時，例如在國外旅行、國際會議，或在國內與外國人會面時，國家成員資格對個體的顯著性（Salience）會增加，但並不一定伴隨著強烈的歸屬情緒。[74] 當許多學者都基於社會認同理論對國民身份認同進行分析和給出建議時，我們也需要注意國民身份認同的多重含義，例如在這種情況中，國民身份上的辨識（Identification）和情感上的歸屬（Affiliation）並不必然並存。

此章研究希望藉此提出，國民身份認同是多維、立體的概念，而國民身份認同的建構於個人而言更是動態、複雜的長期過程。在意圖提高香港青年的國民身份認同時，應避免以簡單線性的思維，作出單一概略的判斷。在制定相關政策以及推行具體舉措的時候，更應以全局、長線的目光進行佈局和評估。譬如，在評估香港青年的國民身份認同時，不能僅以在"中國人"、"中國香港人"、"香港中國人"、"香港人"中選擇後兩者的比例更多，輔以個別"港獨"和本土主義事件的發生，斷言香港青年離心離德而急需教化。Brewer 在分析 1985 年至 1995年間港人的雙重身份認同時，提出過"香港人"身份認同隱含著由地區和族群所定義的"香港人—中國人"複合身份。[75] 個體對"香港人"更強的認同感，並不必然指向強烈的"港獨"傾向。

事實上，基於本章研究中與個體的深度對話，從個體的視角出發，在內地與香港的客觀環境差異下，加上回歸二十多年來國民身份社會化在香港的空白，香港青年對地方有更強的認同感是合乎常理的，我們不應將本土認同和國民身份認同對立起來。未來，一方面，在簡單的判定之上，如何更多面向、更多層次地理解，並以更準確的工具測量港人的國民身份認同，另一方面，基於尊重個體原先建構的原則，如何以適度引導濡化而非單向強推的方式，在地域認同之上建構與之相容的、甚至包容地域身份的國民身份認同，都是值得學界與政界努力的方向。

| 註釋 |

*　本章作者為北京港澳學人研究中心秘書長、深圳大學港澳基本法研究中心粵港澳大灣區青年發展法律研究所客座研究員鄭媛文。

1.　〔美〕塞謬爾・亨廷頓：《誰是美國人？美國國民特性面臨的挑戰》，北京：新華出版社 2010 年版，第 17 頁。

2.　張淑華、李海瑩、劉芳：〈身份認同研究綜述〉，《心理研究》2012 年第 5 卷第 1 期。

3.　〔美〕曼紐爾・卡斯特著，曹榮湘譯：《認同的力量》（第二版），北京：社會科學文獻出版社 2006 年版，第 5 頁。

4.　Tajfel Henri, "Social Identity and Intergroup Behaviour", (1974) *Information (International Social Science Council)* 13(2), pp. 65-93.

5.　江宜樺：《自由主義、民族主義與國家認同》，台北：揚智文化事業股份有限公司 1998 年版，第 9-15 頁。

6.　賀金瑞、燕繼榮：〈論從民族認同到國家認同〉，《中央民族大學學報（哲學社會科學版）》2008 年第 3 期。

7.　蕭濱：〈兩種公民身份與國家認同的雙元結構〉，《武漢大學學報（哲學社會科學版）》2010 年第 1 期。

8.　陳茂榮：〈國家認同問題研究綜述〉，《北方民族大學學報》2016 年第 2 期。

9.　沈慶利：〈香港歷史變遷與身份認同建構〉，《天津師範大學學報（社會科學版）》2016 年第 4 期。

10.　徐曉迪：〈"一國兩制" 框架下推進香港的人心回歸〉，《中央社會主義學院學報》2015 年第 1 期。

11.　Gordon Mathews, Eric Ma, Tai-lok Lui, "Hong Kong's Market-Based National Identity: Harbinger of a Global Future?", in Gordon Mathews, Eric Ma, Tai-lok Lui (eds.), *Hong Kong, China: Learning to Belong to a Nation* (New York: Routledge, 2007), p. 148.

12.　周永新：〈香港居民的身份認同和價值觀〉，《港澳研究》2015 年第 4 期。

13.　劉強：〈香港本土意識的歷史由來〉，《廣東省社會主義學院學報》2016 年第 2 期。

14.　馮慶想、徐海波：〈論香港群體意識形態 —— 本土性與國族性的角力與融合〉，《重慶科技學院學報（社會科學版）》2016 年第 6 期。

第三章　文化濡化與香港青年的身份認同

15. 馮慶想:〈香港本土主義的內在邏輯與歷史演變〉,《天府新論》2016 年第 5 期。

16. Eric K. W. Ma, Anthony Y. H. Fung, "Negotiating Local and National Identifications: Hong Kong Identity Surveys 1996–2006", (2007) *Asian Journal of Communication* 17(2), pp. 172-185.

17. Steinhardt H. Christoph, Linda Chelan Li, Yihong Jiang, "The Identity Shift in Hong Kong since 1997: Measurement and Explanation", (2018) *Journal of Contemporary China* 27(110), pp. 261-276.

18. Sebastian Veg, "The Rise of 'Localism' and Civic Identity in Post-Handover Hong Kong: Questioning the Chinese Nation-State", (2017) *The China Quarterly* 230, pp. 323-347.

19. 權麟春:〈從民族認同走向國家認同 —— 兼論香港國民教育〉,《中央社會主義學院學報》2016 年第 3 期。

20. 郭小說、徐海波:〈香港政治國家認同分析與實現機制研究〉,《嶺南學刊》2017 年第 3 期。

21. 陳薇:〈香港身份認同的媒體建構:社會建構論的視角〉,《港澳研究》2017 年第 1 期。

22. 輝明、徐海波:〈香港和新加坡國家認同的建構及其思考〉,《廣西師範大學學報(哲學社會科學版)》2017 年第 53 卷第 3 期。

23. 林逢春、宋傑錡、羅欣:〈香港青年國家認同研究綜述〉,《當代青年研究》2016 年第 6 期。

24. 林逢春、宋傑錡、羅欣:〈香港青年國家認同研究綜述〉,《當代青年研究》2016 年第 6 期。

25. 參見曾盛聰:〈香港青年的國民意識與愛國教育〉,《青年研究》1998 年第 1 期;陳麗君:〈香港同胞中國國民意識變化探析〉,《統一戰線學研究》2014 年第 17 卷第 2 期;涂敏霞、王建佶、蕭婉玲等:〈港澳青少年國家認同研究〉,《青年探索》2014 年第 2 期;劉爭先:〈兩類國家認同的分殊、整合與教育 —— 以香港人的國家認同問題為中心〉,《貴州師範大學學報(社會科學版)》2014 年第 5 期;王衡:〈國家認同、民主觀念與政治信任 —— 基於香港的實證研究〉,《經濟社會體制比較》2015 年第 3 期。

26. 鄭宏泰、尹寶珊:〈香港本土意識初探:身份認同的社經與政治視角〉,《港澳研究》2014 年第 3 期。

27. 陳章喜、林劫、楊曉群：〈香港青年國家認同研究〉，《青年探索》2017 年第 3 期。

28. Timothy Yuen, Michael Byram, "National Identity, Patriotism and Studying Politics in Schools: A Case Study in Hong Kong", (2007) *Compare: A Journal of Comparative and International Education* 37(1), pp. 23-36.

29. 徐曉迪：〈香港青年身份認同的路徑研究〉，《青年探索》2016 年第 5 期。

30. 伍思敏、梁曉榮、顏華：〈香港青年群體身份認同意識及與其交流機制的研究〉，《廣西青年幹部學院學報》2018 年第 2 期。

31. 趙永佳、梁凱澄、黃漢彤：〈內地經驗對香港青年中國觀感及身份認同的影響〉，《港澳研究》2017 年第 3 期。

32. C. Camilleri, H. Malewska-Peyre, "Socialization and Identity Strategies", in J. W. Berry, P. R. Dasen, T. S. Saraswathi (eds.), *Handbook of Cross-Cultural Psychology: Basic Processes and Human Development* (Massachusetts: Allyn & Bacon, 1997), pp. 41-67.

33. Gerald R. Adams, Sheila K. Marshall, "A Developmental Social Psychology of Identity: Understanding the Person-in-Context", (1996) *Journal of Adolescence* 19(5), pp. 429-442.

34. Harold M. Proshansky, Abbe K. Fabian, Robert Kaminoff, "Place-Identity: Physical World Socialization of the Self ", (1983) *Journal of Environmental Psychology* 3(1), pp. 57-83.

35. M. Mead, "Socialization and Enculturation", (1963) *Current Anthropology* 4(2), pp. 184-188.

36. Fitz John Porter Poole, "Socialization, Enculturation and the Development of Personal Identity", in T. Ingold (ed.), *Companion Encyclopedia of Anthropology* (New York: Routledge, 2002), pp. 831-860.

37. M. J. Herskovits, *Man and His Works: The Science of Cultural Anthropology* (New York: Knopf, 1948), p. 17.

38. 鍾年：〈文化濡化與代溝〉，《社會學研究》1993 年第 1 期；崔延虎：〈文化濡化與民族教育研究〉，《新疆師範大學學報（哲學社會科學版）》1995 年第 4 期。

39. 秦紅增：〈全球化時代民族文化傳播中的涵化、濡化與創新 —— 從廣西龍州布傣 "天琴文化" 談起〉，《思想戰線》2012 年第 38 卷第 2 期；汪春燕：〈文化濡化背景下的西北城市民族關係〉，《黑龍江民族叢刊》2012 年第 2 期。

40. M. E. Spiro, "Collective Representations and Mental Representations in Religious Symbol Systems", in J. Maquet (ed.), *On Symbols in Anthropology* (Malibu: Udena, 1982), pp. 161-184.

41. 薛玉琴：〈社會主義核心價值體系濡化機制建構研究〉，《重慶工商大學學報（社會科學版）》2013 年第 30 卷第 6 期。

42. R. Redfield, R. Linton, M. J. Herskovits, "Memorandum for the Study of Acculturation", (1936) *American Anthropologist* 38(1), pp. 149-152.

43. T. D. Graves, "Psychological Acculturation in a Tri-Ethnic Community", (1967) *Southwestern Journal of Anthropology* 23(4), pp. 337-350.

44. J. W. Berry, "Immigration, Acculturation, and Adaptation", (1997) *Applied Psychology* 46(1), pp. 5-34.

45. Peter Weinreich, "'Enculturation', Not 'Acculturation': Conceptualising and Assessing Identity Processes in Migrant Communities", (2009) *International Journal of Intercultural Relations* 33(2), pp. 124-139.

46. B. S. K. Kim, J. M. Abreu, "Acculturation Measurement: Theory, Current Instruments, and Future Directions", in J. G. Ponterotto, J. M. Casas, L. A. Suzuki, C. M. Alexander (eds.), *Handbook of Multicultural Counseling* (CA: Sage, 2001), pp. 394-424.

47. B. S. K. Kim, "Acculturation and Enculturation", in F. T. L. Leong, A. G. Inman, A. Ebreo, L. Yang, L. Kinoshita, M. Fu (eds.), *Handbook of Asian American Psychology* (CA: Sage, 2007), pp. 141-158.

48. Bryan S. K. Kim, J. Ahn Annie, N. Alexandra Lam, "Theories and Research on Acculturation and Enculturation Experiences among Asian American Families", in Nhi-Ha Trinh, Yanni Chun Rho, Francis G. Lu, Kathy Marie Sanders (eds.), *Handbook of Mental Health and Acculturation in Asian American Familie*s (New York: Humana Press, 2009), pp. 25-43.

49. 蕭濱：〈兩種公民身份與國家認同的雙元結構〉，《武漢大學學報（哲學社會科學版）》2010 年第 1 期。

50. B. S. K. Kim, J. M. Abreu, "Acculturation Measurement: Theory, Current Instruments, and Future Directions", in J. G. Ponterotto, J. M. Casas, L. A. Suzuki, C. M. Alexander (eds.), *Handbook of Multicultural Counseling* (CA: Sage, 2001), pp. 394–424.

51. Ruth H. Gim Chung, Bryan S. K. Kim, José M. Abreu, "Asian American Multidimensional Acculturation Scale: Development, Factor Analysis, Reliability, and Validity", (2004) *Cultural Diversity & Ethnic Minority Psychology* 10(1), pp. 66-80.

52. M. J. Herskovits, *Man and His Works: The Science of Cultural Anthropology* (New York: Knopf, 1948), p. 17.

53. Fitz John Porter Poole, "Socialization, Enculturation and the Development of Personal Identity", in T. Ingold (ed.), *Companion Encyclopedia of Anthropology* (New York: Routledge, 2002), pp. 831-860.

54. Shui-fong Lam et al., "Differential Emphases on Modernity and Confucian Values in Social Categorization: The Case of Hong Kong Adolescents in Political Transition", (1999) *International Journal of Intercultural Relations* 23(2), pp. 237-256.

55. Adriana J. Umaña-Taylor, Katharine H. Zeiders, Kimberly A. Updegraff, "Family Ethnic Socialization and Ethnic Identity: A family-Driven, Youth-Driven, or Reciprocal Process?", (2013) *Journal of Family Psychology* 27(1), pp. 137-146; Linda Juang, Moin Syed, "Family Cultural Socialization Practices and Ethnic Identity in College-Going Emerging Adults", (2010) *Journal of Adolescence* 33(3), pp. 347-354.

56. Mee Ling Lai, "Cultural Identity and Language Attitudes – into the Second Decade of Postcolonial Hong Kong", (2011) *Journal of Multilingual and Multicultural Development* 32(3), pp. 249-264.

57. 鄭宏泰、尹寶珊：〈香港與內地融合的進程與嬗變：以"自由行"政策為例〉，載趙永佳、蕭新煌、尹寶珊：《一衣帶水：台港社會議題縱橫》，香港：香港中文大學亞太研究所 2014 年版，第 76-237 頁。

58. 林文正、林宗弘：〈中國效應對台港民眾政體評價的影響：政體競爭觀點的初探〉，載張茂桂、尹寶珊、陳志柔、鄭宏泰編：《中國效應：台港民眾的觀感》，香港：香港中文大學香港亞太研究所 2018 年版，第 102 頁；轉引自王家英、尹寶珊：《從民意看香港的社會與政治》，香港：香港中文大學香港亞太研究所 2008 年版。

59. 蕭濱：〈兩種公民身份與國家認同的雙元結構〉，《武漢大學學報（哲學社會科學版）》2010 年第 1 期。

60. Tajfel Henri, "Social Identity and Intergroup Behaviour", (1974) *Information (International Social Science Council)* 13(2), pp. 65-93.

61. Gordon Mathews, Eric Ma, Tai-lok Lui, "Hong Kong's Market-Based National Identity: Harbinger of a Global Future?", in Gordon Mathews, Eric Ma, Tai-lok Lui (eds.), *Hong Kong, China: Learning to Belong to a Nation* (New York: Routledge, 2007), p. 148.

62. Tajfel Henri, "Social Identity and Intergroup Behaviour", (1974) *Information (International Social Science Council)* 13(2), pp. 65-93.

63. 馮慶想、徐海波:〈論香港群體意識形態 —— 本土性與國族性的角力與融合〉,《重慶科技學院學報(社會科學版)》2016 年第 6 期。

64. Tajfel Henri, "Social Identity and Intergroup Behaviour", (1974) *Information (International Social Science Council)* 13(2), pp. 65-93.

65. Marilynn B. Brewer, "The Social Self: On Being the Same and Different at the Same Time", (1991) *Personality and Social Psychology Bulletin* 17(5), pp. 475-482.

66. Steinhardt H. Christoph, Linda Chelan Li, Yihong Jiang, "The Identity Shift in Hong Kong since 1997: Measurement and Explanation", (2018) *Journal of Contemporary China* 27(110), pp. 261-276.

67. Henri Tajfel, "The Formation of National Attitudes: A Social-Psychological Perspective", in Muzafer Sherif, Carolyn Wood Sherif (eds.), *Interdisciplinary Relationships in the Social Sciences* (New York: Routledge, 2009), pp. 137-176.

68. M. E. Spiro, "Collective Representations and Mental Representations in Religious Symbol Systems", in J. Maquet (ed.), *On Symbols in Anthropology* (Malibu: Udena, 1982), pp. 161-184.

69. 趙永佳、梁凱澄、黃漢彤:〈內地經驗對香港青年中國觀感及身份認同的影響〉,《港澳研究》2017 年第 3 期。

70. 〔美〕薩繆爾‧亨廷頓著,程克雄譯:《我們是誰:美國國家特性面臨的挑戰》,北京:新華出版社 2005 年版,第 25 頁。

71. C. Goodwin, A. Duranti, "Rethinking Context: An Introduction", in A. Duranti and C. Goodwin (eds.), *Rethinking Context* (Cambridge: Cambridge University Press, 1992), pp. 1-42.

72. Henri Tajfel, "The Formation of National Attitudes: A Social-Psychological Perspective", in Muzafer Sherif, Carolyn Wood Sherif (eds.), *Interdisciplinary Relationships in the Social Sciences* (New York: Routledge, 2009), pp. 137-176.

73. 龐琴、蔣帆：〈"他者"在香港青年大學生國家認同感中的作用〉，《中山大學學報（社會科學版）》2015 年第 6 期。

74. Henri Tajfel, "The Formation of National Attitudes: A Social-Psychological Perspective", in Muzafer Sherif, Carolyn Wood Sherif (eds.), *Interdisciplinary Relationships in the Social Sciences* (New York: Routledge, 2009), pp. 137-176.

75. Marilynn B. Brewer, "Multiple Identities and Identity Transition: Implications for Hong Kong", (1999) *International Journal of Intercultural Relations* 23(2), pp. 187-197.

"政治—法律" 公民身份建構與香港青年的國家認同 *

香港回歸所取得的顯著成就是國家成功實現了對香港恢復行使主權，並在此後推進“一國兩制”實踐的過程中基本保持了香港社會的繁榮穩定。但“一國兩制”在香港二十餘年的實踐中也遭遇到不少挑戰，其中最為突出的就是香港社會的人心回歸工作迄今仍未很好地完成。關於香港社會存在的“人心疏離”問題，有論者甚至將之稱為“一國兩制”實踐的“灰暗注腳，對中央管治香港的認受性和威信構成嚴重挑戰”[1]。這其中，尤其以香港青年一代所存在的對國家認同不足的問題最為突出。相關的社會調查資料顯示，自回歸以來包括香港青年在內的香港人對“中國人”身份認同感的比例始終維持在較低水平，對國家發展的關心程度也普遍不高。（參見圖 4.1）與此同時，在“兩地關係”問題上，愈是年輕的世代愈是認為香港人有能力治理好香港，愈是希望香港與內地保持一定的距離。[2]而近年來由香港本地新生代青年所主導的諸如 2012 年“反國教運動”、2014 年“佔領中環運動”、2016 年“旺角騷亂事件”、2019 年“修例風波”等社運行動也都明顯地體現出了本土分離主義甚至“港獨”的理念元素。可以說，青年對國家的認同不足，在香港已然成為了不能迴避的問題。香港當前最重要的青年工作，應在於幫助香港青年認識自己的身份，使其明確自己在社會和國家中應擔當的角色，並將個人的發展與社會及國家的整體發展結合起來。

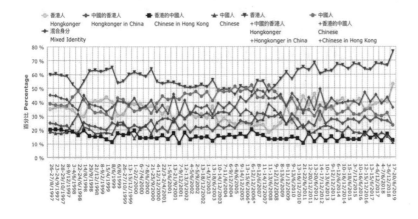

圖 4.1　香港居民的身份認同狀況

　　為此，國家在過去亦相繼出台了一系列促進香港青年融
入祖國內地發展的政策措施。中國共產黨十九大報告更是明
確地指出，"要支持香港、澳門融入國家發展大局，以粵港澳
大灣區建設、粵港澳合作、泛珠三角區域合作等為重點，全
面推進內地同香港、澳門互利合作，制定完善便利香港、澳
門居民在內地發展的政策措施"。其中，粵港澳大灣區建設可
以說是國家在新時代推進 "一國兩制" 發展的新實踐，它標
誌著 "一國兩制" 進入了新的發展階段 —— 內地與港澳將從
相對 "區隔" 走向積極融入的發展進程。但香港社會當前的
現實情況是，青年人對國家發展的關心程度並不高，真正願
意選擇融入國家、到粵港澳大灣區發展的青年人並不多，有
部分香港青年甚至對國家懷有抗拒和敵對的立場。造成這種
現象的原因是複雜的，要對之折射出來的問題進行有效解決

也並不容易。基於以上的問題意識，本章將聚焦香港居民的
公民身份建構與國家認同問題，分析如何通過相關制度的完
善在粵港澳大灣區建設過程中推進香港青年對國家的認同與
融入。

香港本土主義與國家認同

身份與認同：
國家認同的雙元互補結構

―――― ● ――――

　　"國家認同"是一個複合概念，在討論香港青年對國家的認同與融入問題之前，有必要先對"國家"的多重含義和"公民"的多副面孔進行區分。從語義上說，"國家"至少包括地理概念上的國家（Country）、民族概念上的國家（Nation）以及政治概念上的國家（State），因此"國家"在語義上所具有的複雜性也相應使得"國家認同"存在著多元結構。[3] 此外，對國家認同問題展開分析，基本語境應是公民對"民族－國家"（Nation-State）的認同。這裏的"民族－國家"，即集領土、主權、人口為一體的國家共同體（Nation）以及集組織、權力、制度於一體的國家政權系統（State）的結合體。[4] 參照德國學者哈貝馬斯（Habermas）的觀點，民族國家的建構過程使得一國領土範圍內的居民有了一種通過政治和法律而表現出來的新型歸屬感，這種屬於"同一"民族的意識把臣民變成了同一共同體中的公民 —— 彼此作為共同體的一員，相互負責。而這一過程，也導致公民資格具有雙重特徵，一種是由公民權利確立的身份，另一種是文化民族的歸屬感。[5] 此二者所分別對應的是民族國家中

"民族"的兩種存在狀態：公民靠自身力量建立自由而平等的政治共同體（基於平等主義的法律共同體），以及由天生同源同宗的人們置身於共同語言和歷史而模鑄的共同體（基於特殊主義的歷史命運共同體）。[6]

為此，"公民"作為個人之國家屬性的反映，它除了是一種定義自己國別的法定身份，還指向一些與民主政體相符的公民素質、稟性、責任、義務和權利，實際上也就是一種綜合的、普遍的、集體的"公民性"。[7]在政治學家馬歇爾（T. H. Marshall）看來，這種"公民性"的凝聚力基礎是"直接的群體成員感，它來自於對共同擁有的文明的忠誠"。因此，與民主群體密切相連的公民性實際上"是一種屬於群體充分成員的身份。一切擁有公民身份者就權利和責任來說都是平等的，擁有公民身份就必須有權利和責任"。[8]

而面對公民身份與國家認同之間的複雜關係和日益增加的張力，許多學者也開始對之加以反思和思考，近年來分別出現了"維繫論"、"切割論"和"匹配論"三種較有代表性的觀點。[9]其中，"匹配論"認為公民身份與國家認同是一種彼此匹配的邏輯關係，在它提出的公民國家認同的雙元互補結構中將公民的國家認同分成為兩組對應的邏輯關係：一是，"政治—法律"公民身份與贊同性國家認同，即對國家政治制度、政權合法性的確認、贊同和支持；二是，"文化—心理"公民身份與歸屬性國家認同，即對自我所屬的國家、民族的心理歸屬感。[10]因此，如吳玉軍教授所指出的，現代民族國家的存續和發展實際上非常依賴於民眾對國家基本制度的認同、對發展道路的認可，同時也需要人們形成一種共屬一體的文化心理想象，以及建構起超越於各個民族的共同的民族觀念。而對國家在"政治—法律"層面的贊同性認同，則主要表現為人們對國家基本制度的認可、對社會發展道路的擁護以及對國家方針政策的支持，這不僅是維護政治穩定的重要條件，也是實現和推動政治發展的重要資源和內容，還是政治統治獲得合法性的基礎。[11]

結合前述理論，我們認為目前包括香港青年在內的香港居民的國家認同在與"政治—法律"公民身份對應的贊同性國家認同以及與"文化—心理"公民身份對應的歸屬性國家認同兩個方面均存在不同程度的不足。其中，抵觸代表國家政權系統的"政治中國"以及對自身作為中國公民所具有的"政治—法律"公民身份缺乏足夠認同，可以說是香港青年國家認同問題的關鍵所在，也是本章將選取的討論重點。

對於此問題，我們不能忽視的一個事實是，儘管香港主流社會仍不太可能接受自決、"港獨"等極端主張，但包括青年人在內的普通市民對政治中國則較多是抱持敬而遠之的態度，即希望兩地間長期保持適當距離並相對區隔。港人這種與"政治中國"進行自我區隔的情緒，大致形成自上世紀中葉。其時社會主義新中國政權建立並踐行與舊中國、香港迥異的政治和經濟制度，實際使得兩地出現"兩制"的制度區隔情況；而此後建立的邊防管制更隔絕了兩地的空間，再加上內地連串政治運動導致的逃港潮、香港1960年代開始拋離內地經濟騰飛等系列因素的共同作用，香港人對"政治中國"形成了刻板固化的負面觀感。透過香港學者劉兆佳等人在1985年所做的調查研究可以發現，在香港社會傳統中，香港人在民族及文化層面上是認同中國的，對待"香港人"和"中國人"兩種身份的態度差別也非常有限；但與此相對，他們對社會主義中國的認同度則是薄弱的，只有 42.5% 的受訪者對社會主義中國過去所取得的成就感到驕傲，此外，只有 52.7% 的人表示對內地同胞有親切感。[12] 可以說，在香港社會傳統當中存在的這種對 "政治中國" 的負面觀念深刻地影響了香港民運的發展。隨著回歸臨近，"民主" 往往被奉為抵禦北京干預的屏障，甚至不少人更將 "民主化" 放到與 "擺脫中央管治" 等同的位置，由此香港亦形成了極為特殊的政治分野標準。成長在此背景下的青年新生代，其政治主張和社運行動承繼上述理念並將之進一步往前推進，自屬情理之中。

而在回歸後，由於 "一國兩制" 下香港與中國內地客觀存在著明顯的制度區隔，港澳居民與國家間的身份連結本身更多地僅具形式意義，作為國家成員的港澳同胞對國家政權體系的 "贊同性認同" 主體資格也難以完全建構和完善。這又進一步加深了香港青年在主觀上的國民身份意識弱化的問題。

"一國兩制"下香港居民的
公法身份與認同困境

————— • —————

　　眾所周知，香港自 1997 年回歸祖國以來所踐行的"一國兩制"是一項十分特殊的政治制度。它以"一個國家、兩種制度"的模式實現了關涉國家和平統一的政治目的後，成功地將國家對特別行政區的治理和兩者間的互動轉化為一種能夠有效運作和維繫的憲制法律關係，其自身也成為了我國"國家治理體系和治理能力現代化"的重要組成部分。但是，如果將那些被過度植入的道德元素、價值理念一一抽離，返回其最本真的狀態，我們會發現"一國兩制"的最直接目的其實就是要在維護國家主權、實現國家和平統一前提下，最大程度地將國家主體與港澳間原各自實行的制度加以區隔。[13]而此種區隔的存在，也實際使得香港居民在我國現行憲制秩序下的公法形象變得複雜多樣，香港居民的憲制主體地位也隨之處於一種不明確狀態。比如，國務院港澳事務辦公室就曾於 1991 年針對部分省、市、自治區僑務部門所反映的由於對港澳同胞及其親屬身份的界定不夠明確導致在實際工作中各地掌握不一的情況，專門下達過內部文件《關於港澳同胞等幾種人身份的解釋（試行）》對"港澳同胞"的規範含義作了專門界定。該解釋將香港同胞定義為香港居民中的中國公民,即在香港享有居留權的永久性居民中的中國公民和雖未取得居留權但係經內地主管部門批准、正式移居香港的中國公民。但嚴格講,香港同胞並非明晰、準確的法律概念,很難被日常的法律實務所適用,也不能作為一個嚴肅的法律概念被用於法學理論探討。目前,香港居民在中國現行憲制秩序下的公法身份至少可以分為三種類型。

第一種,公民:憲法賦予香港居民的國民身份。據林來梵教授在《公法中的人》一文中的考察,"公民"一詞在不同歷史類型的國家有著不同含義,其普遍適用於社會全體成員係始於資產階級革命和資產階級國家的建立。在公法學領域,通常會將"公民"定義為一個可辨析的但又不可再分的主體,它相當於西方法中的個人,享有憲法上的一些基本權利並且承擔相應的基本義務。中國憲法第33條對公民作了明確界定,即凡具有中華人民共和國國籍的人都是中華人民共和國公民。由此可知,國籍是成為國家成員的資格,係人與國家持續性的結合之表示。[14] 擁有一國的國籍,即成為隸屬於該國的成員。回歸後,根據香港基本法第18條及附件三的規定,中國國籍法正式適用於香港,香港居民在法律層面正式成為中國公民。凡具有中國血統,且本人出生在中國領土或擁有其他符合國籍法所載條件的香港居民,都是中國公民。理論上,香港居民的基本權利是受憲法和香港基本法雙重保障的,這其實是"一國兩制"為香港居民構築的一個較之於內地居民更為嚴謹的基本權利保障體系。

第二種,居民:香港特別行政區的成員。"居民"是基本法賦予港人的特別行政區成員身份，按是否擁有香港居留權，香港居民可被劃分為永久性居民和非永久性居民。根據香港基本法第 24 條的規定，永久性居民是指：（1）在香港特區成立以前或以後在香港出生的中國公民；（2）在香港特區成立以前或以後在香港通常居住連續七年以上的中國公民；（3）第（1）、（2）兩項所列居民在香港以外所生的中國籍子女；（4）在香港特區成立以前或以後持有效旅行證件進入香港、在香港通常居住連續七年以上並以香港為永久居住地的非中國籍的人；（5）在香港特區成立以前或以後第（4）項所列居民在香港所生的未滿二十一周歲的子女；（6）第（1）至（5）項所列居民以外在香港特區成立以前只在香港有居留權的人。永久性居民在香港特區享有居留權和有資格依照香港特別行政區法律取得載明其居留權的永久性居民身份證。非永久性居民則是指，有資格依照香港特區法律取得香港居民身份證，但沒有居留權的人。

而需要注意的是，"居民"作為一個公法概念，在認定標準上與一般"國民"或"公民"的認定標準存在很大的不同。在香港，其展現的最主要特點是，儘管香港特區是單一制下直轄於中央政府的一個特殊行政單元，但作為特別行政區成員的香港居民卻並不都是中國公民。如按國籍來進行劃分，香港居民中既有中國公民，又有來自如英國、菲律賓等不同國家的非中國籍人，甚至還有由於歷史原因而形成的無國籍人。因此，在香港特區現行憲制框架下，基本權利和義務的主體主要分為以下幾種：中國籍永久性居民、非中國籍永久性居民、無國籍永久性居民、中國籍居民、非中國籍居民、無國籍居民等。回顧歷史，當時之所以會採行這樣一種制度安排，主要是因為在中英談判過程中，基於最終解決香港問題的現實需要，同時也考慮到香港作為國際大都市，居民中外籍人士較多的客觀現實，中央採取了通過淡化國籍身份來照顧香港居民中外籍人士的既得利益和其他利益的方法，以增強香港居民中的外籍人士對香港和個人前途的信心，使他們留下來繼續為香港發展作出貢獻。[15]

第三種，境外人員：內地國家機關的行政管理對象。目前，香港特區與內地之間實行較為嚴格的出入境管制，各自有不同的出入境管理制度。香港居民往來內地與香港主要受公安部《中國公民因私事往來香港地區或澳門地區的暫行管理辦法》的規管。根據規定，香港居民需憑公安機關簽發的回鄉證或入出境通行證，從中國對外開放的口岸通行。而且，如香港居民在內地短期停留，需要按照戶口管理規定辦理暫住登記。香港居民要求回內地定居的，應事先向擬定居地的市、縣公安局提出申請，獲准後，持注有回鄉定居簽注的港澳同胞回鄉證，到定居地辦理常住戶口手續。

近年來，隨著香港與內地間的交流程度愈來愈高，人口流動亦日趨頻繁。根據公安部和國家出入境管理局的統計資料，在 2015 年香港居民出入境邊防檢查綜合統計數字已達到 158,868,970 人次，而在 2019 年的第一季度，香港居民進出內地的邊防檢查綜合統計數字就已超過 3,997 萬人次，分別比上一年同期上升 4.98% 和 6.03%。此外，國務院第七次全國人口普查領導小組辦公室 2021 年公佈的資料顯示，目前居住在內地並接受普查登記的香港居民有 371,380 人，與 2010 年第六次人口普查的 234,829 人相比，增長了 136,551 人，增長率 58.15%，年均增長 4.69%。這些內地港人在國家行政管理中統一被歸類為境外人員，適用一套區別於內地居民的特殊管理制度。而境外人員又是一種比較特殊的法律身份，到目前為止，對於何謂境外人員，相關法律法規尚未作出過清晰定義。據考察，在《國家安全法》中曾提及"境外"的概念；另，國務院 1994 年通過的《國家安全法實施細則》曾將"境外個人"定義為"居住在中國境內不具有中國國籍的人"。目前，內地政府通常將香港居民與外國人、華僑、台澳居民納入境外人員範圍，在國家行政管理等領域實行等同管理。[16]

在制度實踐中，香港居民在中國現行憲制秩序下複雜多樣的公法形象又導致了其憲制主體地位處於一種不明確的狀態，並引申出一系列問題。

首先，在理論上，香港居民的基本權利是受中國憲法和香港基本法雙重保障的 —— 如前所述，這其實是"一國兩制"為香港居民所構築的一個較之於內地居民更為嚴謹的基本權利保障體系。但實際上，香港居民在國家憲法秩序中的基本權利主體地位具有模糊性。這種基本權利主體地位的模糊性，主要是指我們很難將香港中國公民恰當地歸類為中國憲法基本權利的一般主體抑或特殊主體。

申言之，一方面，隨著香港基本法和國籍法在香港實施，香港居民通過獲得中華人民共和國國籍而成為法律意義上的中國公民，因此其在規範層面應被推定為中國憲法上基本權利的一般主體，與內地中國公民一樣完整地享有公民基本權利，並履行公民基本義務。而另一方面，制度實踐經驗又告訴我們，儘管"一國兩制"為香港居民在基本法和憲法之下分別建構起了兩套相互聯繫且相互重疊的基本權利保障體系，但由於現實中種種制度區隔的存在，香港居民的基本權利保障更多地只限定在基本法所建構的基本權利保障體系之下，尤其是對於那些離開香港，越出基本法主要實施範圍的香港居民而言，其基本權利實際上難以在憲法所建構的基本權利保障體系之下獲得完整的保障。為此，我們可以引申出這樣一個結論：與其說香港居民是中國憲法基本權利的一般主體，倒不如說，其更接近於憲法基本權利特殊主體的地位。

當然，這裏並非要將香港居民與外國人等同，而是指由於香港居民之公民身份所具有的特殊性，其不能實際享有作為憲法基本權利一般主體的內地中國公民所應享有的所有基本權利。例如，在現行制度下，香港居民在內地的行政管理層面被視作“境外人士”參照外國人加以管理，不僅在相關公民基本權利的行使方面缺乏必要的銜接機制，而且在就業、就學等領域的基本權利保障方面也受到不同程度的限制。可以說，香港居民目前在公民基本權利保障上所面臨的“次國民待遇”處境，並不利於香港青年準確認知自身的公民身份。

其次，如上文已引述相關論著所指出的，在中英談判過程中，考慮到香港有較多外籍人士的客觀現實和最終解決香港問題的實際需要，中央採取了通過淡化國籍身份以照顧香港居民中的外籍人士的既得利益和其他利益的策略，藉此增強香港居民中的外籍人士對香港和個人前途的信心，使他們留下來繼續為香港發展作出貢獻。因此，香港基本法基於香港的普通法自由主義傳統和西方的權利文化，體現了“最小變動”原則下的居民本位、權利本位和地方本位，條文規範中的核心概念被設定為居民，而不是公民。[17]

然而，"居民"作為一個公法概念，在認定標準上與"國民"或"公民"可謂大相徑庭。誠如陳端洪教授所指出的，"居民"作為一個地方性概念和行政管理的概念，其本身並不具有政治內涵。香港基本法把居民作為基本權利的主體，把永久居民作為政治權利主體對待，不僅將香港政治的門檻降得很低，而且也顛覆了憲法學的正統教義——因為在憲法學上，公民才是基本權利的主體，公民資格是和國家相對的政治道德資格。[18] 這樣的一種憲制設置，實際使得香港人的公民身份被淡化了。對於絕大多數香港人而言，他們絕少機會以中國公民的身份參與國家的政治生活，更無需承擔很多作為中國公民應盡的義務和責任。很明顯，這與"政治—法律"公民身份的建構需要並不相符，也不利於增強香港青年的國民身份認同。因為"政治—法律"公民身份的建構除了強調公民基本權利保障以外，也特別重視公民基本義務和責任的履行，二者缺一不可。香港居民基於國籍而與國家發生法律聯繫，決定了其在享受公民基本權利的同時，亦須履行公民基本義務和責任。這種基本義務和責任，既反映作為中國公民的香港居民在國家生活中的法律地位，同時也體現著其與國家之間的關係。

　　此外，香港居民在中國現行憲制秩序下的憲制主體地位長期處於一種不明確的狀態，也在一定程度上造成了政權系統意義上的國家迄今仍未在香港社會塑造起完全的正面形象，並進一步弱化了香港青年的國家認同。眾所周知，國家形象的建構來自於國家與公民雙向的互動，公民對於國家政治合法性的確認和自我身份的認知是建構國家認同的重要前提，而國家的制度是否充分地維護了公民基本權利、滿足了個體發展的需要，是公民對國家政治認同的關鍵。換言之，一個國家能給予它的公民多少權利和發展機會，一定程度上決定了公民對它的認可。就此而論，國家在香港社會的形象塑造迄今仍存在如下不足。

其一，國家未能在特區很好地普及公民身份的來源和屬性的有關知識，與政治合法性確認密切相關的基本法教育和歷史文化教育也推進緩慢。在此背景下成長起來的香港青年一代對自身的身份定位模糊不清，對"一國兩制"的制度內涵和國家主體制度知之甚少，更遑論理解和認同。在教育缺失的現實中，國家對於他們而言成為了遙遠而空洞的存在。其二，隨著香港經濟發展趨緩、社會階層固化，青年相較於他們的父輩發展機會減少，相較於其他階層貧富差距懸殊。舉例而言，根據特區政府發佈的統計資料，目前香港青年工作人口由於受限於從事的職業及行業、教育程度、工作經驗及工作時數等因素，每月主要職業收入中位數為 10,750 港元，是全港工作人口每月主要職業收入中位數 15,500 港元的 69.4%，較全港工作人口為低。[19] 因此，香港青年不僅沒有感知到自身能夠從現行制度中受惠，還產生了空前的"相對剝奪感"[20]。第三，香港社會對社會問題的討論又往往呈現出一種"泛政治化"的傾向，具體的社會問題很容易被放大為宏觀的政治矛盾，矛頭直指特區政治體制和中央政府。[21] 於是，香港青年所面臨的發展前景不明、貧困現象持續、階層流動困難、養老壓力增大等困境在"泛政治化"的語境中便被歸結為中央主導下的民主普選進程不暢和特區政府施政無能的結果，這進一步激化了政治上的對立與分歧。香港青年群體對國家形成了抵觸和對立情緒，對國家政權系統的評價也愈趨負面，國家被進一步扭曲為了惡的"他者"。

"同等待遇" 與 "政治—法律"
公民身份建構

一般認為，公民是國家認同三個維度（認同主體、運行機理和認同客體）中的主體要素，對公民身份的確認則屬於國家認同的邏輯源點和前提。[22] 而公民身份又是 "個人在特定民族國家中，在特定平等水平上，具有一定普遍性的權利和義務的被動及主動的成員身份"。[23] 因此，在本質上，與公民身份相伴隨的是一整套公民基本權利和義務體系。根據美國學者湯瑪斯·雅諾斯基（Thomas Janoski）在 T. H. 馬歇爾（Marshall）、本迪克斯（Reinhard Bendix）等人的公民權利分類理論基礎上所提出的學說見解，公民權利可以劃分為法律權利、政治權利、社會權利以及參與權利四種類型。其中，法律權利主要是指個人的自由權，包括程序性的權利和實質性的權利；政治權利主要包括公民選舉權和參加政治活動的權利，還包括選舉政治代表、制定新法律、競選及擔任公職的權利；社會權利是公眾干預私人領域，以支持公民對維持經濟生計和社會存在的要求；參與權利是指國家為公民參與市場或公共組織等私人領域而創設的權利。[24] 基於這樣的思路，有關公民權利和義務的實際享有和履行情況，也就成為探討香港青年對其作為中國公民之身份認同問題的重要關注對象。

中共十九大以來，中國共產黨和國家將"堅持'一國兩制'和推進祖國統一"確定為新時代堅持和發展中國特色社會主義十四個基本方略的重要組成部分，中央高度關心和重視香港、澳門融入國家發展大局問題，並要求政府各部門按照"突出重點、先易後難、分步推進"的原則不斷制定完善便利港澳居民在內地發展的政策措施，支持港澳居民融入內地發展。自 2017 年以來，中央有關部門已陸續出台了保障港澳學生在內地就學的權利、取消港澳居民在內地就業許可的事項、保障港澳居民在內地工作的住房公積金待遇、便利港澳居民在內地旅行住宿等一系列支持港澳居民在內地發展的政策措施，涵蓋範圍包括就業創業、教育、住房、稅收、生活等多個領域。但直到目前為止，香港居民在公民權利保障和公民義務履行方面與內地居民仍存在一定的差別，過往存在的"次國民待遇"問題尚未得到完全解決。就此而言，香港居民作為中國公民的"政治—法律"公民身份仍可以說是處於某種程度上的"虛置"狀態，其應享有的公民權利和應負擔的公民義務並不完整，這導致了香港居民國民身份認同的削弱。

未來要進一步促進包括香港青年在內的香港居民對國家的認同和融入，需要做好如下以下幾方面的工作。

首先，國家需要對港澳居民作為中國公民的主體資格進行有效填充，為香港青年建構起實質化的"政治—法律"公民身份，促使其與國家之間形成更多"連結"。而基於公民權利和義務的"政治—法律"公民身份的建構，實際上也有利於在香港生成一種以憲法為中心的"憲政愛國主義"[25]，促使香港青年對平等保障其公民基本權利的憲法和憲制秩序產生認同和忠誠，進一步加強香港青年對"政治中國"的認同。[26]這一點，對於防範本土分離力量的發展也尤為重要。

其次，國家也需要積極完善港澳治理的政策措施，繼續堅持和發展"一國兩制"，依據基本法支持香港的政制發展，回應香港社會對民主發展的認同和預期，從根本上建構起國家的權威和認受性。

再次，香港是一個高度發達的媒介社會，媒體在國家形象的建構上起到了重要的作用，國家也需要運用好各種媒介尤其是新興媒體，傳播自身的正面形象。

最後，國家還需要積極維持對香港的經濟政策優惠，支持特區政府對於經濟民生的改革，特別是未來應在粵港澳大灣區建設中突出香港的優勢地位，提高香港對於祖國的經濟依存度，強化其向中華民族共同體的融入進程。而對於香港青年，國家應以粵港澳大灣區建設為載體，拓寬他們的發展空間，支援香港青年到大灣區城市升學、創業、就業、生活，提供給他們融入粵港澳大灣區發展的政策便利，為他們提供突破發展瓶頸的"內地方案"。這樣將有助於消解橫亙在香港青年面前的貧富差距、階層固化問題，強化香港青年對國家的依賴與信任，推動香港青年對國家的認同。

上述對策措施中，最為重要的一項應是落實包括香港青年在內的港澳居民的國民待遇，保障其在憲法層面的基本權利，對其作為中國公民的"政治—法律"公民身份進行實質化的建構。而事實上，這也是中央政府近年來一直在積極推動的港澳治理工作。

在 2018 年 8 月 19 日，國務院辦公廳印發了《港澳台居民居住證申領發放辦法》，港澳台居民可在內地申領與內地居民身份證樣式相像、功能類似、擁有 18 位 "公民身份號碼" 的居民居住證。根據《港澳台居民居住證申領發放辦法》的規定，申領居住證的港澳台居民在內地可享有三項權利、六項基本公共服務和九項便利的政策措施。可以說，卡片雖小，卻意義重大。從公法上看，這意味著國家開始轉變過往對港澳居民 "境外人士" 的身份界定，港澳居民開始向享有完全 "國民待遇" 的中國公民的公法身份轉變。當然，這只是實現這種身份轉變的其中一個重要環節，而非對港澳居民國民待遇問題的徹底解決。落實港澳居民的 "國民待遇" 是一項長期任務，仍需要未來的進一步推動和落實。根據《港澳台居民居住證申領發放辦法》第二十條的規定，各省、自治區、直轄市人民政府可以結合本行政區域綜合承載能力和經濟社會發展需要等因素，制定辦法的實施細則。筆者建議，基於粵港澳大灣區擁有 "先行先試" 的獨特優勢，未來內地大灣區城市應儘快出台《港澳台居民居住證申領發放辦法》的落地配套政策，按照權利增量原則儘可能擴大適用範圍，讓港澳居民在內地享有與當地居民同等的待遇和社會保障，促使港澳居民更好地扎根內地，融入國家發展大局。

此外，值得注意的是，公民身份除了是包含著主動的和被動的權利與義務的民族國家之成員的身份以外，同時也被強調為一種 "平等的表述"，其權利與義務在一定限度之內保持平衡。[27] 而港澳台居民居住證制度所彰顯的，其實就是港澳居民所具有的公民身份從形式走向實質的轉變，其背後所牽涉的除了公民權利以外，還包括與之相統一的公民義務和責任。質言之，港澳居民不能成為只享受權利和便利而不履行義務的"特權階層"，其在享受公民權利保障和同等待遇的同時，必須對政治法律共同體負擔起必要的基本義務。如此，港澳居民方能建立起對共同體的真正認同，而非單純地"為利而來"。

而遺憾的是，儘管國家近年來在港澳居民的權利增量和落實同等待遇方面推出了許多新舉措，但在港澳居民的公民義務履行方面卻一直沒有新的突破。比如，中國兵役法迄今未在港澳特區實施，作為中國公民的港澳居民仍沒有服兵役的具體規範依據。眾所周知，自法國大革命以來，服兵役就被認為是與公民權利相對應的一種為集體而冒生命危險的公民義務。當公民履行此種義務並準備為祖國而戰鬥和獻身時，民族意識和共和主義信念都同時得到了捍衛。[28] 過去，雖然許多港澳青年人也表達了希望參軍報效國家的意願，但由於種種因素，相應制度至今未有出台。[29] 我們建議，下一步國家可以首先從在內地高校就讀的港澳青年群體開始，試行自願服兵役的志願兵役制，未來再進一步推廣至港澳特區。如此，國家可以通過包括服兵役在內的公民義務將港澳青年人直接與國家聯繫起來，使他們得以直接參與國家重要事務，增強其以公民身份與國家相連接的現實感受。

結語：對香港青年融入
粵港澳大灣區建設的展望

公民身份，首先是個人國家屬性的反映。除了作為一種形式意義上的資格以外，它同時也是伴隨著相關基本權利、義務和責任的法律身份。然而，"一國兩制"使得香港與祖國內地被區隔於兩種制度之下，兩地居民亦分別被劃定在不同的制度下生活，由此導致了香港居民與中國主體制度間的疏離，香港居民未能實際享有憲制層面的基本權利，甚至也無需承擔很多公民應盡的義務。可以說，這種人為製造的法律區隔，已經使得港人心目中的"國家"與"公民身份"變成了一個懸在空中遙遠而抽象的法律概念，缺乏切實的生命體驗和感受。[30] 這不但影響到香港居民對自身政治身份的定義，而且阻礙了回歸後的香港特區與祖國內地建立起和諧、健康的關係，同樣影響了香港在後殖民時期與外部世界的（特別是西方世界）的平等交往。[31]

未來若要培養香港青年對國家的認同感，促進香港的人心回歸，首要工作就是要對香港居民的中國公民法律身份進行實質化的填充，使其真正豐滿起來。亦即，通過為香港居民建構起實質化的"政治—法律"公民身份，促使港人與國家之間形成更多的“連結”，實現真正意義上之“人的回歸”。

當前，隨著中國特色社會主義建設進入新時代，粵港澳大灣區建設已成為“一國兩制”下香港、澳門與祖國內地逐漸轉向深度合作發展的重要機遇。國家主席習近平在 2020 年 10 月 14 日出席深圳經濟特區建立 40 周年慶祝大會時發表重要講話指出，粵港澳大灣區建設是國家重大發展戰略，要抓住粵港澳大灣區建設重大歷史機遇，推動三地經濟運行的規則銜接、機制對接，繼續鼓勵引導港澳台同胞和海外僑胞充分發揮投資興業、雙向開放的重要作用，在經濟特區發展中作出新貢獻，同時也要充分運用粵港澳重大合作平台，吸引更多港澳青少年來內地學習、就業、生活，促進粵港澳青少年廣泛交往、全面交流、深度交融，增強對祖國的向心力。可以說，作為從中央到地方都備受關注和重視的國家戰略工程和系統工程，粵港澳大灣區建設不僅是中國新時代推動形成全面開放新格局的新舉措，也是推動“一國兩制”事業發展的新實踐。藉助粵港澳大灣區建設這一良好契機，未來完全可以在大灣區城市先行先試地落實以港澳台居民居住證制度為代表的便利港澳居民在內地發展的相關政策措施，並在此過程中對港澳居民作為中國公民的“政治—法律”公民身份進行實質性填充，促進香港青年對國家的認同與融入。

此外，也不能忽視的是，香港現如今所存在的青年問題在很大程度上其實是全世界發達資本主義社會都面臨著的青年人的發展問題。在當今的香港社會，青年人的個人發展普遍面臨著前景不明、貧困現象持續、階層流動困難、養老壓力增大等諸多困境。而在香港社會的“泛政治化”語境中，這些困境又往往被引導歸結為中央主導下的民主普選進程不暢和特區政府施政無能的結果，因此，香港青年對政府和社會長期存在著一股難以名狀的“怨氣”。對此，筆者認同林朝暉等青年學者所指出的，疏導香港青年對政府和社會這股怨氣的辦法應該是重點改革糾結香港多年的政經結構性問題。目前，香港業已發展形成了以金融炒賣為核心特徵的金融資本主義，而這種產業結構的僵化也在很大程度上窒礙了其他產業的發展，未來要讓香港脫離依賴傳統產業的怪圈，就必須開拓新式經濟產業，並迎合制度需要，培養出具有創新能力的新一代。[32] 粵港澳大灣區建設作為香港發揮自身優勢、融入國家改革發展大局的時代機遇，也為香港青年實現自身發展提供了絕佳機會。

我們應該看到，香港青年的發展離不開國家，粵港澳大灣區的建設也需要香港青年的積極參與。以粵港澳大灣區建設為契機，促使香港青年融入國家，切實感受到自身作為國家政治法律共同體與歷史命運共同體的一員，將是新時代下解決香港青年國家認同問題、助推香港與內地走向合作發展的良好方案。

* 本章的主要內容曾以〈粵港澳大灣區建設背景下香港青年的公民身份建構與國家認同問題研究〉為題發表於《青年發展論壇》2019 年第 1 期，作者為深圳大學港澳基本法研究中心特聘研究員黎沛文、深圳大學港澳基本法研究中心粵港澳大灣區青年發展法律研究所研究助理莊鴻山。

1. 黃海：《疏離的人心 —— 香港社會思潮評析》，香港：香港城市大學出版社 2018 年版，第 2 頁。

2. 相關調查資料可參見香港學友社《中學生看內地與香港關係 2017-2018》、香港廣東青年總會／明匯智庫《香港青年粵港澳大灣區發展指數 2017》、香港一國兩制青年論壇《港人內地就讀就業身份待遇問題研究》等研究報告。

3. 強世功：《中國香港 —— 政治與文化的視野》，北京：生活・讀書・新知三聯書店 2014 年版，第 177-203 頁；劉爭先：〈兩類國家認同的分殊、整合與教育 —— 以香港人的國家認同問題為中心〉，《貴州師範大學學報（社會科學版）》2014 年第 5 期。

4. 蕭濱：〈兩種公民身份與國家認同的雙元結構〉，《武漢大學學報（哲學社會科學版）》2010 年第 1 期。

5. 〔德〕尤爾根・哈貝馬斯著，曹衛東譯：《包容他者》，上海：上海人民出版社 2018 年版，第 163 頁。

6. 〔德〕尤爾根・哈貝馬斯著，曹衛東譯：《包容他者》，上海：上海人民出版社 2018 年版，第 165 頁。

7. 徐賁：《統治與教育 —— 從國民到公民》，香港：牛津大學出版社 2012 年版，第 2 頁。

8. 徐賁：《統治與教育 —— 從國民到公民》，香港：牛津大學出版社 2012 年版，第 3-4 頁。

9. 郭忠華：《公民身份的核心問題》，北京：中央編譯出版社 2016 年版，第 203 頁。

10. 蕭濱：〈兩種公民身份與國家認同的雙元結構〉，《武漢大學學報（哲學社會科學版）》2010 年第 1 期。

11. 吳玉軍：〈論國家認同的基本內涵〉，《中國特色社會主義研究》2015 年第 1 期。

12. 劉兆佳：《香港人的政治心態》，香港：商務印書館（香港）有限公司 2017

第四章 「政治—法律」公民身份建構與香港青年的國家認同

年版，第 95 頁。

13. 黎沛文：〈促進人心回歸建構國家公民身份〉，《明報》2017 年 12 月 28 日。

14. 參見〔日〕阿部照哉等編著，周宗憲譯，許志雄審訂：《憲法（下冊）—— 基本人權篇》，北京：中國政法大學出版社 2006 年版，第 42 頁。

15. 參見張勇、陳玉田：《香港居民的國籍問題》，香港：三聯書店（香港）有限公司 2002 年版，第 129 頁。

16. 參見吳舒景：〈活在夾縫中的香港人 —— 中國國民中的境外人員〉，《明報》2015 年 8 月 18 日。

17. 田飛龍：〈香港基本法的國家建構之維〉，《原道》2016 年第 27 輯；田飛龍：〈香港基本法與國家建構 —— 回歸二十年的實踐回顧與理論反思〉，《學海》2017 年第 4 期。

18. 陳端洪：〈理解香港政治〉，《中外法學》2016 年第 5 期。

19. 〈香港 2016 年中期人口統計主題性報告：青年〉，資料來源於：https://www.censtatd.gov.hk/hkstat/sub/sp459_tc.jsp?productCode=B1120104（最後訪問時間：2019 年 1 月 3 日）。

20. 謝碧霞、謝素軍：〈香港政治發展中異化現象的演變：路徑與啟示 —— 基於相對剝奪理論的分析〉，《廣東省社會主義學院學報》2018 年第 1 期。

21. 莊吟茜：〈香港政治發展過程中的異化現象分析〉，《新視野》2015 年第 2 期。

22. 陳馳、康宇傑：〈國家認同的憲法學解讀〉，《四川師範大學學報（社會科學版）》2014 年第 3 期。

23. 〔美〕湯瑪斯·雅諾斯基著，柯雄譯：《公民與文明社會 —— 自由主義政體、傳統政體和社會民主政體下的權利與義務框架》，瀋陽：遼寧教育出版社 2000 年版，第 11 頁。

24. 〔美〕湯瑪斯·雅諾斯基著，柯雄譯：《公民與文明社會 —— 自由主義政體、傳統政體和社會民主政體下的權利與義務框架》，瀋陽：遼寧教育出版社 2000 年版，第 38-42 頁。

25. 〔德〕揚—維爾納·米勒著，鄧曉菁譯：《憲政愛國主義》，北京：商務印書館 2012 年版，第 1-9 頁。

26. 黎沛文：〈促進人心回歸　建構國家公民身份〉，《明報》2017 年 12 月 28 日。

27. 〔美〕湯瑪斯·雅諾斯基著，柯雄譯：《公民與文明社會 —— 自由主義政體、傳統政體和社會民主政體下的權利與義務框架》，瀋陽：遼寧教育出版社 2000 年版，第 11-13 頁。

28. 〔德〕尤爾根·哈貝馬斯著，曹衛東譯：《包容他者》，上海：上海人民出版社 2018 年版，第 164-165 頁。

29. 鄒平學、馮澤華：〈新時代港澳青年服兵役的統戰價值研究〉，《統一戰線學研究》2018 年第 2 期。

30. 參見強世功：《中國香港：政治與文化的視野》，北京：生活·讀書·新知三聯書店 2010 年版，第 198 頁。

31. 閻小駿：《香港治與亂：2047 的政治想象》，北京：人民出版社 2016 年版，第 70 頁。

32. 林朝暉、吳舒景：〈"青年問題"——請給社會一個公平正義的未來〉，《明報》2015 年 1 月 19 日。

第五章

香港居民融入國家發展的政策措施分析

——以"雙區"建設背景下深圳市港澳籍學生"積分入學"政策為例 *

中共十九大報告指出，要支持香港、澳門融入國家發展大局，以粵港澳大灣區建設為重點，讓香港、澳門同胞同祖國人民一道共擔民族復興的歷史責任，共享祖國繁榮富強的偉大榮光。自此，香港如何實現融入國家發展大局（以下簡稱國家融入）已然成為"一國兩制"在新時代下的生動實踐和歷史命題。而這一命題則植根於對現今香港社會發展困局的關切。一方面，激進本土主義正在解構香港居民的國家認同，侵蝕香港社會賴以存續的憲制秩序；另一方面，香港經濟社會發展缺乏內生動力，香港居民由此面臨經濟滯緩、階層固化等問題，而這又繼而助推本土主義的泛政治傾向，從而加劇社會共識的撕裂與國家認同的缺失。質言之，香港社會擺脫困局的關鍵在於國家統合與區域經濟發展，而國家融入即為二者的合題。

在現行的制度供給下，香港居民融入國家首先便意味著融入灣區。粵港澳大灣區作為在特定區域尺度上展開集體行動的治理框架，[1] 無疑成為香港實現國家融入的制度化場域。與此同時，香港社會良性發展的目標和灣區的戰略定位也存在著某種對應關係，亦即大灣區既是"區域的空間"，指向"功能上的一體化"（區域經濟發展），又是"區域主義的空間"，指向"社會一體化"（國家統合）。[2] 由此，兩者就統一於國家融入的合題中，並呈現為"香港社會解困—國家融入—大灣區建設"的邏輯關聯。

鑒於灣區融入（國家融入）是一個雙向互動的過程，本章的要旨即在於探究內地助推香港居民融入灣區的政策實踐，並提出一些制度展望，以此為香港居民融入灣區進而融入國家提供有益思考。如此一來，深圳市便成為我們探究上述政策實踐的理想對象。這不僅是因為深圳毗鄰香港，使其成為香港居民融入灣區和府際交流的首要選擇，而更是"雙區"[3]建設的語境賦予了深圳促進灣區融入和政策先行先試的制度性期待。2019年《中共中央國務院關於支援深圳建設中國特色社會主義先行示範區的意見》（以下簡稱《先行示範區意見》）即在明確大灣區具有"豐富'一國兩制'事業發展新實踐"的政治地位的同時，也提出了"推進在深圳工作和生活的港澳居民民生方面享有'市民待遇'"的要求。而在實踐層面上，據我們不完全統計，在2017到2020年間，深圳就已出台相關政策多達17項。尤其在2019年，政策出台數量達到了一個新的增幅。這些政策涵蓋了就業創業、教育、住房、稅收等多個領域，便利了香港居民在深圳工作生活，也切實推動了其融入灣區的進程。由此，深圳亦即成為最具代表性的、促進香港居民融入灣區和國家的政策產出與變遷場域。

基於此，本章即以"雙區"建設背景下的深圳市作為探究對象，勾勒其促進香港居民融入"雙區"建設和發展的制度圖景，以此窺探目前內地促進香港居民融入灣區的政策現狀。在概覽深圳政策的大致圖景後，我們將進一步選取"積分入學"政策作為考察樣本。自2017年始，為保障港澳籍學生在內地受教育權的實現，香港居民被納入深圳市"積分入學"系統，與內地居民一起參與"積分入學"排位。這意味著深圳的融入政策不僅限於經濟優惠供給，而且涉及香港居民"政治—法律"公民身份的實質化建構。由此，其將以"社會一體化"的方式指向國家認同建構與國家統合的目標，而這也是我們選取該政策的意義所在。因此，我們將從權利保障的角度，分析該政策的設計思路、實施效果與現實困境，從而為完善香港居民權利保障體系、促進其融入灣區和國家發展提供一些制度思考。[4]

深圳市促進香港居民融入
"雙區" 建設和發展的制度現況

•

一、阻礙香港居民融入 "雙區" 的制度困境

在勾勒深圳促進香港居民融入 "雙區" 的制度圖景之前，我們有必要整理國家和地方（深圳）兩個層面出台的、指涉香港居民在內地的權利義務的相關政策，以更為宏觀的視角先行考察這些政策所致的融入困境。因為正是這些政策加諸的社會權利限制，構成了香港居民融入 "雙區"、灣區乃至國家的制度困境。同時，這些制度困境也成為我們理解深圳融入政策的語境：一方面，其融入政策正是破除困境的嘗試；另一方面，深圳的融入政策也在某種程度上繼受了這些困境的固有思維而有所不足。基於此，這些制度困境也已經引起了學界的注意。在曹旭東、徐英的相關研究中，香港居民在內地發展的制度限制被分成七類，分別為就業限制、社會保障限制、投資限制、購房限制、受教育權的限制、證件使用限制與服兵役的限制。[5] 這七種類型的限制基本反映了香港居民融入 "雙區" 發展的制度困境全貌。這些限制概觀而言又可以分為兩類，一類是由於頂層設計的缺失，在政策制

定時即存在的制度困境，例如由於政策沒有放開而無法從事特定職業的限制、投資興業的限制等；另一類則是由於政策落地中缺乏配套措施造成的限制，例如香港居民的身份證不能註冊某些平台、醫保無法回轉等困境。（見表 5.1）

表 5.1　不同原因的限制所造成的制度困境

限制的來源	類別	涉及的法律法規、規範性文件
政府制定時即存在的限制	就業限制	**司法部《取得內地法律職業資格的香港特別行政區和澳門特別行政區居民在內地從事律師執業管理辦法》等** 港澳居民在內地政府部門、銀行、新聞廣播等共 26 個行業受到從業限制。以律師行業為例，內地與香港之間未建立起直接的專業資格相互認證機制，具備此類專業資格的港澳居民仍需通過參加內地相關專業考試才能取得內地執業資格。即使順利通過了內地執業資格考試，從事的業務範圍仍然被限制在涉港民商事領域。
	投資准入	**《外商投資准入特別管理措施（負面清單）》以及《內地與香港關於建立更緊密經貿關係的安排（CEPA）》** 港澳居民設立的企業在內地投資仍然在部分行業受到限制，且內地對於民營企業的優惠政策也無法享受。
	購房限制（港澳居民在大灣區的購房限制問題目前已得到初步解決）	**深圳市《關於進一步促進我市房地產市場平穩健康發展的若干措施》** 港澳居民被視作 "境外人士"，需要提供五年以上的納稅或社保繳納證明、工作及納稅證明以證明在本地購房目的為自用。此外，亦有內地部分城市規定不對境外人士開放貸款。
	受教育的限制	**深圳市各區的積分入學政策** 深圳市於 2017 年將港澳居民子女納入 "積分入學" 政策，符合條件的港澳籍學生可以憑積分入讀公辦及民辦學校。然而，該政策將港澳籍學生置於較不利的位置，使其難以與深圳戶籍學生或內地外市籍學生競爭學位。根據 2017 年的研究，申請積分入學成功的港澳籍學生的比例只佔到 50%左右。

政府制定時即存在的限制	服兵役的限制	《中華人民共和國兵役法》不是列入基本法附件三的全國性法律
		將港澳居民納入服兵役範圍被學者認為是 "系統有效地推動人心回歸"、"增強民族意識和共和主義信念" 的重要舉措，然而相應的配套措施始終未出台。
政策落地中出現的制度困境	社會保障	國家醫保局《香港澳門台灣居民在內地（大陸）參加社會保險暫行辦法》、《深圳市勞動和社會保障局關於台港澳人員在深就業參加社會保險有關問題的通知》
		將港澳居民納入內地社會保障體系是實現港澳居民在內地的生存發展權利的重要保障，然而在實踐中卻面臨著使用難與銜接難的雙重困境。一方面，港澳居民並非繳納內地社保的適格主體，社保資金無法轉入繳納者的帳戶，由此其在內地仍然無法享受社保待遇；另一方面，內地與港澳之間的社保銜接機制未能建立，因而內地的港澳居民在退休或終止就業後，也無法對接港澳的社會保障系統，退保的也只能領取個人帳戶中的餘額。
	日常生活	《港澳台居民居住證申領發放辦法》
		居住證中的權利、基本公共服務和便利的政策措施不能全部有效實現。例如，打車、住酒店或者去網吧，還是需要用回鄉證。

上述制度困境出現的根源是香港居民在現行制度下囿於 "境外人士" 的公法身份，其公民身份的實質化建構尚未實現。現實中這種身份的迷思，不僅導致了香港居民在基本權利的行使方面缺乏必要的銜接機制，而且在就業、就學等領域的基本權利保障方面也受到不同程度的限制。[6] 此外，"兩制" 在實踐中造成的制度區隔，致使內地和港澳之間在制度銜接、資格互認、法律文書互認上都存在重重困難，且由於兩地的決策機構和程序不同，很多合作的推行難以找到對口的機構，[7] 導致很多問題即使被察覺，亦難以得到突破性解決。例如，《香港澳門台灣居民在內地（大陸）參加社會保險暫行辦法》第十二條提出要設置社保的銜接機制，[8] 但其至今尚未建立，香港居民社保回轉難的

問題仍未得到解決。這些制度銜接上的困境雖然不涉及基本權利的保障缺失，但其最終效果仍是加強了對基本權利的限制。在我們隨後進行的訪談中，也有負責港澳工作的政府人員反映，由於制度不銜接所致的證件問題、通關問題等，是人為製造的"兩制"壁壘，造成香港居民來往內地工作生活比前往其他國家還要困難。這既不利於香港居民前來內地發展，更會在下一代心目中埋下香港和內地"像兩個國家一樣"的種子，對國家統合與人心回歸有消極的影響。

二、深圳促進香港居民融入 "雙區" 的政策梳理

以上述制度困境為語境前提，我們即可轉向深圳近年來的融入政策梳理。與此同時，由於中央對香港居民基本權利的頂層設計與政策保障構成了深圳相關政策的宏觀導向，我們將以中央的政策保障為參照，試圖更為系統地勾勒近年來深圳促進香港居民融入 "雙區" 的政策全貌。

自回歸以來，中央對香港居民基本權利的政策保障可大致分為四個階段。第一階段為香港基本法 1990 年頒佈起至 1997 年正式施行，在規範文本上明確了香港居民的權利同時為基本法和憲法建構起的兩套基本權利體系所保障。第二個階段，與回歸後 "井水不犯河水" 的治港方針相適應，中央尊重香港的高度自治，強調按基本法辦事，通過特區政府政策與中央 "挺港" 措施保障香港居民依法享有基本權利與自由。但在這一階段，香港居民的權利保障更多被框定在香港基本法體系之下，其在內地應享有的憲法權利則缺乏足夠的關注，僅有零星幾個

優待政策散落於投資納稅、接受高等教育等方面。第三個階段是，2014 年《一國兩制在香港特別行區的實踐》白皮書重申憲法和香港基本法是香港的憲制基礎，明確指出 "香港居民依法享有的基本權利和自由，受到憲法、香港基本法以及香港本地法律的充分保障"。隨後，系列官方文件都對此做出肯定。這表明憲法體系下的港澳居民基本權利開始得到中央政府的重視。但在該階段，這種關注僅停留在宏觀的指導方向，未見諸具體的制度安排。

第四個階段不久後隨即來臨。2017 年 7 月 1 日，習近平總書記在出席慶祝香港回歸祖國二十周年大會暨香港特別行政區第五屆政府就職典禮上發表重要講話，指出 "中央有關部門將積極研究出台便利香港同胞在內地學習、就業、生活的具體措施"，這是國家領導人首次公開明確地從個人與國家的關係角度談到內地港人社會權利的跨境保障問題。2017 年 10 月，十九大報告亦提出 "制定完善便利香港、澳門居民在內地發展的政策措施"。自此，香港居民的權利保障政策進入新階段，香港居民依據憲法所享有的基本權利不只作為宣誓性話語體現在規範文本和國家領導人發言中，而更是通過中央和地方政府的具體措施得以落地實現。2017 年，在全國範圍內，中央各部門頒佈了一批便利香港居民在內地發展的政策，涵括教育文化、就業創業、出行住宿及安居等多個方面。2018 年，作為港澳台居民 "基本權利宣言書"[9] 的《港澳台居民居住證申領發放辦法》正式實施，持有居住證的港澳台居民可在內地享受三項權利、六項基本公共服務和九項便利。[10] 而在地方層面，具 "先行先試" 優勢的大灣區建設也在加速推進。在《粵港澳大灣區發展規劃綱要》的指引下，涵括領域廣、保障力度強的惠港澳政策接連被推出，不斷助力香港居民融入國家發展。

因此不難發現，深圳近年來的融入政策正是處於中央對港權利保障的第四階段。基於該階段注重具體細則與實施落地的時代需求，深圳較早關注到香港居民在深發展所面臨的制度困境，從而率先作出取消香港居民就業許可證等有益嘗試。[11] 同時，深圳明確其 "雙區" 的空間定位和政治使命，切實推進融入政策的實施與發展。一方面，深圳始終以大灣區建設為綱，關切在深港人的實際需求，逐年穩步推進惠港澳政策的全面落地；另一方面，深圳亦肩負著試點主體的責任感和使命感，通過制度的改革創新逐步實現《先行示範區意見》對 "推進在深圳工作和生活的港澳居民民生方面享有 '市民待遇'" 的要求，展現出示範區政策的先進性及引領性。2017 年至 2020 年間，深圳市即陸續出台了十七項便利香港居民在深發展的政策。（見圖 5.1）

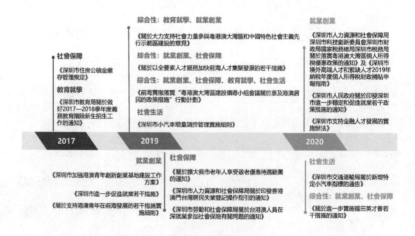

圖 5.1　深圳市惠港澳居民政策概覽

結合深圳市實際情況，我們可進一步將政策目標分為教育就學、就業創業、醫療健康、社會保障、人員往來便利五大方面。其中，深圳的政策焦點集中於社會保障和就業創業領域。尤其在就業領域，一個既有頂層設計，又兼具具體落地措施的制度體系正在生成。（見圖 5.2）

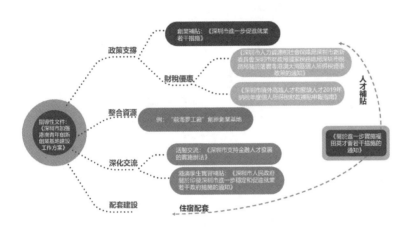

圖 5.2　深圳市鼓勵港澳居民就業創業方面的相關制度

而在社會保障領域，深港民生合作亦取得一些實質成果，香港居民可在住房保障、敬老優待、社會保險及公共就業服務領域享受便利。（見圖 5.3）

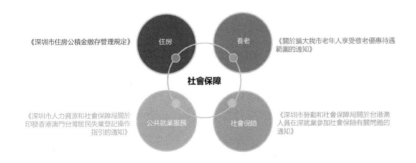

圖 5.3　深圳市在港澳居民社會保障領域的相關制度

從宏觀的政策數量來看，目前聚焦於香港居民教育就學與社會生活方面的政策數量較少，僅提及港澳籍學生可參與深圳市"積分入學"以及放寬對香港居民參加汽車搖號條件的限制。因此深圳的政策方向更側重於就業創業，這與其一貫的"創新型城市"定位相符。但其在社會保障、教育就學、社會生活等民生領域的重視程度卻稍顯不足。

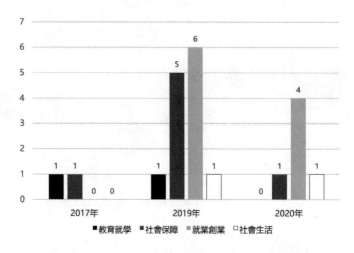

圖 5.4　2017 至 2020 年深圳市惠港澳居民政策數量

此外，從政策錨定的群體來看，深圳惠港澳居民政策的適用對象包括港澳籍適齡學生、港澳籍老人、在深就業的港澳籍居民、港澳青年、港澳籍人才等。進而，可歸納為港澳籍居民、港澳籍勞動人口和港澳籍人才三個類別。其中，以港澳籍勞動人口和港澳籍人才為實施對象的"專用類"政策遠多於針對全體港澳居民的"綜合性"政策。這說明深圳市政策設計的指導思想是以吸引香港人才為導向，而較少聚焦普通香港居民的公民權利保障。在後續訪談中，也有香港法律界人士不乏擔心地提及這一問題，認為在香港社會的暴亂發生之後，香港中下層民眾遭遇到的生存發展困境最為深重，這增加了該群體對內地的向心力。但深圳政策的主要優惠對象仍然是香港的高層次人才，難以輻射對內地最有好感的群體，這導致了政策的覆蓋對象與實施效果出現困境。

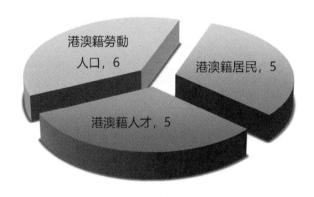

圖 5.5　深圳市惠港澳居民政策客體

　　值得一提的是，作為新時代改革開放的窗口與粵港澳大灣區融合發展試驗區，深圳前海合作區建構了與 "特區中的特區" 相適應的體制機制，在深圳市落實香港居民權利保障的過程中起到了政策先導的作用。一方面，前海緊跟中央腳步，及時回應中央 "惠港十六條"，推出了便利香港居民學習和生活、支持香港專業界別在前海發展的《前海貫徹落實 "粵港澳大灣區建設領導小組會議關於惠及港澳居民的政策措施" 行動計劃》。以金融領域為例，前海將中央 "惠港十六條" 中提出的 "穩步試點香港居民異地見證開立內地個人銀行結算帳戶" 落實為 "在前海銀行機構廣泛推廣異地見證方式"。另一方面，前海始終以制度創新為核心，率先出台若干先行先試政策，在深港融合發展試驗上展現出政策的創新性與引領性。例如，2012 年，前海即對境外高端人才和緊缺人才按內地與境外個人所得稅負差額給予補貼，免徵個人所得稅，而此項稅收優惠在 2019 年才被推廣至粵港澳大灣區。2018 年，前海在全國率先落地實施香港居民免辦台港澳人員就業證並允許購買公積金，隨即此項制度創新再次在全國範圍內複製推廣。可見，前海的政策成果具有試驗與示範作用。在前海率先落實的系列惠港澳政策中，"港澳居民享受與深戶居民同等條件的購房政策"、"港澳居民子女與深圳居民子女平等接受教育" 等措施具有極大示範效應。雖然目前部分措施仍然缺乏實施細則，如 "港澳居民子女與深圳居民子女平等接受教育" 最終未被配套的實施細則所納入，但這並不妨礙前海為深圳市提供了未來惠港澳居民政策的發展方向。（見本章附錄表 1）

深圳市港澳籍學生"積分入學"政策的規範文本梳理

•

　　在概覽近年來深圳促進香港居民融入"雙區"的制度圖景後，我們將進一步選取其中的"積分入學"政策來檢視相關制度的目的取向與實施成效，從而以該政策為縮影映射出深圳融入政策的整體得失，並有的放矢地提供一些切實思考和完善建議。

　　深圳市"積分入學"政策是指在小學一年級與初中一年級的學位申請中，對申請就讀公辦、民辦學校的深圳戶籍和符合深圳市就讀條件的非深圳戶籍學生，實行統一積分，依據申請者積分排序情況依次安排學位。在這一政策實施初期，香港居民被長期排除在"積分入學"的適用對象之外。而隨著"雙區"建設的推進，港澳居民於 2017 年被納入該政策，獲得了通向憲法上的受教育權的重要路徑。2018 年，深圳市明確將"積分入學"政策的制定權下放到各區教育局，允許各區隨著國家政策方針的調整、各區經濟發展水平與就學壓力的變化，每年制定、調整各區的相關政策。

　　因此，"積分入學"政策實質上是基本權（受教育權）保障與教育資源供給有限的矛盾調和。而這也是本章選取該政策作為考察樣本的原因：其一，"積分入學"政策指向港澳籍學生的受教育權保障，進而指向港澳居民"政治—法律"公民身份的實質性填充。這種以權利保障與資源供給的矛盾調和形式而實現的公民身份建構，恰恰體現了公民身份作為"平等的表述"[12]的實質意涵，其亦與推進港澳居民的"市民待遇"要求相契合。由此，"積分入學"政策最終將以"社會一體化"的方式指向國家融入命題中的國家統合目標，亦即"積分入學"政策將有利於香港居民作為"中國公民"融入"雙區"，繼而促進大灣區的社會整合與其國家認同建構。其二，如前所述，深圳近年來的融入政策多聚焦於港澳人才的就業創業優惠，而少見指涉普通港澳居民的社會權利保障政策。而正是後者將超越區域經濟發展，具有國家統合的價值取向。因此，在"雙區"建設與既有政策的背景下，"積分入學"政策作為深圳保障香港居民社會權利的動態載體頗具代表性，此即其作為樣本的意義所在。

而對該政策的研究與完善，則須先在其文本層面上檢視2017年以來的"積分入學"政策，以求初步把握在深的港澳居民在此政策下的權利保障現狀。

一、"積分入學"政策設計的基本情況

深圳市各區的"積分入學"政策可以依其排序方式分為兩個基本模式，分別為"先類別後積分"模式和"基礎分＋加分，積分高者優先"模式。前者以戶籍指標和住房指標為依據，先行將申請者劃分為若干類別，排序在後的類別將無法超越在前

類別而優先獲得學位。其後，同一類別的申請者再按照繳納社保時長、入戶時長、租住時長、計生情況等指標在該類別內積分排序。[13] 而第二種模式雖然也以戶籍指標和住房指標為依據將申請者劃分為若干類別，但這種類別並不具備區分排序之前後的絕對意義，而只是依據類別先後賦以不同的分值（基礎分），同時將社保時長等指標作為加分。申請者的最終積分即為 "基礎分＋加分"，積分高者優先入學。表 5.2 即說明了 2020 年深圳市不同區劃的政策模式。

表 5.2　2020 年深圳市各區 "積分入學" 的政策模式

區劃	錄取模式	基礎分（類別）指標	加分（積分）指標
福田區	基礎分＋加分，積分高者優先	戶籍類型、住房類型	居住時長、社保時長、計劃生育情況、特殊加分（提供無房產證明加分、報讀原地段學校加分）
羅湖區	先類別後積分	戶籍類型、住房類型	居住時長、社保時長、計劃生育情況、特殊積分（報讀原地段學校積分、提供房屋租賃憑證積分、父母同時持有居住證積分、父母同時繳納社保積分、居住證和社保滿六年並有本市六年學籍積分）
鹽田區	基礎分＋加分，積分高者優先	戶籍類型、住房類型	戶籍時長、居住時長、社保時長、計劃生育情況、特殊加分（父母持有居住證加分）
南山區	基礎分項細化＋加分，積分高者優先	戶籍類型、房產情況、社保時長	戶籍時長、居住時長、社保時長、計劃生育情況、特殊加分（父母繳納社保滿 72 個月並有本市六年學籍加分）
寶安區	基礎分＋加分，積分高者優先	戶籍類型、住房類型	居住時長、社保時長、計劃生育情況、特殊加分（父母同時持有居住證或戶籍加分）
光明區	先類別後積分	戶籍類型、住房類型	戶籍時長、居住時長、社保時長、計劃生育情況、特殊積分（父母持有居住證積分）

龍華區	先類別後積分	戶籍類型、住房類型	戶籍時長、居住時長、社保時長、計劃生育情況、特殊積分（父母持有居住證的時長積分）
坪山區	先類別後積分	戶籍類型、住房類型	居住時長、社保時長、計劃生育情況、特殊積分（父母同時持有居住證或戶籍積分、提供無房產證明積分）
大鵬新區	基礎分＋加分，積分高者優先	戶籍類型、住房類型	居住時長、社保時長、計劃生育情況、特殊加分（父母同時持有居住證或戶籍加分、提供無房產證明加分、父母一方或雙方持有居住證和繳納社保滿五年加分）
龍崗區	基礎分＋加分，積分高者優先	戶籍類型、住房類型	戶籍時長、居住時長、社保時長、計劃生育情況

其中，須特別指出的是，在深圳市諸區劃中，南山區的政策模式較為特殊。不同於第二種模式將戶籍指標和住房指標先予糅合，而後"一攬子"地將兩個指標作為依據進行類別劃分以確定基礎分，南山區是將戶籍指標、住房指標、社保指標獨立賦分，進而將三個分項相加而得到基礎分。因此，南山區的積分模式本質上仍是"基礎分＋加分，積分高者優先"，只是基礎分的計算方式有所不同，其在第二種模式的基礎上細化了基礎分的計算方式，從而形成了第二種模式的變種。（見表5.3）本章為了便於區別和論述，將此變種模式從上述兩種基本模式中分立出來作為第三種模式，稱其為"基礎分項細化＋加分，積分高者優先"模式。

表 5.3 南山區模式與"基礎分＋加分，積分高者優先"模式的對比

區劃	基礎分計算方法
南山區	對"學位申請人戶籍"、"購房情況"、"學生父母社保情況"三項分別計分，最終得到總分
其他區域（以寶安區為例）	第一類：寶安戶籍，學區購房：105 分 第二類：深圳其他區戶籍，學區購房：100 分 （寶安區共有八類基礎分類別，其後類別不再羅列）

最後，在梳理完深圳各區"積分入學"的政策模式後，我們有必要對以上三種模式所共有的加分（積分）指標[14]作一歸納。基於各區的現行政策，加分（積分）指標可分為以下五類：

（1）**入戶時長指標**：該指標的適用對象是深圳戶籍的學位申請人，且申請人的父母（監護人）一方是深圳戶籍。計分時以父母（監護人）一方的入戶時長計算加分（積分）。（見本章附錄表 2）

（2）**居住時長指標**：申請人在本區居住或者租住房屋的時長是該項加分（積分）指標的對象。通常深圳戶籍的學位申請人與非深圳戶籍的學位申請人都適用此項加分（積分）。但在羅湖、寶安、龍華及大鵬新區，居住時長加分（積分）僅限於深圳戶籍的學位申請人。（見本章附錄表 3）

（3）**社保時長指標**：該指標對父母較長一方繳納社保或醫保的時長或父母較長一方同時繳納社保和醫保的時長按月進行加分（積分）。（見本章附錄表 4）

（4）**計劃生育情況指標**：該指標就申請者家庭的計劃生育情況而設定。自 2020 年起，深圳市各區僅就獨生子女的情形加分，且其加分（積分）在各個指標中佔比最低。（見本章附錄表 5）

（5）**特殊指標**：在上述指標以外的其他加分（積分）可歸為特殊加分（積分）。綜觀而言，各區的特殊指標可分為四種類型。第一類是提供無房證明加分（積分），第二類是報讀原地段學校加分（積分），第三類是父母同時持有居住證或戶籍加分（積分），第四類是居住證、社保時長和學籍年限的搭配型加分（積分）。（見本章附錄表 6）

二、"積分入學" 政策下港澳居民權利保障的趨勢與現狀

通過以上對深圳市各區 "積分入學" 的政策概觀，我們不難發現戶籍指標在 "積分入學" 政策中扮演的重要地位。事實上，戶籍制度的本質是在社會資源供給不足的情況下，通過對公民進行分層，使本地人口（以及少量高技能高收入的外來人口）優先享有城市的社會資源。[15] 而港澳居民由於受到公法身份上的限制，雖也為城市發展做出了貢獻，卻仍不能享有與本地人口同等的社會資源。這在 "積分入學" 政策下集中體現為在類別排序與申請成功率上所具有的不利地位，這也是港澳居民（即符合在深就讀條件的港澳籍學生及其監護人）在深圳受教育權保障的基本困境。這一基本制度困境在 2017 至 2020 年深圳市的政策中均難以被突破。然而，檢視深圳市 "積分入學" 政策的變化，我們同樣也能發現，深圳各區在降低計生指標權重、增加時長指標權重、調整不合理的指標等方面，仍儘可能地做出了有益的嘗試。深圳各區在 2017 至 2020 年間對加分（積分）指標做出了眾多調整，且在 2020 年達到高峰。結合

2020 年各區政策與其逐年變化，港澳居民在 2020 年深圳市 "積
分入學" 政策中的權利保障具有以下五個特點。

（一）港澳居民在申請者分類中處於較後位置

在各區的現行政策下，港澳居民均被歸為非深圳戶籍申請者
一檔，由此在申請者類別中處於較後位置。在深圳市十個區之
中，所有購房的深圳戶籍居民的類別排序都處於購房的港澳居民
之前。購房港澳居民的類別排序則大多與租房的深圳戶籍申請
者相當。具體而言，購房的港澳居民在福田區、羅湖區、大鵬新
區、龍崗區中處於優勢地位，並且在福田區和羅湖區中全面地領
先各類租房的深圳戶籍群體，而在大鵬新區和龍崗區中也領先於
非學區內的本區戶籍和其他區戶籍的租房群體；但在光明區、龍
華區則全面地落後於各類租房的深圳戶籍群體。表 5.4 即反映了
2020 年深圳各區政策中港澳居民的類別排序情況。

表 5.4　2020 年深圳市各區 "積分入學" 政策中購房港澳居民
**　　　　的類別排序**

區劃	總類別數	購房的非深圳戶口群體（包括港澳籍）	租房的深圳戶籍群體
福田區	共有六類	位於第二，基礎分為 75 分	福田戶籍：位於第五類，基礎分為 65 分
羅湖區	共有六類	位於第四類	羅湖戶籍：位於第四類； 深圳其他區戶籍：位於第五類
鹽田區	共有六類	位於第四位，基礎分為 80 分	鹽田戶籍：位於第三類，基礎分為 85 分； 深圳其他區戶籍：位於第五類，基礎分為 75 分

	共有八類	位於第五，基礎分為75分	寶安戶籍並提交無房證明：位於第三類，基礎分為95分； 寶安戶籍但無法提交無房證明：位於第六類，基礎分為70分； 深圳其他區戶籍並提交無房證明：位於第四類，基礎分為85分； 深圳其他區戶籍但無法提交無房證明：位於第七類，基礎分為65分
寶安區			
光明區	共有八類	位於第七類	學區內光明戶籍：位於第二類； 光明戶籍：位於第四類； 深圳其他區戶籍：位於第六類
龍華區	共有六類	位於第五類	龍華區戶籍：位於第三類； 深圳其他區戶籍：位於第四類
坪山區	共有六類	位於第四類	坪山戶籍並提交無房證明：位於第三類； 深圳其他區戶籍、坪山戶籍但無法提交無房證明：位於第五類
大鵬新區	共有七類	位於第四類，基礎分為75分	學區內大鵬新區戶籍：位於第三類，基礎分為80分； 大鵬新區戶籍：位於第五類，基礎分為70分； 深圳其他區戶籍：位於第六類，基礎分為65分
龍崗區	共有七類	位於第四類，基礎分為80分	學區內龍崗戶籍：位於第三類，基礎分為90分； 龍崗戶籍：位於第五類，基礎分為75分； 深圳其他區戶籍：位於第六類，基礎分為70分

（二）計生指標限制下降有利於港澳居民權利保障

在深圳市"積分入學"政策2017至2019年的實踐中，計生指標的特點體現為權重大與涵蓋範圍廣兩個方面。一方面，計劃生育指標的權重在"積分入學"政策中佔據著重要地位。以南山區為例，獨生子女的加分為20分，較住房指標中"租房5年以上積15分"的分值更高。另一方面，計生加分（積分）的申請者包括了獨生子女、政策內生育子女和政策外生育子女。這三種群體被賦以不同分值，其中以獨生子女為最高。

　　這種對計生指標賦予較大權重的做法對港澳居民的得分造成了很大限制，但其合理性卻不免存在疑問。一方面，在港澳的"雙非兒童"中，雖然部分兒童的港澳籍身份是父母為了規避計劃生育政策前往港澳生育的產物，但是在國家計劃生育政策已經大幅放寬的背景下，政策制定者卻仍然對計生指標賦予較大權重，其正當性即存在疑問；另一方面，在父母均為港澳籍的港澳兒童中，由於本地政策未對生育作出限制，因此在"一國兩制"下通過計生指標限制其受教育權亦缺乏法律和情理上的正當性。

　　基於此，2020 年深圳在全市範圍內調整了計劃生育指標。首先，計生指標的權重在大部分市轄區出現了大幅降低，由此該指標在"積分入學"指標中的重要性大幅下降。（見圖 5.6）再者，計生指標的適用對象被限制在獨生子女，其他類型的計生加分（積分）均被取消。這一變化不論對何種背景的港澳籍申請者而言都更加有利於其權利保障，也更加符合法律和政策變化的趨勢。

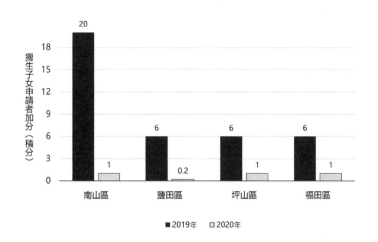

圖 5.6　深圳四區的計生指標在 2020 年前後的賦分變化

（三）時長類型加分（積分）成為“雙刃劍”

時長類型指標包含了入戶時長指標、居住時長指標、社保時長指標等。這些指標通常被放在加分（積分）項中，以時長量化申請者對所在城市的貢獻。2020 年起，深圳各區的時長類型指標出現了種類不斷豐富與權重不斷增大的趨勢。

在南山區，2020 年的新政策將原來由“戶籍＋住房＋計生＋社保”構成的總積分，變更為“三個基礎分項（戶籍、購房、社保）＋三個加分項〔計生、入戶時長（深圳戶籍）、社保時長（非深圳戶籍）〕”，加入了對入戶時長與社保時長的考量。在龍華區，2020 年的政策增加了入戶時長（深圳戶籍）與居住證時長（非深圳戶籍）的積分指標。而在龍崗區，2020 年的政策開始對非深戶的居住時長計算加分。（見本章附錄表 7）

此外，根據《深圳經濟特區居住證條例》第十九條的規定，非深戶籍人員申領居住證應當同時符合“連續居住滿十二個月”以及“連續繳納社保滿十二個月或兩年內繳納社保滿十八個月”的規定。因此，部分區劃將是否持有居住證作為“積分入學”的加分（積分）指標，其本質也是對申請者的居住與社保時長進行考察。2020 年，寶安區、大鵬新區與龍華區亦在其政策中增加或調整了該項指標。其中，寶安區、大鵬新區對持居住證的申請者加分，龍華區則對申請者持有該證的時長進行積分。（見本章附錄表 8）

概言之，2020 年各區政策中對時長的重視程度（包括社保時長、居住時長、通過居住證體現的時長等）極大增加。將申請者對城市的認同程度與貢獻程度通過時長量化，符合“積分入學”政策建構的功利主義本質，也有利於長期在深生活工作的港澳居民通過時長累計彌補不可改變的戶籍指標所致的不利地位。

然而，實踐中隱含的對港澳居民權利保障的不利因素也值得注意。一方面，繳納社保的時長在部分區劃被賦予較大權重。但對於港澳籍申請者而言，由於缺乏兩地的銜接和回轉機制，港澳居民繳納的社保難以最終提供保障，其在內地繳納社保的意願並不高。[16] 因而，對社保時長的重視就成為了對於港澳居民實現受教育權可能的不利因素。另一方面，綜觀目前將居住證指標納入加分（積分）指標的七個區劃，亦即 2020 年對居住證指標予以最新調整的三個區劃（寶安區、大鵬新區、龍華區）與沿用之前居住證政策的四個區劃（羅湖區、鹽田區、光明區、坪山區），僅有龍華區明確將港澳台居民居住證作為和深圳經濟特區居住證並行的積分證件。在剩餘的六個區劃中，羅湖區、鹽田區、光明區的居住證加分（積分）政策使用了"具有使用功能的（有效）居住證"的模糊表述，而寶安區、大鵬新區、坪山區更是明確通過將"深圳（經濟特區）居住證"作為有效證件而排除了港澳台居民居住證的加分（積分）適用空間。鑑於港澳居民並非深圳經濟特區居住證的申領主體，其在現行制度框架下只能申領港澳台居民居住證，因而現行的居住證加分（積分）政策無疑對港澳籍申請者的權利保障有所不利。

（四）對港澳居民權利的不合理限制逐漸減少

以羅湖區為例，其取消了對港澳籍申請者以是否屬於"雙非兒童"進行分類的特殊政策，改為與共同採取"先類別後積分"模式的其他區劃相同的、以戶籍和住房指標為依據的分類

方法。這避免了在港澳居民內部的差別對待，有利於港澳居民之間受教育權的平等保障。（見本章附錄表 9）

三、小結

對“積分入學”這一旨在實現港澳籍學生受教育權的政策予以文本層面上的檢視，有助於我們把握政策制定者在制度設計層面希望為港澳籍申請者提供的權利保障程度，有助於回答“港澳籍學生在政策制定者心目中處於甚麼地位”這一問題。而政策制定者對這一問題的回答，也可讓我們以小見大地把握香港居民在中國公民權利保障體系中所處的順位。

在 2017 年至 2020 年深圳市“積分入學”制度的變遷過程中，鑒於深圳各區（除南山區外）均採取了以戶籍和住房指標為依據的類別劃分及排序方式，港澳居民又不能獲得深圳戶籍而被視為非深圳戶籍居民，因此其入學順位在深圳戶籍居民之後的基本情況並無改變。這是港澳籍學生受教育權保障面臨的最為根本的制度困境，也是內地政府在制定政策時港澳居民面臨的最普遍困境。但同時，隨著國家政策與各區經濟發展情況的變化，各區對加分（積分）指標這一指涉固有利益群體較少、影響權重較低的要素作出了較為豐富的調整。其中，大多數調整有利於港澳居民的受教育權保障，如降低計劃生育權重等。這體現出政策制定者已經意識到港澳居民的受教育權保障有所缺失並開始勉力改善，但這些調整舉措仍因不足以解決最為根本的制度困境而存在一定遺憾。

深圳市港澳籍學生"積分入學"政策的實施效果分析

●

法律的生命力在於實施，法律的權威也在於實施。而政策的落實亦不外如是。因此，在對"積分入學"政策予以文本層面的考察後，我們須進一步考察該政策的落實情況。亦即，自2017年以來"積分入學"政策實施以來具體效果如何？其又產生了哪些問題？為全面把握政策在實施過程中存在的問題，我們採用了問卷調查及深度訪談的實證方法進行研究。

本章調查問卷針對的對象主要為港澳籍學生家庭，問卷發放採用定向推送微信及電腦端網頁鏈接的方式，向港澳籍跨境學童群體中較有代表性和影響力的微信群組（跨境港寶之家）發放調查問卷。經統計，共收到問卷215份，剔除無效問卷4份，有效問卷共211份，有效率為98.14%。（具體的問卷設計思路及問卷結果概況見本章附錄方案1"實證研究方法及數據分析"部分）

此外，除了發放調查問卷，我們還採取了深度訪談的研究方法。訪談對象包括部分港澳籍學生家長、相關政府工作者以及惠港澳政策領域的法律專業人士。（具體的訪談目的、方式及

其對象選擇見本章附錄方案 1"實證研究方法及數據分析"部分）

　　本章研究旨在通過分析調查問卷和訪談所得的資料和意見，綜合得出 2017 年以來"積分入學"政策的實施效果，探究政策設計在實施中的問題反饋，並解析其在執行過程中遭遇的現實困境，以為後文的政策建議提供依據。

一、政策實施的積極效果

　　自 2017 年深圳市將港澳居民納入"積分入學"政策以來，該政策為保障港澳籍學生在深就學發揮了積極作用。調研數據顯示，有 67.69% 的港澳籍學生是通過"積分入學"的方式在深圳就讀。這表明，"積分入學"政策使更多港澳籍學生能在深圳接受義務教育而不再被拒之門外，成為其接受義務教育的重要渠道。

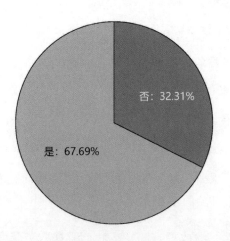

否: 32.31%

是: 67.69%

圖 5.7　深圳港澳籍學生是否通過"積分入學"方式就讀

同時，"積分入學"政策的實施不僅提高了入學的比例，還提高了港澳籍學生就讀公辦學校的成功率。通過對在深港澳籍學生入學方式和就讀學校類型進行交叉分析可知（如圖5.8所示），通過"積分入學"方式在深入學的港澳籍學生群體中，81.82%就讀於深圳市公辦學校；而以非"積分入學"方式在深入學的港澳籍學生中，80.95%皆就讀於深圳市民辦學校。為進一步佐證該結論，我們向各區政府申請了港澳籍學生入學信息公開。以光明區為例，自2017年以來，所有申請"積分入學"的港澳籍學生，均能通過審核就讀公辦學校或民辦學校，獲得義務教育學位，而入讀公辦學校的比例又佔絕對多數。（見表5.5、表5.6）

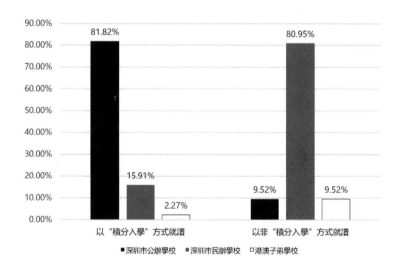

圖 5.8　在深就讀的港澳籍學生的入學方式與其就讀學校類型的交叉分析

表 5.5 深圳市光明區 2017-2020 年"積分入學"申請與通過的港澳籍學生數量

招生年份	申請積分入學的港澳籍學生數			通過積分入學的港澳籍學生數		
	小學一年級	初中一年級	合計	小學一年級	初中一年級	合計
2017	51	21	72	51	21	72
2018	24	32	56	24	32	56
2019	17	52	69	17	52	69
2020	9	49	58	9	49	58

表 5.6 深圳市光明區 2017-2020 年通過"積分入學"就讀公辦學校的港澳籍學生佔比

招生年份	通過積分入學的港澳籍學生總數	通過積分入學就讀公辦學校的港澳籍學生數	通過積分入學的港澳籍學生中就讀公辦學校的佔比
2017	72	51	70.8%
2018	56	33	58.9%
2019	69	56	81.2%
2020	58	48	82.8%

二、政策設計在實施中的問題反饋

(一)"戶籍指標"與"市民待遇"的衝突

在調查港澳籍學生家庭對"積分入學"指標設計的認知時,有多達 69.67% 的被調查者認為戶籍指標對其申請最為不利,使其在"積分入學"的類別劃分與排序中處於劣勢地位。(見圖 5.9)而這一在實施層面上的問題反饋也與該政策在文本層面上對戶籍指標的偏重相呼應。

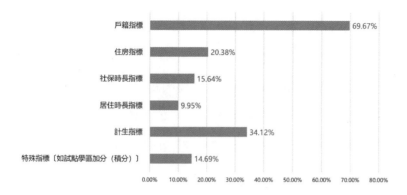

圖5.9　"積分入學"指標設計中何者更不利於港澳籍學生"積分入學"的調查

　　在應然層面上，作為中國公民，無論是深圳居民還是內地其他城市的居民，抑或是港澳居民，都應當享有平等的受教育權。在面向港澳籍家長的訪談中，許多家長也反映了這個困惑：自己的孩子也是中國公民，不僅應該在內地得到受教育權的保障，還應該享受與深圳本地孩子一樣平等的權利保障內容，而不應被戶籍所區隔。部分家長進一步認為，深圳的"積分入學"政策仍對戶籍指標賦以很大權重，這與《先行示範區意見》中"市民待遇"的要求相悖。

　　而事實上，囿於各地政府財政與資源的有限性，戶籍制度在現實中並不僅體現在對人口的登記管理上，更體現為其所附帶的經濟與福利功能。以深圳市為例，作為一個能提供更多機會的經濟發達的一線城市，深圳吸引了來自全國各地的居民來深工作生活。然而，深圳一地能提供的社會服務供給終究有限，政府只能優先保障本地戶籍人口的福利供給。因此在中國，戶籍制度成為公民積極權利保障的第二層連結，不同發展水平的戶籍地所提供的權利保障程度不同，同一地區對本地戶籍人口與外來人口的權利保障程度亦有差異。我們認為，戶籍制度需要進行改革，在其上附加太多的經濟福利功能將會固化不平等與群體差異，但其解構絕不可能一蹴而就，而需逐步推進。即使《先行示範區意見》中強調"市民待遇"，意味著要使港澳居民享受深圳市民的同等待遇，但這需要深圳市政府逐步實現公共服務的均等化，否則將會造成新的矛盾。因此，"積分入學"政策作為實現"市民待遇"的重要一環，亦需結合現實考量逐步推進。

（二）政策模式的設置仍有優化空間

在各區的"積分入學"政策之中，不同的政策模式體現了各區不同的價值取向，對港澳籍學生申請"積分入學"亦產生了不同的影響。"先類別後積分"是一種保守型的政策模式，其可最大限度地優先滿足本區人群對學位資源的需求；而"基礎分＋加分，積分高者優先"是一種均衡型的政策模式，政策的制定者基於吸引高素質流動人口的偏好，使學位資源能夠一定程度地傾斜給非本區人群；而南山區的"基礎分項細化＋加分，積分高者優先"模式則進一步放鬆了戶籍指標對非本區人群的限制，是一種相對激進型的政策模式。但無論是何種政策模式，戶籍指標與住房指標均在其中佔據相當重要的地位。對於港澳居民而言，戶籍指標是難以改變的。因此，我們嘗試將港澳籍學生的家庭住房情況作為參照變量，探究其對三種政策模式的偏好情況。

表 5.7　被調查者的住房情況與其對政策模式偏好情況的交叉分析

政策模式	"先類別後積分"	"基礎分＋加分，積分高者優先"	"基礎分項細化＋加分，積分高者優先"	總計
有，為住宅類商品房	38（23.17%）	41（25%）	85（51.83%）	164
有，為出租房	14（50%）	8（28.57%）	6（21.43%）	28
有，為特殊房產	6（42.86%）	2（14.29%）	6（42.86%）	14
沒有	1（20%）	1（20%）	3（60%）	5
總計	59（27.96%）	52（24.64%）	100（47.39%）	211

　　從以上表格中，我們不難得出兩個結論：其一，偏好"基礎分項細化＋加分，積分高者優先"模式的港澳居民幾近被調查者的半數（47.39%），遠超於其他兩種政策模式。這可能是因為該模式未採取以類別為單位的排序方式，而是將戶籍、住房和社保指標單獨賦分後以三者分數之和作為基礎分，這就為原本屬於非深圳戶籍的港澳居民提供了基礎分項上的多元可能。同時，在三種基礎分指標的賦分上，該模式賦以戶籍指標與住房指標的分值之間較為相近（甚至住房指標的賦分更高），從而使得港澳居民可以盡量擺脫在前兩種模式下因偏重戶籍指標所致的不利地位，發揮其住房優勢。因此我們也可以看到，在擁有住房的被調查者中，偏好該模式的人數佔據絕對優勢。而在基礎分指標外，南山區在該模式下的加分指標也多為時長類型指標，加之其種類日趨豐富，其亦使得港澳居民的積分累計具有更大空間。概言之，"基礎分項細化＋加分，積分高者優先"模式通過削弱戶籍指標在"積分入學"中的影響，實現

了港澳居民較高的偏好值。這也與我們之前對其"相對激進型"的定位相符。

其二，"先類別後積分"模式和"基礎分＋加分，積分高者優先"模式的偏好人數相近，前者的偏好人數甚至多於後者。初看之下此結論令人費解。因為相較於"先類別後積分"模式下類別劃分對申請者排序的絕對意義（因為排序在後的類別即使積分再高也無法超越在前類別），後者只是以類別為單位賦以基本分，而最終入學資格的排序是由"基本分＋加分"決定的，因此第二種模式下以戶籍和住房指標為依據的"類別"對申請者排序僅有相對意義。這就意味著，即使港澳居民受戶籍指標的不利影響而處於基礎分的靠後類別，但理論上仍有可能通過後來的加分超越基礎分類別在前的群體而優先獲得入學資格。但是，現實的偏好情況卻與理論上的定位相悖。這可能是因為第二種模式對於港澳居民的上述利好僅僅停留在理論層面。在現實中，由於兩種政策模式均以戶籍指標為主要依據劃分類別，同時第二種模式的"加分"又無法彌補由於非深圳戶籍所致的靠後類別的基礎分落差，從而其超越在前類別的現實可能便較為低微。這使得"先類別後積分"模式和"基礎分＋加分，積分高者優先"模式在實施層面上無甚區別，此亦即兩種政策模式偏好人數相近的原因所在。[17]

由此，我們建議參考港澳居民對於政策模式的偏好反饋，進一步優化現行的政策模式與計分規則。一方面，南山區"基礎分項細化＋加分，積分高者優先"的政策模式無疑是模式創新的積極探索，其弱化戶籍指標影響、豐富可變性指標種類並賦予其較大權重的做法亦可成為政策優化的具體導向；另一方面，"基礎分＋加分，積分高者優先"模式需要進一步均衡基礎分與加分的權重，使得以戶籍指標為主要依據的基礎分類別不再成為其"積分入學"的決定性因素，從而真正落實該模式在理論層面上對港澳居民的"積分紅利"。

三、政策在執行過程中的現實困境

（一）港澳籍申請者難以獲得計生加分（積分）

如前文圖 5.9 所示，計生指標是港澳居民在申請"積分入學"時較為重要的不利指標。[18] 基於計生指標在 2020 年政策調整下的賦分權重已經降低，其加分（積分）對象也僅限於獨生子女，該指標對港澳籍申請者的不利即主要集中於政策實施的層面，亦即計生積分政策在落地執行過程中由於缺乏相應的配套措施而有所不利。

其中，登記材料的繁瑣是造成不利的原因之一。根據各區規定，計劃生育信息登記需要提交相關材料：廣東省內人士須提供廣東省計劃生育服務證，廣東省外人士須提供流動人口婚育證明，獨生子女須提供獨生子女父母光榮證（以下簡稱"三證"）。而獨生子女證在 2016 年就已停辦，此前未辦理該證的家長若要申請獨生子女積分，則須在戶籍所在地的計生部門開立三級婚育證明（居委會、區計生部門、市計生部門），而三級婚育證明又需父母至少一方為內地戶籍才可辦理。且在政策實際執行中，幾經周折開出三級婚育證明，又可能遭遇不被承認的窘境。因此，登記材料繁瑣與開立程序冗雜無疑不利於港澳居民進行計生登記，進而為其計生加分（積分）造成了現實困境。

　　此外，政府的計生登記系統與其計分系統無法有效聯動，是我們在訪談中發現的另一障礙。有家長反映其在社區工作站錄入計生信息時，被要求登記學生的香港身份證號，而教育局調取計生信息時卻要求學生的回鄉證號，結果導致計生信息不一致而無法加分（積分）。由此可見，政府部門對於港澳居民究竟適用何種證件一直處於混亂狀態。而在"一國兩制"下，港澳居民往往有多種證件，如香港居民就有四種證件，亦即香港身份證、香港護照、回鄉證和港澳台居民居住證。政府部門未能統一登記證件，使得港澳居民在不同部門辦事時被要求登記的證件號碼各不相同，以至於不同系統之間的信息無法互通互聯。而不同部門之間也未主動溝通以對接信息，最終致使港澳居民承擔不利後果。這一共性問題也增加了港澳居民獲得計生加分（積分）的難度。

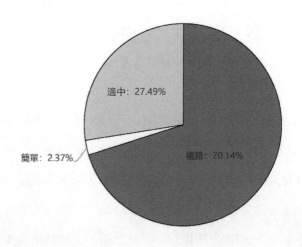

圖 5.10　被調查者認為"積分入學"申請程序的複雜程度

（二）配套優質學位供給不足

在中國，由於政府是提供教育服務的責任主體，公辦學校一直是基礎教育及高等教育的主力軍。而在深圳這樣的移民城市，人多地少，人口結構倒掛嚴重，公辦教育資源難免存有一定缺口，[19] 需要民辦學校予以彌補。截至 2016 年，深圳民辦中小學共有 256 所（含 16 所國際學校等在內），佔全市中小學學校的四成。[20] 民辦學校和公辦學校一併參與 "積分入學" 政策，同時承擔起公辦學校的分流工作，這構成了深圳獨具特色的 "積分入學" 政策的重要部分。然而，有高達 79.62% 的被調查者表示，若最終入讀民辦學校，將會影響他們申請 "積分入學" 的意願。

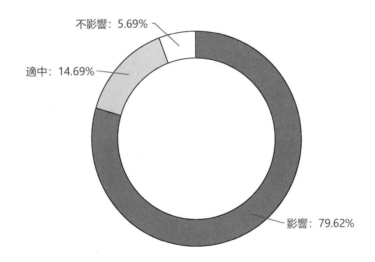

不影響: 5.69%

適中: 14.69%

影響: 79.62%

圖 5.11　民辦學校對港澳居民申請 "積分入學" 的意願影響調查

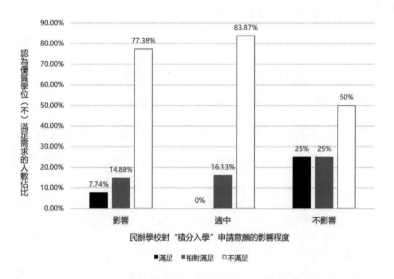

圖 5.12　民辦學校對申請意願的影響程度與優質學位滿足情況的交叉分析

　　隨著進一步的分析，我們發現，在認為民辦學校影響其"積分入學"申請意願的被調查者中，有 77.38% 的人認為優質學校的學位不滿足港澳籍學生的學位需求。而在認為民辦學校不影響其申請意願的被調查者中（僅佔總數的 5.69%），認為優質學位不滿足其需求的港澳居民僅有半數。（見圖 5.12）一方面，這說明了港澳居民對於民辦學位的質量存在主觀上的認知偏差。在民辦學校"影響"和"不影響"申請意願的人群之間，其對於優質學位的數量評估和滿足程度存在近乎 27% 的認知偏差。因此，這 27% 的偏差值即或多或少反映出港澳居民對於民辦學校的辦學質量存在著一定主觀偏見。另一方面，基於大多數被調查者均表示入讀民辦學校將影響其申請意願，而即使在"不影響"申請意願（因而其對民辦學校較少可能存在預設性偏見）的人群中，也仍有半數認為優質學位不足，這就表明了深圳民辦學校的整體質量仍有不足，其優質學位的供給數量尚須增加。因此，深圳一方面需促進民辦學校發展，以填補優質學位的客觀空缺。另一方面亦需加強對民辦學校的宣傳，以消彌港澳居民對其辦學品質的主觀偏見。

而事實上，深圳市委市政府在 2019 年即發佈了《關於推進教育高品質發展的意見》，明確指出要推動民辦教育優質特色發展。[21] 可見，深圳也在逐步推動民辦教育發展，努力扭轉過去因政策傾斜而導致的社會大眾 "親公辦疏民辦" 的現象。民辦學校優質學位的增加不僅能夠分流公辦學校的學位壓力，提高港澳籍學生 "積分入學" 的申請成功率，還能使港澳籍申請者在 "積分入學" 時有更靈活豐富的選擇，普遍提高港澳籍學生在深的受教育質量。

此外，在訪談中，港澳籍學生家長們均對開設 "港澳教學班" 表現出積極態度，並希望能採用港澳教材以及引進港澳教師開展教學。究其原因，一方面是讓港澳籍學生可以通過另一途徑接受教育，從而避免與本市的內地戶籍學生爭奪教育資源，緩解本市學位供給緊缺的現狀；另一方面也是由於港籍學生未來要參加香港統考（HKDSE），統考內容和內地高考差異較大，因此從應試角度出發，港籍學生需要學習其配套內容。

（三）辦理親屬關係公證手續繁瑣

在訪談中，港澳居民普遍對親屬關係公證手續表示不滿。親屬關係公證書是港澳籍學生申請 "積分入學" 時必須提交的材料，用以證明學生與父母或其他監護人之間的親屬關係。其由深圳市公證處或各區公證部門出具，需要家長辦理手續滿足公證要求才可獲得。親屬關係公證的流程主要為：家長先到港澳並由指定的港澳律師進行公證。然後郵寄至深圳公證部門，由公證部門進行二次公證。最後公證書才能提交學校。

　　家長們對親屬關係公證的不滿主要集中於兩個方面。一方面是公證流程多、費用高。公證程序繁瑣，且只能證明一項事務，如只能用於入讀，不得二次使用。同時，公證費用價格不菲，例如香港公證處進行公證須收費 2,400 至 2,800 元港幣，而內地公證處也要收費 100 元人民幣，這無疑加重了港澳籍申請者的經濟負擔。另一方面，公證的對象範圍僅限於港澳籍學生，而同為公法特殊群體的台灣籍學生卻無需親屬關係公證，此即產生了對港澳籍學生的不平等。

（四）轉學插班制度門檻高

　　"積分入學" 面向的對象僅為即將升小學一年級或初中一年級的適齡學生。因此如若港澳籍學生在其他年級申請入學，則不屬於 "積分入學" 的適用對象而被歸於 "插班生" 的範疇。由此，在 "積分入學" 政策之外，轉學插班制度同樣是港澳居民受教育權保障的重要構成機制。而在實踐中，除通過 "積分入學" 政策入讀小一或初一外，也確有部分港澳籍學生因自身或家庭的變動，或者是受政治環境的影響，需要轉學插班至深圳的學校。但根據調查問卷的反饋，我們發現轉學插班的實施效果與權利保障並不理想，多位被調查者反映港澳籍學生在 "回流" 深圳申請轉學插班的過程中遇到了較多阻礙。

　　如表 5.8 所示，南山區、羅湖區、龍華區、龍崗區和鹽田區（2021 年起）的轉學插班政策皆表示不會受理港澳籍學生的轉學

表 5.8　2020 年深圳各區的轉學插班政策

區劃	港澳籍學生的申請條件
南山區	申請受理對象為在學區內購房 (限住宅類房產) 且目前在南山區外就讀的南山戶籍學生。港澳籍學生無法在南山區轉學插班。
光明區	港澳籍適齡學童可以申請插班生學位。除積分入學所需材料外，還需出示原就讀學校出具的國家學籍卡。
福田區	港澳籍學生可以申請轉學插班。除積分入學所需材料外，還需出示原就讀學校出具的國家學籍卡。
羅湖區	公辦學校申請對象為非羅湖區公辦學校就讀的羅湖戶籍學生與非羅湖區義務教育階段就讀的深圳其他區的戶籍學生。港澳籍學生無法轉學插班至羅湖區的公辦學校。
寶安區	寶安區沒有全區統一的轉學插班通知，僅有各學校自己發佈的內容。
龍崗區	公辦學校原則上只受理在學校招生地段內居住的龍崗戶籍購房學生。
龍華區	公辦學校原則上只受理學區範圍內的深圳戶籍學生。
鹽田區	2020 年港澳籍學生可以申請轉學插班，但 2021 年起插班學位原則上只受理法定監護人在鹽田區內自有產權房的鹽田戶籍適齡兒童、少年。
坪山區	港澳籍學生可以申請轉學插班。深圳市外轉學的，需提供原就讀學校出具加蓋公章的國家學籍卡。
大鵬新區	港澳籍學生可以申請轉學插班（無國家學籍的港澳籍學生由原學校開具就讀證明）。

插班申請，亦即港澳籍學生在這五個區將直接喪失轉學插班的申請機會，不存在 "回流" 可能。但即使在表明受理申請的區劃，港澳籍學生也無法提供申請材料之一的國家學籍卡。如，光明區、福田區和坪山區即規定申請轉學插班需提供原就讀學校出具的國家學籍卡，但如若港澳籍學生的原學校在香港或澳門，原學校就無法為其出具國家學籍卡。故而，港澳籍學生在申請

時可能因缺少學籍卡而無法成功插班。這大大減弱了轉學插班制度的實際意義。

四、小結

自 2017 年深圳市 "積分入學" 政策納入港澳居民以來，隨著政策的實施落地與逐年調整，港澳籍學生的受教育權保障亦得以擺脫 "次國民待遇" 的窘境，而獲得其現實內容。而根據筆者問卷調查的反饋，"積分入學" 政策的實施也確實讓更多有意願在深圳接受義務教育的港澳籍學生不再被拒之門外，且通常可以享受較高質量的公辦學校教育。

但現有的政策難免存在問題。首先，深圳市 "積分入學" 政策的設計重點之一是戶籍指標，而港澳居民在這一指標上有著天然且不可改變的劣勢，此即與其 "市民待遇" 的制度期待出現了偏差。鑒於戶籍制度的功利主義語境植根於歷史背景與現實需要，港澳籍學生受教育權的平等保障亦須結合實際逐步推進。在這一關切下，"積分入學" 的政策模式需逐步放寬戶籍壁壘，同時增加其可變性指標的計分權重，從而使港澳居民在深的受教育權保障與其對深圳的認同與貢獻程度相關聯，這也有利於在功利主義的現行邏輯下落實港澳居民 "平等待遇" 的內在要求。因此我們認為，南山區的 "基礎分項細化 + 加分，積分高者優先" 模式可成為政策優化的可行路徑，而 "基礎分 + 加分，積分高者優先" 的政策模式亦有在均衡本地戶籍人口和外來人口利益的基礎上釋放 "積分紅利" 的制度空間。

其次，在政策執行的過程中，港澳居民也遭遇了許多現實困境。計生加分（積分）面臨申請材料繁瑣、政府系統聯動低效等問題的共同制約。此外，港澳居民在申請時的親屬關係公證程序也有不合理的繁瑣之處。因此，申請程序的繁瑣增加了港澳籍學生的入學難度。而與此同時，優質學位的配置不足與插班轉學的制度缺漏又使得港澳籍學生上"好"學"難上加難"。

　　儘管如此，"積分入學"政策作為深圳落實港澳居民社會權利保障的"制度風向標"，其積極效應和深遠意義仍然無可質疑。由此，我們更須對上述問題加以審視和反思，以推動政策的優化與完善。

"積分入學"政策的優化路徑
與"雙區"融入政策的整體展望

—————— • ——————

基於前文對"積分入學"政策予以文本層面和實效層面的雙重檢視，我們將在把握政策現狀與既存問題的基礎上，針對這些問題提出對策性建議，以探尋政策優化的可能路徑。最後，我們將回歸到深圳促進香港融入"雙區"的制度圖景，對該圖景的價值取向與變遷方向進行整體展望。

一、"積分入學"政策的優化路徑

（一）逐步突破戶籍制度壁壘

"積分入學"政策的進步之處在於填補了港澳居民在內地受教育權保障的空白，使其不再被視為"境外人士"對待，然而其仍然處於戶籍指標建構出的權利保障的"差序"格局，與憲法權利和公民範疇內蘊的平等的價值追求尚有距離。但正如前述，戶籍制度作為公民身份的等級分層制度，[22] 其功利主義的制度邏輯根植於城市社會資源與城市人口數量的供需矛盾中，因而其對城市公民身份的有限供給與對外來人口的權利限制便具有歷史必然性和合理性。基於此，"積分入學"政策在這一問題上應當採取循序漸進的思路：首先，須在功利主義的現行邏輯下解決港澳居民在深受教育權保障的"次國民待遇"，而這一步在 2017 年深圳將港澳居民納入其"積分入學"政策時即已實現；進而，推動港澳居民獲得"市民待遇"，享有與深圳市民同等的受教育權保障內容；最後，爭取擺脫戶籍制度的壁壘，實現受教育權平等的價值追求，使外來人口與本地戶籍人口可以獲得受教育的相同機會和平等保障。具體而言，這又可分為以下四個階段：

第一個階段，在港澳居民作為非深圳戶籍居民這一大前提不變的情況下，可以在全市範圍內推行"基礎分項細化＋加分，積分高者優先"的政策模式。如前所述，該模式在基礎分項上實現了戶籍、住房與社保三者的指標分離與獨立賦分，並在其中削弱戶籍指標的計分權重，這使得該模式對於港澳居民的入學積分具有超越深圳戶籍的更大可能。同時，其可變性加分指標的種類多元與權重加大也可進一步削弱戶籍指標的影響，從而對港澳籍學生受教育權的平等保障更為有利。但是，考慮到深圳各區不同的經濟狀況與教育資源，部分區劃也可先行採用"基礎分＋加分，積分高者優先"的政策模式。這種均衡型模式在將教育資源優先配給本區人群的同時，也能一定程度地將資源偏向非本區人群（港澳居民）。由於這一模式相較於"基礎分項細化＋加分，積分高者優先"，戶籍指標並未在基礎分項上實現細化分離，其對基礎分類別排序的影響亦相對較大，因此有必要對該模式的適用附加兩個條件：其一，該模式需進一步均衡基礎分與加分的權重佔比，以發揮其理論層面的"積分紅利";其二，該模式亦需伴隨逐年調整，降低戶籍指標影響，增大可變性加分指標影響，進而推動基礎分指標的細化分類，實現向"基礎分項細化＋加分，積分高者優先"的模式過渡。

第二個階段，可以設定當港澳居民達到一定條件即視為深圳戶籍居民的政策。將符合條件的港澳籍申請者視為深戶參與排名，未符合此條件的，則視為非深戶籍居民參與排名。由此，通過具體政策的靈活變通，即可在一定程度上突破港澳居民在戶籍制度下的身份限制。由於港澳籍學生年齡較小，在具體條件的設置上，除了考慮學生本身的優秀程度外，還應該考慮其父母對城市做出的貢獻。我們認為，政策制定者可以參照《深圳市人才引進實施辦法》，港澳籍申請者符合"（一）身體健康；（二）已在本市依法繳納社會保險；（三）符合本市計劃生育相關規定；（四）未參加國家禁止的組織及活動，無刑事犯罪記錄"且符合第六條規定的人才類型的，[23] 即可將其視為深戶，參與積分排名。

上述兩階段可使部分港澳居民有條件、有限度地享有與深圳戶籍人群相近的受教育權保障。然而如前文所述，國家統合目標所指涉的社會權利保障與公民身份建構必然超越對部分港澳居民的優惠性政策供給，而具有平等、普遍的內在要求。這也是《先行示範區意見》提出"市民待遇"，以及廣東省政府"關於香港籍學生逐步按照深戶學生待遇入學"要求[24] 的意義所在。因此，深圳各區應隨著教育資源的豐富及其供需關係的變化，在第三階段分兩步落實港澳籍學生的深戶待遇，使其普遍享有與深圳市民同等的受教育權保障內容：

第一步，參照 2020 年光明區對台灣籍學生提供的待遇，在計算基礎分時，將港澳籍申請者視作深圳市其他區的居民進行計算。第二步，當條件成熟時，參照 2019 年光明區對台灣籍學生提供的待遇，將港澳籍申請者視作本區戶籍居民計算基礎分，從而分階段、分情況地回應"市民待遇"的基本要求。

至此，上述三個階段均是在"積分入學"與戶籍制度的現行框架下所進行的制度設想。此二者植根於社會資源供需矛盾的歷史語境中，以戶籍制度對公民身份予以等級分層，以積分排序對受教育的權利資格進行有限供給的做法雖然有其必然性和合理性，但於應然層面而言仍屬"權宜之計"。換言之，上述三階段的設想雖已經滿足港澳居民享有"市民待遇"的受教育權保障要求，從而可望達成其公民身份的實質填充與國家統合的初步實現。但這種權利保障方式仍帶有某種工具性格，而與中國社會主義制度的範疇構成與價值追求存在一定距離，亦即，憲法權利、公民身份、社會主義的規範性範疇都最終指向"普遍的平等"的價值追求。

因此著眼於最後的第四階段，我們建議，作為社會主義先行示範區的深圳，可以在條件成熟的遠期，以適宜區劃作為試點，發揚敢為人先的特區精神，掙脫戶籍制度的藩籬。申言之，在保障政策照顧群體獲得入學資格的基礎上，探索對不同戶籍、不同住房狀況的申請者按學區統一抽籤入讀公辦學校，未入讀者就近分配到民辦學校，且由政府補貼入讀民辦學校所需全部費用的做法。同時，切實提高民辦學校辦學品質，確保民辦學校與公辦學校師資水平與辦學力量相近，實現"將民辦學校作為公辦學校有益補充"的制度要求，[25] 最終落實好"幼有善育、學有優教"的宏偉目標。[26]

在訪談中，還有多位受訪者表現出對國家政策搖擺，港澳
居民優待可能隨時失去的擔憂。而在第四階段的制度建構下，
由於此時的受教育權保障已然超越了單向度的惠港澳居民政
策，而成為新時代社會主義下公民權利保障體系的構成性要素
與本質性要求，因此港澳居民亦無須擔心權利保障變動不居。
換言之，此時的受教育權保障擺脫了工具性格而具有規範價
值，這亦即意味著港澳居民 "政治—法律" 公民身份的實質填
充及其國家統合目標的最終實現。

（二）完善居住證加分（積分）政策

隨著越來越多的區劃將居住證作為加分（積分）指標，深
圳的十個區劃中現已有七個將其納入 "積分入學" 政策。這意
味著居住證作為居住與社保時長的制度載體，已逐漸為政策制
定者所重視，其有利於通過可變性指標進一步弱化不可改變的
戶籍指標影響，並以外地人口對深圳的認同與貢獻程度的量化
表徵彌補其非深圳戶籍的不利地位。

但不可否認的是，對於推動港澳居民受教育權的平等保障
而言，各區現行的居住證加分（積分）政策仍有不足。首先，
在各區現行政策中，港澳台居民居住證並沒有受到應有的重
視。如前所述，在將居住證作為加分（積分）指標的七個區劃
中，只有龍華區明確將港澳台居民居住證作為與深圳經濟特區
居住證並行的積分證件；羅湖區、鹽田區、光明區的居住證加
分（積分）政策則使用了 "具有使用功能的（有效）居住證"
的模糊表述，由此港澳台居民居住證是否可以作為加分（積分）
證件便不免產生疑問，這也表明這三個區劃的居住證政策對

於港澳台居民居住證的制度定位尚不明確；而寶安區、大鵬新區、坪山區更是明確通過將"深圳（經濟特區）居住證"作為加分（積分）證件，"明示其一則排除其他"地否定了港澳台居民居住證的適用可能。而在深圳的現行制度下，非深圳戶籍人群持有的居住證分為兩種，亦即以內地非深戶籍人群作為申領主體的深圳經濟特區居住證和以港澳台居民為申領主體的港澳台居民居住證。因此，港澳台居民居住證在居住證加分（積分）政策下的失語就意味著港澳居民實際上難以獲得該項加分（積分），從而上述的制度紅利便無法實現。不僅如此，兩種居住證在加分（積分）政策下的不平等亦會造成港澳居民相對於其他非深戶籍申請者的"次國民待遇"。基於此，我們建議，各區的居住證加分（積分）政策應明確將港澳台居民居住證納入其加分（積分）證件，並賦予其與深圳經濟特區居住證同等的計分權重。這出於以下三個制度考量：其一，將港澳台居民居住證作為加分（積分）證件有利於實現該證內蘊的價值取向和制度紅利。具體而言，這又可以分為三個面向：首先，該證的出台本身即"意味著國家開始轉變過往對港澳居民'境外人士'的身份界定，港澳居民開始向享有完全'國民待遇'的中國公民的公法身份轉變"[27]。因此，在戶籍制度和與其配套的居住證制度的語境下，港澳台居民居住證即為國家將港澳居民從"境外人士"的"次國民待遇"轉向"非本地戶籍人口的中國公民"的"國民待遇"的制度探索。質言之，該證作為彌補港澳居民無法申領內地城市居住證的替代證件，至少應享有與內地城市居住證（深圳經濟特區居住證）同等的政策待遇和制度定位。其次，該證作為中央統籌、全國通行的證件，將其納入深圳的"積分入學"亦有利於以港澳台居民居住證為紐帶將"'雙區'融入—灣區融入—國家融入"在微觀制度的層面上予以對接，以深圳為試點率先落實該證推動港澳居民內地融入與權利保障的積極意義。最後，鑒於該證落地配套機制尚未建構，停留於政策文本的層面使其缺乏實際意義且難以推廣使用，將該證納入"積分入學"的加分（積分）指標亦有助於普及該證的日常使用，釋放其制度紅利。其二，相比於深圳經濟特區居住證，港澳台居民居住證的申領門檻較低。因此，將其作為並行的加分（積分）證件有利於推動港澳居民受教育權保障的"市民待遇"進程。其三，其亦有利於在維持現行居住證制度的基礎上，以最小的制度成本實現居住證加分（積分）的上述紅利。綜上，深圳各區有必要明確將港澳台居民居住證作為與深圳經濟特區居住證並行、同等的加分（積分）證件。

在此基礎上，對於在政策文本上如何將其納入居住證加分（積分）政策，則視各區不同規定而有不同的解決路徑。對於使用"深圳（經濟特區）居住證"之表述的區劃（寶安區、大鵬新區、坪山區），可直接改為"港澳台居民居住證或深圳經濟特區居住證"；而對於使用"具有使用功能的（有效）居住證"表述的區劃（羅湖區、鹽田區、光明區），既可直接改動規範表述，也可通過出台相關解釋細則，將"港澳台居民居住證"納入"具有使用功能的（有效）居住證"的指涉範圍。

此外，深圳各區還需整合居住證的加分（積分）形式。綜觀而言，目前對於居住證的加分（積分）形式有兩種。龍華區以持有居住證的時長進行累計加分（積分），而其餘諸區則以是否持有居住證實行一次性加分（積分）。基於兩種加分（積分）

形式均有其合理性，政策制定者與其對兩者進行非此即彼的抉擇，毋寧將其加以整合。因此我們建議，可以先行對"是否持有居住證"設定加分（積分）分值，後續再對非深圳戶籍申請者的持有時長予以持續性賦分。由此，這種制度整合將有利於進一步凸顯居住證作為時長類型指標的本質，最大限度地發掘其對於外來人口的紅利空間。

（三）豐富可變性指標的搭配型加分（積分）

綜觀深圳"積分入學"加分（積分）的特殊指標，除居住證指標外，由多項指標構成的搭配型加分（積分）亦值得關注。而如前所述，目前深圳各區的搭配型加分（積分）均由居住證、社保時長和學籍年限這三個指標所構成，且只有三個區劃採用了這種指標搭配的加分（積分）方式。其中例如，羅湖區採用"居住證（持有時長滿六年）＋社保時長（滿六年）＋學籍年限（小學六年學籍）"的積分方式；南山區採用"社保時長（滿72個月）＋學籍年限（小學六年學籍）"的加分方式；而大鵬新區則採用"居住證（父母一方或雙方持有）＋社保時長（滿五年）"的加分方式。

這種搭配型加分（積分）的本質是通過多個基本的（不可再分的）可變性指標的搭配組合產生"複合型"的加分（積分）指標。在此基礎上，其無疑為可變性指標的種類豐富及其權重增加開闢了制度設計上的有益思路：其一，搭配型加分（積分）的基本指標為可變性指標，亦即該指標設定的成就條件是可以通過申請者的後天努力達成的，如住房指標、居住與社保時長指標、居住證指標等。而這種可變性指標的成就條件又往往映射出申請者對城市的認同與貢獻程度。由此，搭配型加分（積分）作為可變性指標的“複合體”，便有利於弱化外來人口在戶籍指標上的天然且不可改變的劣勢地位，並將城市發展紅利與申請者對城市的認同與貢獻程度相連，從而有利於分配正義的實現。其二，鑒於基本的可變性指標數量有限，且其種類的豐富創新較為困難，搭配型加分（積分）即可通過目前有限指標的搭配組合，極大拓展可變性加分（積分）指標的制度空間，同時降低指標設計的制度成本。

基於此，我們建議，各區可以通過搭配型加分（積分）的制度探索，進一步豐富可變性加分（積分）指標的種類，並賦予其更大的計分權重。具體而言，各區的的優化創新需要注意三點：其一，搭配型加分（積分）的基本指標須為可變性指標。其二，各區在推行搭配型加分（積分）時，一方面應積極推進基本可變性指標的創新實踐，一方面亦應最大限度地運用目前的基本指標，探索其搭配組合的可行方案。這就意味著，不限於現行政策下的三個基本指標（居住證、社保時長、學籍年限），其他可變性指標亦可成為搭配組合的對象要素。其三，搭配型加分（積分）的成就條件不宜過於繁複，其計分權重亦應有所增加。以羅湖區目前頗具代表性的一個搭配型積分為例。如前所述，該“複合型”積分指標由“居住證＋社保時長＋學籍年限”構成，諸多成就條件使得該項積分難以實現。此外，即使滿足了此項積分繁複的成就條件，其也只有１分的積分。如此一來，搭配型加分（積分）的制度紅利便成具文。因此，各區在探索“複合型”加分（積分）指標時，應注意其實現難度與計分權重間的比例關係，以求真正落實其內在的“積分紅利”。

（四）完善政府部門間的協作機制

而在政策實施層面，由於內地政府各部門之間以及內地與港澳政府之間缺乏銜接機制與有效聯動，港澳居民在申請"積分入學"時遭遇前文述及的親屬關係公證繁瑣、登記證件繁複且難以互認的諸多問題。因此，需完善政府部門間的協作機制，以為港澳居民的申請過程與積分落實提供便利，從而於政策實施的層面上促進制度紅利的切實落地。

具體而言，對於親屬關係公證手續繁瑣的問題，我們在訪談中了解到，港澳居民在辦理回鄉證的時候，其親屬關係信息即已提交給省公安廳。且香港居民的出生登記證明書也記載了港籍兒童的親屬關係。因此我們建議，可由深圳市政府統籌，各政府部門內部梳理已掌握的港澳居民身份信息，尤其是公安、出入境部門掌握的身份信息，其是否足以證明港澳居民親屬關係的真實性與合法性。如果現有的身份信息足以證明親屬關係，可以參照深圳市政府"書面告知承諾，政府部門內部核查和部門間核查"的方式，由申請者提供親屬關係材料，政府部門通過信息共享確認材料的真實性與合法性；如果政府部門認為已掌握的信息仍不足以證明其親屬關係的，也可採取經由申請者授權深圳市政府向港澳特區政府請求查詢，港澳政府再向深圳政府提供的方法，從而"讓信息多跑路，讓群眾少跑腿"，以政府部門間的協調聯動來代替申請者的材料公證。

此外，在前文揭示的實施困境中，因政府部門協作不暢所致的問題還有計生加分（積分）的登記證件繁複而無法互認。但就"積分入學"的登記證件而言，其不統一、難互認的現實困境卻不限於計生加分（積分），還涉及其他申請事項。如"積分入學"的申請報名即在實踐中存在不同部門登記不同證件的窘境。因此，針對這一共性問題，可在現有證件中選用一種，作為全市範圍內申請登記的統一證件。在此基礎上，鑒於港澳居民居住證具有前述推動港澳居民公法身份的範式轉變，進而促進國家融入與統合的重大意義，我們建議，在全市範圍內建立"積分入學"統一登記平台的同時，將港澳台居民居住證作為統一登記證件，以實現該證承載的制度定位與紅利供給。

（五）降低轉學插班門檻

轉學插班制度作為與"積分入學"政策相互補充、保障非深圳戶籍學生在深接受義務教育的相關機制，對於港澳籍隨遷子女的跨境入學問題尤為重要，因此亦須填補其制度空缺，以發揮制度實效。而在前文的調查研究中，該制度的主要問題是適用門檻過高，進而導致港澳籍學生的轉學插班難以實現。申言之，各區的現行制度存在兩個問題：其一，部分區劃不受理港澳籍學生的插班申請，致使其直接喪失了該制度的適用可能；其二，在受理申請的區劃中（除大鵬新區外），港澳籍學生也會因無法獲得國家學籍卡而間接喪失該制度的適用資格。

因此我們建議，應降低轉學插班的適用門檻，向港澳籍學生開放其制度空間。首先，針對部分區劃不受理轉學插班申請的問題，應放開戶籍限制，准許包括港澳居民在內的非深戶籍學生申請插班；其次，針對插班申請者的轉學規則，可在轉入時參照"積分入學"，並具體借鑒其"基礎分項細化＋加分，積分高者優先"或"基礎分＋加分，積分高者優先"的政策模式，將申請者的相關條件賦以相應分值，積分高者將優先獲得插班資格；最後，針對港澳籍學生無法獲得國家學籍卡的問題，可參照大鵬新區的做法，在相關文件中規定"無國家學籍的港澳籍學生由原學校開具就讀證明"，從而充分照顧港澳籍學生的特殊情況，做出靈活應變。

二、"雙區"融入政策的整體展望

在深入檢視"積分入學"的政策文本與其實施效果，進而針對既存問題提供制度優化的可能路徑之後，我們將回溯到深圳促進香港居民融入"雙區"的制度圖景。而更為關鍵的是，此時的我們可以"積分入學"為"棱鏡"，對深圳融入政策的價值取向與變遷方向予以整體展望。

首先，以"積分入學"政策為切入視點，深圳融入政策的價值取向呈現為兩個面向：其一，深圳促進香港居民融入"雙區"的政策建構必然超越單向度的經濟福利供給，從而在促進區域經濟發展的基礎上朝向國家統合的目標實現。這實質上意味著，深圳的融入政策不僅意在激發其基於工具理性而產生的自利性認同，亦即"因經濟福利而選擇融入"，也開始通過社會權利的平等保障與公民身份的實質建構激發其基於規範理由而產生的國家認同，亦即"我是中國公民而理應融入"。其二，深圳促進香港居民融入"雙區"的政策實踐亦必然超越工具性的國家統合，而最終朝向普遍平等的規範追求。申言之，深圳融入政策通過推進香港居民的社會權利保障，從而指向其公法身份從"境外人士"向"中國公民"的範式轉變，不僅是為了回應激進本土主義對國家統合的詰難（在此，融入政策具有一種為了國家統合而保障權利的工具性價值），而且更可將其視作對社會主義平等價值的積極落實（如此，融入政策的權利保障便是基於一種社會主義及其權利本身所內在的規範性價值）。由此，《先行示範區意見》的"市民待遇"便不僅在國家統合的意義上被證立，而且還可將其視為社會主義平等價值的先行實踐。基於此，深圳的融入政策實踐便具有如下面向：以推動香港居民在深的"市民待遇"為契機，先行探索公民身份等級分層機制（戶籍制度）的改革方案，逐步推動公民身份權利資格的實質平等與城市社會資源供給的分配正義，從而落實社會主義先行示範區的制度期待。

因此，深圳融入政策在價值取向上便呈現為"區域經濟發展—國家統合—社會主義平等"的價值位階。

進而，鑒於政策的價值取向是其變遷的內在驅力，我們便可在上述價值位階的基礎上展望深圳融入政策的變遷方向：其一，深圳市不僅須繼續推出針對港澳人才、港澳籍勞動人口的就業創業優惠政策，更要將目光聚焦於以"積分入學"政策為代表的、指涉普通香港居民的社會權利保障政策，以"政治—法律"公民身份的實質化建構推進"雙區"融入、灣區統合與國家認同。由此，"雙區"融入的先行實踐將有望以"區域經濟發展—國家統合"的階層式路徑實現國家融入的合題。其二，深圳市對於港澳居民的社會權利保障須兼及政策文本與政策實效的雙重面向，這既是針對香港居民融入"雙區"制度困境的解題思路回應，也是"積分入學"政策的論述線索對應。具體而言，在文本設計的面向上，深圳融入政策須逐步弱化戶籍因素影響，強化城市資源供給和居民對城市認同、貢獻程度的制度關聯，從而在推進戶籍改革先行先試與社會主義分配正義的宏觀語境下，落實香港居民的"市民待遇"。此亦即對應於"國家統合—社會主義平等"的價值進路。而在政策實施的面向上，則須進一步完善政府部門的協作機制，統一政策流程及其實施平台，以促進融入政策的紅利落實，便利香港居民的融入發展。此亦即"積分入學"實施困境在深圳整體融入政策上的對策回應。

由此，深圳融入政策的變遷方向即呈現為"經濟福利供給—社會權利保障（文本上削弱戶籍影響＋實施上加強部門協作）"的多層次、多面向複合結構。

而在上述變遷方向的複合結構中，港澳台居民居住證似乎可以成為諸層次、諸面向的交匯場域與制度載體。首先，該證作為中央政府對港澳居民公法身份範式轉向的制度探索，兼具福利供給與權利保障（持有該證的香港居民可享有三項權利、六項基本公共服務和九項便利），因此可滿足"經濟福利供給—社會權利保障"的融入政策變遷需求。其次，在融入政策的文本設計上，重視港澳台居民居住證的制度定位，增加該證在融入政策中的制度影響，亦有利於對沖戶籍制度對香港居民的不利地位。最後，在融入政策的實施過程中，以港澳台居民居住證為統一辦事證件，也有助於融入政策實施部門間的平台對接與有效聯動。

最後，我們即可賦予港澳台居民居住證一種統合融入政策價值取向與變遷方向的制度期待：在"雙區"建設背景下，深圳可將港澳台居民居住證作為其融入政策的核心與紐帶，以該證的落地配套機制建構為契機，推動融入政策"經濟福利供給—社會權利保障"的雙向發展,從而回應"區域經濟發展—國家統合"的價值進路。在此基礎上,逐步推進該證"非深圳戶籍的境外人口居住證—非深圳戶籍的內地居住證—深圳戶籍的身份證"的制度功能變遷,從而實現香港居民"境外人士—非深圳戶籍的中國公民—深圳市民"的公法身份轉變,進而落實香港居民的"市民待遇",初步回應"社會主義平等"的價值追求。

———— 第五節 ————

結語

———— • ————

　　香港實現國家融入作為"一國兩制"在新時代下的戰略選擇，兼具靜態命題與動態實踐的雙重視域。從靜態視域而言，國家融入作為應然命題具有三重面向：首先，國家融入既根植於對香港社會發展困局的深層關切，又基於對國家發展大局的時代註解；其次，國家融入既是本土主義與分離主義的反題，亦是經濟滯緩與階層固化的解題；最後，國家融入便成為國家統合與區域經濟發展的合題，對應於香港社會發展困局的雙重面向，亦契合於粵港澳大灣區的雙重定位。

　　由此，在靜態視域下，國家融入命題便嵌入到"香港社會發展（社會發展困局的回應：本土主義＋經濟滯緩）—國家融入（國家統合＋區域經濟發展）—大灣區建設（國家發展大局的註解：'區域主義的空間'＋'區域的空間'）"的邏輯關聯之中。因此可以說，國家融入作為應然命題，將香港發展與灣區建設連結為"一體兩面"的命運共同體。抑或說，香港發展與灣區建設將統一於國家融入的合題之中。

　　而從動態視域而言，國家融入則呈現為"'雙區'融入—灣區融入—國家融入"的制度實踐。本章即以"雙區"融入層面上的"積分入學"政策為微觀視點,把握國家融入作為動態實踐的宏觀面向:首先,國家融入的動態實踐根植於國家治理能力現代化的制度語境中,國家開始逐漸從古典邊疆治理的實然邏輯,亦即維持"內地(中心)—香港(邊緣)"的差序格局並以經濟優惠與政策支持換取政治忠誠的治理方式,[28] 轉向社會權利保障與公民身份建構,從而實質填充由憲法與基本法所共同構成的憲制基礎與應然語境的現代治理模式。其次,國家融入的動態實踐亦開始注重香港居民國家認同的範式轉化,從以單向度的經濟福利激發以工具理性為依據的國家認同,轉向以憲法權利保障和公民身份建構來激發以規範理由為依據的國家認同。簡言之,國家融入的制度實踐開始使得香港居民從"因其有利可圖而認同"轉向"作為中國公民而理應認同",從而真正實現國家認同和國家融入的應有之義。

由此,在動態視域下,國家融入的要義即為以國家治理能力與體系的現代化,實現香港居民國家認同的範式轉化和有效建構。

因此,靜態命題揭示了國家融入的地位格局與宏觀方向,動態實踐則勾勒出國家融入的實現路徑和戰略轉向,兩者各有側重而不可偏廢。但是,國家融入的雙重視域說到底也只是宏觀架構,尚須"積分入學"這樣的微觀政策填充落實。由此,以靜態命題為"精神",以動態實踐為"骨骼",以諸項微觀政策為"血肉",三者統一於國家融入的時代選擇,共同致力於"一國兩制"的行穩致遠。

本章附錄

表 1　前海系列惠港澳居民政策措施

政策名稱	政策客體	權利領域	政策內容
《前海貫徹落實"粵港澳大灣區建設領導小組會議關於惠及港澳居民的政策措施"行動計劃》	港澳居民	就業創業	在法律界、建築界、保險界分別推出三項舉措，支持港澳專業界別在前海發展。
		教育就學	保障在前海工作的港澳人子女與深圳居民子女平等接受教育、義務教育和高中階段教育；符合條件的隨遷子女順利在流入地參加高考；開辦港人子弟學校。
		醫療健康	吸引港澳等境外醫療機構在前海辦醫；在前海合作區內使用已在港澳註冊上市的醫療藥物和常用醫療儀器。
		社會生活	港澳居民及家庭在前海合作區內可享受與深圳戶籍居民及家庭同等條件的購房政策；推動異地見證方式在前海銀行機構廣泛推廣，實現為香港居民開立境內帳戶，方便香港居民資金境內外使用；支持在前海試點探索跨境理財通機制，進一步惠及和便利三地居民財富管理需求。
《關於支持港澳青年在前海發展的若干措施實施細則》	港澳青年	就業創業	在就業創業方面，給予創業啟動資助、降低初創成本、培育重點項目、給予上市獎勵、鼓勵資質認定、支持創業活動、完善創投體系、提供風險補償；支持港澳青年參訪、實習和就業，並予以相應補貼資助。
		社會保障	前海發展的港澳青年，可申請租住前海人才住房，在繳存、提取住房公積金方面享受市民同等待遇，並參照深圳市新引進人才租房和生活補貼標準，為在前海發展的未享受任何租房政策的港澳青年發放租房補貼。
		社會生活	開通前海到深圳灣、福田、皇崗口岸的高頻直達巴士，對在前海合作區內就業創業的港澳青年給予跨境交通補貼。
		教育就學	探索符合條件的港澳青年子女在本市就讀義務教育階段和高中階段學校，享受本市戶籍學生待遇。

		就業創業	前海人才可享受個人所得稅優惠、資金獎勵與資助；放寬港澳執業資格條件，將前海作為港澳與內地執業資格制度相銜接的試點基地；鼓勵港澳青年創新創業並予以扶持。
《關於以全要素人才服務加快前海人才集聚發展的若干措施》	港澳籍人才	教育就學	建設前海國際學校，舉辦高水平示範性中外合作辦學機構；允許港澳青少年與市民同等積分入學；創新內地與港澳合作辦學方式。
		醫療健康	引進優質醫療資源，鼓勵社會資本發展高水平醫療機構；鼓勵港澳服務提供者設立醫院、診所等專業醫療機構，探索港澳已上市但內地未上市的藥品、醫療器械在前海特定醫療機構使用。
		社會保障	推動港澳台居民和外籍高端人才及配偶、子女購買和享受醫療保險。
		社會生活	設立前海人才住房專營機構，建設人才住房；探索開展住房租賃券計劃，通過住房租賃市場實現安居；允許香港居民按規定享有與市民同等購房待遇；推廣為前海外籍及港澳台高層次人才聘僱的外籍家政服務人員申請居留許可。

表 2 2020 年深圳市各區戶籍時長加分（積分）概況

區劃	適用對象	指標依據	加分（積分）規則
鹽田區	深圳戶籍的學位申請人	學位申請人父母（監護人）一方轉入深圳戶籍的時長	每滿一個月加 0.01 分，封頂 2 分
光明區	深圳戶籍的學位申請人	學位申請人父母（監護人）一方轉入深圳戶籍的時長	每滿一個月積 0.1 分
龍華區	深圳戶籍的學位申請人	學位申請人父母（監護人）一方轉入深圳戶籍的時長	每滿一個月積 0.1 分
龍崗區	深圳戶籍的學位申請人	學位申請人父母（監護人）一方轉入深圳戶籍的時長	每滿一個月加 0.05 分，與居住時長累計封頂 10 分
南山區	深圳戶籍的學位申請人	學位申請人最近轉入深圳戶籍的時長	南山戶籍的學位申請人：每年加 1.5 分，封頂 7.5 分；其他區戶籍的學位申請人：每滿一年加 1 分，封頂 5 分

表3 2020 年深圳市各區居住時長加分（積分）概況

區劃	適用對象	加分（積分）規則
羅湖區	深圳市戶籍的學位申請人	購房的每滿 1 個月積 0.3 分；租房的每滿 1 個月積 0.2 分
寶安區	深圳市戶籍的學位申請人	每滿 1 個月加 0.1 分
龍華區	深圳市戶籍的學位申請人	每滿 1 個月積 0.1 分
大鵬新區	深圳市戶籍的學位申請人	每滿 1 個月加 0.1 分，封頂 7.2 分
福田區	不限制其適用對象	每滿 1 個月加 0.1 分，封頂 10 分
鹽田區	不限制其適用對象	每滿一個月加 0.01 分，封頂 2 分
光明區	不限制其適用對象	每滿一個月積 0.1 分
坪山區	不限制其適用對象	每滿 1 個月積 0.3 分
龍崗區	不限制其適用對象	每滿 1 個月加 0.05 分，與戶籍時長或社保時長累計封頂 10 分

表4 2020 年深圳市各區社保時長加分（積分）概況

區劃	適用對象	加分（積分）規則
福田區	不限制其適用對象	每滿一個月加 0.1 分，封頂 10 分
南山區	不限制其適用對象	非深圳戶籍的學位申請人：每滿一個月加 0.1 分，封頂 10 分；深圳戶籍的學位申請人：直接加 11.5 分
羅湖區	非深圳市戶籍的學位申請人	每滿一個月積 0.1 分
鹽田區	非深圳市戶籍的學位申請人	父母均為非深戶：每滿一個月加 0.01 分，封頂 2 分；父母一方為深戶：直接加 2 分
寶安區	非深圳市戶籍的學位申請人	每滿一個月加分（積分）0.1 分
光明區	非深圳市戶籍的學位申請人	每滿一個月加分（積分）0.1 分
龍華區	非深圳市戶籍的學位申請人	每滿一個月加分（積分）0.1 分
坪山區	非深圳市戶籍的學位申請人	每滿一個月積 0.2 分
大鵬新區	非深圳市戶籍的學位申請人	每滿一個月加 0.1 分，封頂 6 分
龍崗區	非深圳市戶籍的學位申請人	每滿一個月加 0.05 分

表 5　2020 年深圳市各區計劃生育加分（積分）概況

區劃	福田區	羅湖區	鹽田區	南山區	寶安區	光明區
獨生子女加分（積分）	1 分	1 分	0.2 分	1 分	2 分	1 分

表 6　2020 年深圳市各區特殊加分（積分）概況

區劃	提供無房證明加分（積分）	報讀原地段學校加分（積分）	父母同時持有居住證或戶籍加分（積分）	居住證、社保和學籍年限的搭配型加分（積分）
福田區	能提供申請人家庭無房證明的加 2 分	選擇報讀原地段所屬學校的加 10 分	無	無
羅湖區	住房為住宅類商品房或租房提供房屋租賃憑證積 1 分	實行大學區招生的地段，申請原地段學校的 A、B 類積 3 分；C、D 類積 1 分	父母為深戶或一方為深戶、一方有居住證或雙方有居住證積 2 分	深圳戶籍具有深圳市小學 6 年學籍，非深戶籍具有深圳市小學 6 年學籍、父母持有滿 6 年有效居住證和繳納滿 6 年社保的小學畢業生申請初一積 1 分；非深戶籍父母居住證、社保同時滿五年及以上的積 1 分；父母同時在深圳繳交社保（養老 + 醫療）積 2 分
鹽田區	無	無	非深戶兒童父母雙方都提交有效居住證的加 0.2 分	無
南山區	無	無	無	限於非深圳戶籍，初一：父母社保滿 72 月，同時滿 6 年深圳市小學學籍加 1.5 分

寶安區	無	無	入學申請人的父母雙方均持有具有使用功能的深圳居住證；父母其中一方為深圳戶籍，另一方持有具有使用功能的深圳居住證；父母均為深圳戶籍的加 0.5 分	無
光明區	無	無	非深圳戶籍申請人的父母均持有具有使用功能的居住證；或一方持有具有使用功能的居住證，另一方為深戶的積 1 分	無
龍華區	無	無	申請入學適齡兒童、少年的父母（或法定監護人）具有使用功能的中華人民共和國港澳居民居住證或深圳經濟特區居住證時間最長的一方計算積分，每滿一個月積 0.1 分	無
坪山區	深圳市其他區戶籍，在學區租房或有特殊房產，如果能提供深圳市無房證明的，在原有積分基礎上額外積 3 分	無	申請人的父母均持有具有使用功能的深圳經濟特區居住證積 4 分，一方持有不積分	無
大鵬新區	能提供申請人家庭無房證明的，加 5 分	無	入學申請人的父母雙方均持有具有使用功能的深圳經濟特區居住證；父母其中一方為深圳戶籍，另一方持有具有使用功能的深圳經濟特區居住證；父母均為深圳戶籍的，加 0.5 分	限於非深圳戶籍：父母一方或雙方持有有效的深圳經濟特區居住證、社保繳納年限滿 5 年及以上的非深戶籍人員子女，加 1 分
龍崗區	無	無	無	無

表 7　2020 年深圳市各區新增時長類型加分（積分）概況

區劃	2020 年新增時長類型加分（積分）
南山區	**戶籍時長加分：** ① 截至入學當年 4 月 30 日，南山區戶籍時長每滿 1 年加 1.5 分，最高加分不超過 7.5 分，不滿 1 年不加分。 ② 截至入學當年 4 月 30 日，南山區以外深圳市其他區戶籍時長每滿 1 年加 1 分，最高加分不超過 5 分，不滿 1 年不加分。 **學位申請人父母繳納社會保險時長加分：** 從社保連續繳納的第 13 個月開始計分截至入學當年 4 月 30 日，每繳納 1 個月加 0.1 分，累計計算，最高不超過 10 分。
龍華區	**戶籍時長積分：** 申請入學適齡兒童、少年的父母 (或法定監護人) 戶籍遷入深圳時間最長的一方計算積分，每滿一個月積 0.1 分。積分不封頂。 **居住證情況積分：** 申請入學適齡兒童、少年的父母 (或法定監護人) 具有使用功能的深圳經濟特區居住證或中華人民共和國港澳居民居住證時間最長的一方計算積分，每滿一個月積 0.1 分。
龍崗區	**（對於非深戶租房申請者）居住時長加分：** 如提供房屋租賃憑證，按照房屋租賃憑證備案時間，每滿一個月加 0.05 分。

表 8　2020 年深圳市各區新增居住證加分（積分）概況

區劃	2020 年以前政策	2020 年政策
寶安區	未對居住證做出要求	符合以下條件之一的，加 0.5 分：申請兒童、少年的父母或其他法定監護人雙方均持有具有使用功能的深圳居住證；父母或其他法定監護人其中一方為深圳戶籍，另一方持有具有使用功能的深圳居住證
大鵬新區	未對居住證做出要求	符合以下條件之一的，加 0.5 分：申請兒童、少年的父母或其他法定監護人雙方均持有具有使用功能的深圳經濟特區居住證；父母或其他法定監護人其中一方為深圳戶籍，另一方持有具有使用功能的深圳經濟特區居住證

| 龍華區 | 父母（或法定監護人）雙方均持有具有使用功能的深圳經濟特區居住證或單親持有具有使用功能的深圳經濟特區居住證積 10 分 | 申請入學適齡兒童、少年的父母（或法定監護人）具有使用功能的中華人民共和國港澳居民居住證或深圳經濟特區居住證時間最長的一方計算積分，每滿一個月積 0.1 分 |

表 9　深圳市羅湖區調整 "雙非兒童" 分類前後政策對比

區劃	2019 年以前政策	2019 年及以後政策
羅湖區	在以戶籍與住房指標為依據將申請者劃分為 A-E 六個類別後（港澳居民處於 D、E、F 的後三個類別），再以 "是否屬於 '雙非兒童'" 為依據將港澳籍申請者劃分為 I（港澳籍學生的父母均為深圳戶籍）、II（父母一方為深圳戶籍）、III（父母雙方均為非深圳戶籍）三類，並將三類不同的港澳籍申請者再根據不同的住房狀況歸於 D、E、F 的大類。其中，港澳籍 I 類且在學區內的住房為住宅類商品房的申請者屬於 D 類；港澳籍 II 類且在學區內的住房為住宅類商品房的申請者屬於 E 類；港澳籍 I、II 類且在學區內的住房為特殊房產或租房的申請者，或港澳籍 III 類且在學區內居住的申請者屬於 F 類	取消對港澳籍申請者按照 "是否屬於 '雙非兒童'" 進行分類，亦即取消了以港澳籍學生的父母戶籍作為依據的分類方式。由此，港澳居民再無 I、II、III 的內部劃分，而只將其按照住房指標歸入 D、E、F 的大類。其中，非深圳戶籍（港澳居民）且在學區內的住房為住宅類商品房的申請者屬於 D 類；非深圳戶籍（港澳居民）且在學區內的住房為特殊房產、祖輩房的申請者屬於 E 類；非深圳戶籍（港澳居民）且在學區內的住房為租房的申請者屬於 F 類

方案 1　實證研究方法及數據分析

為進一步了解深圳市港澳籍學生"積分入學"政策的實施情況，筆者採用調查問卷法及和深度訪談法進行實證研究，具體情況如下。

1. 調查問卷的基本概述

（1）問卷的設計與目的

調查問卷的設計圍繞五個部分進行：

①港澳籍學生及其家庭的基本信息，如家長的戶籍所在地、家庭居住地、家庭住房情況、子女數量、是否在深就讀、入學方式、學校類型等。目的是統計港澳籍申請者的基本信息，了解港澳籍學生在深就讀的整體情況。

②被調查者對"積分入學"政策的整體態度，包括了解程度、滿意程度、申請成功的難易程度等。根據港澳籍申請者不同的基本情況形成對照組，分析不同類型的申請者對"積分入學"政策的認知與態度差異。

③政策中對港澳籍學生最終積分、申請結果具有較大影響的要素，如積分指標、政策模式等。通過了解被調查者對不同要素的認知與態度，總結出不同要素對港澳籍學生積分入學的影響程度，並進而剖析政策在文本層面上存在的不足。

④"積分入學"在政策實施層面上存在的問題，如招生過程不透明、學校拒收、無法獲得加分（積分）等情況。

⑤對"積分入學"政策改進的建議，包括對政策文本改進與政策實施改善的建議。例如增加公辦學校學位、簡化審核流

程等，為後文提出優化路徑提供指引。

（2）問卷的發放與收集

本次調查問卷發放採用定向推送微信和電腦網頁鏈接的方式，面向港澳籍跨境學童群體中較有代表性和影響力的微信群組（跨境港寶之家）發放調查問卷。共收到問卷 215 份，剔除無效問卷 4 份，有效問卷共 211 份，有效率為 98.14%。

從家庭情況上看，本次調查問卷的調查對象囊括了深圳市多個區劃的港澳籍學生家庭，包括父母是港澳籍的家庭和"雙非兒童"家庭。從家長的戶籍類型上看，家長為深圳市戶籍的家庭最多，佔比 73.93%。從子女的人數來看，多數家庭擁有兩個及以上的子女，佔比 85.31%。通過"積分入學"政策在深就讀的人數佔在深就讀总人數的 67.69%。同時，在深就讀的港澳籍學生在公辦學校就讀與在民辦學校就讀的比重分別為 58.46% 和 36.92%。從家庭的住房情況來看，擁有住宅類商品房的家庭比例高達 77.73%。從家庭居住區域來看，共有福田區、羅湖區、南山區、寶安區、龍華區、龍崗區、光明區七個區劃的家庭參與本次調查。具體情況如下表及下圖所示。

調查問卷填報人員的基本情況

信息類別	基本選項	選擇人數	百分比	樣本總數
家長戶籍	港澳籍	39	18.48%	211
	深圳市戶籍	156	73.93%	
	非深市戶籍	16	7.58%	
子女個數	1 個	31	14.69%	211
	2 個及以上	180	85.31%	
	無	0	0%	

就讀區域	在深就讀	65	30.81%	211
	不在深就讀	146	69.19%	
入學方式	申請積分入學	44	67.69%	65
	非申請積分入學	21	32.31%	
學校類型	公辦學校	38	58.46%	65
	民辦學校	24	36.92%	
	港澳子弟學校	3	4.62%	
居住情況	住宅類商品房	164	77.73%	211
	出租房	28	13.27%	
	特殊房產	14	6.64%	
	無	5	2.37%	

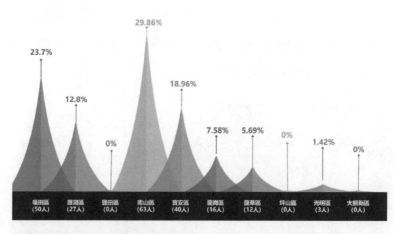

調查問卷填報人員的區劃分佈

2. 訪談的基本情況

（1）訪談目的及方式

為深入了解港澳籍學生"積分入學"政策及粵港澳大灣區下港澳居民權利保障政策的制定、實施情況，我們還採用了深度訪談的研究方法。所有訪談皆按照半結構化的方式進行，在徵得被訪談者同意後錄音，並在後期整理為訪談筆錄。

（2）訪談對象

首先，為進一步驗證調查問卷中港澳籍學生家長所反映的"積分入學"政策現狀及存在問題，我們聯繫了"跨境港寶之家"這一在港澳籍跨境學童群體中較有代表性和影響力的微信群組，以微信群聊的方式召開座談會，了解各個港澳籍學生家長關於"積分入學"政策的利益訴求。同時，為保證樣本的規範化和科學化，我們選擇了兩名在座談會上積極發言的港澳籍學生家長，圍繞"積分入學"政策的實踐情況、對政策的建議和期許等話題，以一對一訪談方式進行更深入的交流。

其次，基於研究視角客觀性和全面性的考量，我們採訪了負責港澳青年工作的政府工作人員。從"積分入學"政策出發，了解作為政策制定者的政府對深圳現行制度下的港澳居民權利保障情況的看法。

再次，我們還聯繫了高校的港澳基本法專家，針對港澳籍學生"積分入學"政策的制定背景、港澳居民基本權利保障的制度落地障礙等問題進行訪談，為本章提供更科學和專業的理論視角。

最後，由於深圳前海合作區出台了大量針對港澳青年的社會保障政策，其中在教育方面提出"港澳人子女與深圳居民子女平等接受教育" 的舉措，我們採訪了前海某律師事務所的負責人，其曾和前海管理局合作完成了多次惠港澳政策評估項目，以此進一步了解前海惠港澳政策的制定和實施情況，探討前海經驗的示範性和可推廣性。

| 註釋 |

* 本章由深圳大學港澳基本法研究中心粵港澳大灣區青年發展法律研究所研究助理黃德賢、鄭宇、關子郢、蔣晶淼、劉越及盧柏燊完成初稿,譚尹豪負責全文的修訂並定稿,深圳大學港澳基本法研究中心特聘研究員黎沛文指導寫作及修訂工作。感謝深圳大學港澳基本法研究中心鄒平學主任、深圳市南山區青年聯合會吳爍檣秘書長以及廣東夢海律師事務所何棟民主任對本章寫作給予的幫助和支持。

1. 張福磊:〈多層級治理框架下的區域空間與制度建構:粵港澳大灣區治理體系研究〉,《行政論壇》2019 年第 3 期。

2. 參見黎沛文、譚尹豪:〈香港的國家認同:封閉主體性的建構與解構〉,《中國社會科學(內部文稿)》2020 年第 6 期。

3. "雙區" 指深圳既是粵港澳大灣區的核心城市之一,又是中國特色社會主義先行示範區。其中,深圳作為大灣區核心城市的定位賦予其促進香港居民融入灣區的政治使命,而示範區的空間角色又使其擔負先行先試的制度責任。

4. 須說明的是,本章的政策文本梳理、實效調研分析及其優化路徑建議均截至 2020 年 "積分入學" 政策與轉學插班制度的實踐狀況。因此不可否認,隨著政策的逐年調整,本章的現狀說明與數據結論可能囿於政策時效。但其對於 "積分入學" 政策、乃至深圳整體融入政策的價值取向與變遷方向的把握仍具前瞻性意義。

5. 參見曹旭東、徐英:〈港澳居民的內地待遇 —— 問題及其解決路徑〉,《港澳研究》2018 年第 3 期。

6. 黎沛文、莊鴻山:〈粵港澳大灣區建設背景下香港青年的公民身份建構與國家認同問題研究〉,《青年發展論壇》2019 年第 1 期。

7. 劉雲剛、侯璐璐、許志樺:〈粵港澳大灣區跨境區域協調:現狀、問題與展望〉,《城市觀察》2018 年第 1 期。

8. 該條文規定:"內地(大陸)與香港、澳門、台灣有關機構就社會保險事宜作出具體安排的,按照相關規定辦理。"

9. 參見鄒平學、馮澤華:〈"一國兩制" 實踐踏上新的歷史台階〉,《今日中國》2019 年第 1 期。

10. 黎沛文、莊鴻山:〈粵港澳大灣區建設背景下香港青年的公民身份建構與國家認同問題研究〉,《青年發展論壇》2019 年第 1 期。

11. 參見趙瑞希：〈前海港籍員工：取消就業證增強國民身份認同感〉，新華網，2018 年 8 月，資料來源於：https://baijiahao.baidu.com/s?id=16085757638227 62396&wfr=spider&for=pc（最後訪問時間：2021 年 5 月 28 日）。

12. 參見〔美〕托馬斯・雅諾斯基著，柯雄譯：《公民與文明社會 —— 自由主義政體、傳統政體和社會民主政體下的權利義務框架》，瀋陽：遼寧教育出版社 2000 年版，第 11-13 頁。

13. 須說明的是，為了凸顯諸政策模式的界分並避免不必要的討論，此處對於"先類別後積分"的模式介紹僅為概要式的"勾勒輪廓"。而在其"輪廓"之下，我們會發現採取該模式的部分區劃仍有與"基礎分 + 加分，積分高者優先"模式相似的"基礎分 + 加分"的計分規則設置。如，羅湖區（按類別先後賦以不同基礎分）、光明區（按類別先後賦以不同基礎分）、龍華區（不論類別先後統一賦分）在其政策文件中均有"基礎分"的設置，並明確指出其"積分 = 基礎分 + 加分"。但是在該模式下，由於類別劃分對於申請者排序具有絕對意義，亦即類別在後的申請者即使積分再高也無法類別在前的申請者，因此其類別賦分（基礎分）僅具形式意義而無實質價值。基於此，本章"基礎分"、"加分"、"基礎分 + 加分"的概念使用與相關論述將實質性地專門指涉"基礎分 + 加分，積分高者優先"和"基礎分項細化 + 加分，積分高者優先"的政策模式。

14. 基於三種政策模式的計分規則不同，本章將區分"加分（指標）"和"積分（指標）"。前者專屬於"基礎分 + 加分，積分高者優先"和"基礎分項細化 + 加分，積分高者優先"的政策模式，特指"基礎分"之外的"加分"計分（項目）；後者則可指向"先類別後積分"的政策模式，由於該模式以類別劃分作為排序先後的絕對依據，並無實質性的"基礎分"概念（當然，這並不排除該模式具有形式意義上的"基礎分"），因而亦不宜主張該模式有所謂"加分（指標）"。基於此，筆者將類別劃分之後，在同一類別內進行積分排序的計分（項目）稱為"積分（指標）"。但須注意的是，"積分（指標）"並不專屬於"先類別後積分"模式。在"基礎分 + 加分，積分高者優先"和"基礎分項細化 + 加分，積分高者優先"模式下，也可用"積分（指標）"來統稱"基礎分 + 加分"的計分（項目）。

15. 參見李麗梅、陳映芳、李思名：〈中國城市戶口和居住證制度下的公民身份等級分層〉，《南京社會科學》2015 年第 2 期。

16. 參見曹旭東、徐英：〈港澳居民的內地待遇 —— 問題及其解決路徑〉，《港澳研究》2018 年第 3 期。

17. 當然，兩種政策模式的實際效果相近也無法解釋為甚麼前者的偏好人數多於後者。進言之，為甚麼對於租房或特殊房產群體而言，其更偏好 "先類別後積分" 模式？基於這一群體的港澳籍申請者在各區政策的類別排序中均處於最後位置，該群體在兩種模式下的境況幾無區別。因此筆者認為這可能是問卷調查的樣本容量不足所致的結論偏差。

18. 根據圖 5.9 所示，計生指標對港澳居民的不利程度僅次於戶籍指標。但本章的問卷調查處於 2020 年計生指標調整政策的實施前夕，因此鑒於計生指標在調整後的影響大大降低，這一調查結果可能過高反映了該指標的不利程度。

19. 參見洪專成：《深圳市南山區民辦基礎教育管理問題及對策研究》，深圳大學 2017 年碩士學位論文。

20. 參見〈深圳民辦中小學校達 240 所〉，《深圳特區報》2016 年 8 月 26 日，A06 版。

21. 基於此提出的具體措施有：實施民辦學校品質提升工程，設立民辦學校辦學效益獎；穩步推進民辦學校營利和非營利分類管理和扶持；完善捐資辦學激勵制度，鼓勵捐資舉辦高水平非營利民辦學校；鼓勵社會力量新建優質民辦學校。

22. 李麗梅、陳映芳、李思名：〈中國城市戶口和居住證制度下的公民身份等級分層〉，《南京社會科學》2015 年第 2 期。

23. 參見《深圳市人才引進實施辦法》第五、六條。

24. 參見〈廣東省人民政府關於政協十三屆全國委員會第一次會議第 4096 號（社會管理類 372 號）提案答覆的函〉，廣東省人民政府門戶網站，2018 年 8 月，資料來源於：http://www.gd.gov.cn/gkmlpt/content/0/147/post_147129.html#8（最後訪問時間：2021 年 5 月 29 日）。

25. 〈"公民同招" 實現中小學同時 "起跑" —— 聚焦二〇二〇年各地義務教育學校招生入學改革新進展〉，《中國教育報》2020 年 5 月 14 日，第 5 版。

26. 參見《中共中央國務院關於支持深圳建設中國特色社會主義先行示範區的意見》的 "一、總體要求" 中的 "（二）戰略定位" 部分。

27. 黎沛文、莊鴻山：〈粵港澳大灣區建設背景下香港青年的公民身份建構與國家認同問題研究〉，《青年發展論壇》2019 年第 1 期。

28. 參見強世功：《中國香港：政治與文化的視野》，北京：生活·讀書·新知三聯書店 2014 年版，第 220-236 頁。

第六章

餘論："一國兩制"下香港與內地的合作發展之道 *

香港回歸是一場沒有硝煙的“憲制革命”。自回歸之日起，香港就已被重新納入國家的治理體系，並在中央的領導和支持下有序踐行“一國兩制”，通過克服各種艱難和挑戰，於經濟、文化、社會治理等領域均取得了重要發展成就。隨著國家進入新時代發展階段，中央已將“堅持‘一國兩制’和推進祖國統一”確立為堅持和發展中國特色社會主義的十四條基本方略之一，“一國兩制”理論亦將不斷地豐富和發展。可以說，“一國兩制”已內化為中國憲制秩序中的一項憲制原則，並取得重要實踐成就。而作為一項開創性事業，“一國兩制”在實踐探索中當然也無可避免地會遇到一些新情況、新問題。如本書前面章節所論述的，自回歸以來港人國家認同不足導致的本土運動異化，進而對香港的繁榮穩定和憲制秩序造成極大衝擊，即為典型的例子。對此，適當的處理方式應該是，回溯初心，正確認識“一國兩制”的政治制度屬性以及憲制原則地位，堅持以現代政治理論和法治思維來予以回應。

如今，香港已踏入回歸祖國的第 25 年，“一國兩制”在香港的實踐也將走過“五十年不變”的一半歷程。當下的香港，在經歷了回歸以來最大規模的違法社運肆虐後，雖然已看到了轉亂為治的曙光，但本土分離主義在社會中的負面影響還遠沒有完全消除，未來走向仍令人憂慮。在這樣一個時間節點，香港在新一階段應何去何從，如何確保“一國兩制”在下一個 25 年能良好實踐和行穩致遠，將會愈發成為中國內地和香港兩地社會共同關注的焦點。對這個問題的解決，需要社會各界充分參与進行深入理性的討論，並形成基本共識，方能達成。而在此過程中，那些有意曲解甚或詆毀“一國兩制”的聲音，不僅無助於這種理性思考的進行，更會徒增 "兩制" 間的撕裂，並消磨中央與香港社會間的信任。關於 "一國兩制" 未來發展的問題，我們認為應在正確認識 "一國兩制"、"港人治港"、高度自治等憲制原則之規範屬性的基礎上，堅持以跨越 "五十年不變" 的合作發展之道來對之加以審視。

一、"一國兩制"：特別行政區憲制秩序中的 "根本規範"

正確認識 "一國兩制" 在香港特區憲制秩序中的 "根本規範" 屬性和地位，是理性思考 "一國兩制" 未來發展的必要前提。

如本書前面章節所論述的，"一國兩制" 作為中國在人類現代政治兩種重要意識形態尖銳對立時期提出的一項以和平解決國家統一問題為目的的政治創舉，其所立足的基礎是一種不單純以一國之內中央與地方間實力關係為本質和主導的現代政治文明和憲治精神。在實現港澳地區的國家和平統一目的後，它也成功地將國家對特別行政區的治理和兩者間的互動轉化為一種能夠有效運作和維繫的法律關係，並成為中國國家治理體系和治理能力現代化的重要組成部分。對於 "一國兩制" 這樣一項並不常見的政治制度，有學者認為其想象力在於它蘊含了一套 "反現代國家的國家理論"，是以一種反現代的方式來解決現代困境。更具體地說，是現代外衣下的一套中國古典的治國思路。其獨特政制安排的本質乃旨在保證港澳在中國大一統的政治體系中得以作為特殊邊陲地帶而存在，"港人治港"、"澳人治澳"、高度自治等原則則從制度層面保障了港澳的獨特性和港澳獨有的管治秩序的延續性。[1] 而更激進者，如香港知名時事評論員練乙錚甚至直接將“一國兩制”與古代中國的“土司制度”進行比擬，進而提出“一國兩制”屬於北京政權對香港實行的羈縻政策，“五十年不變”說到底只是一種帝國的權宜。[2] 對於練乙錚等人的觀點，筆者很難認同。試想，如果“一國兩制”是“羈縻政策”，特首是“土司制下的香港土司”，“港澳辦是共和國的理藩院”，那豈不是說，我們基於現代國家理念所建立的整個政權的存在邏輯都要受到根本質疑？

實際上，這種所謂的“羈縻政策”論調，看似揭示了“一國兩制”所蘊含的傳統中國中央王朝定國安邦的統治哲學，但其實局限性相當顯著。據考，“羈縻”一詞較早見於《史記·司馬相如傳》中之“蓋聞天子之於夷狄也，其義羈縻勿絕而已”。又據《冊府元龜·外臣部·助國討伐》所載，作為“古先哲王”統治邊疆少數民族地區的重要形式，“羈縻政策”的核心要義在於“懷之以恩信，驚之以威武，長轡遠馭，羈縻不絕”。很顯然，這種“羈縻政策”作為中國古代王朝的一種權宜且非恆常性的統治政策，帶有強烈的專制色彩，其在本質上所反映的是古代中國中央王朝與特定邊疆地區之間的一種“實力關係”。就此而論，其與“一國兩制”之間是存在根本不同的。

“一國兩制”作為中國一項以具體立法的形式制度化了的基本政策方針，其本質上所體現的是一種現代國家的憲治精神。在該制度之下，中央與特別行政區間的關係主要是以“法律關係”而非“實力關係”的形式展現。在香港基本法所建構的憲制秩序中，“一國兩制”已內化為法體系自身的一項“根本規範”[3]，並以憲制原則的形態加以顯現。基本法第 11 條第 1 款和第 159 條第 4 款分別規定，香港特區的制度以及有關政策均以基本法的規定為依據，而且，對基本法的任何修改均不得同中華人民共和國對香港既定的基本方針政策相抵觸。其中，第 159 條第 4 款作為明訂 "基本法修改之限制" 的專門條款，對基本法的修改施加了嚴格限制 —— 任何修改均不得同中華人民共和國對香港既定的基本方針政策相抵觸，體現出了明確的 "不可變更條款" 屬性。[4] 參照一般公法學原理，不可變更條款所載的 "規範命題" 往往是特定憲制秩序中具有根本性地位的憲制原則，具有很強的剛性約束力。除非重新制憲或者重新立法，即使有權機關也不得通過法律解釋或修改來對之進行弱化甚至變更，否則該法律解釋行為或修改行為應被評價為 "無效"。由此可見，香港基本法第 159 條第 4 款的設置，確保了 "一國兩制" 這項憲制原則在實踐過程中不會隨意被削弱甚至廢棄。

概言之，"一國兩制" 作為中國以特殊模式管治港澳的一項基本方針政策，不僅以國家最高法律（憲法第 31 條）作為其憲制規範基礎，同時也以制定基本法的形式來加以體系性地呈現和保障。而特別行政區則是其制度化的實踐模式。任何簡單地將之與古代中國中央王朝治理邊疆少數民族地區的 "羈縻政策" 進行比擬的論說，其實都是一種錯解。為此，我們也需要特別注意的是，在回應 "一國兩制" 在實踐中出現的新問題時應嚴格遵循現代法治思維邏輯和憲治精神。這樣一種問題研判和對策分析的思路，不論是對 "一國兩制" 執行者的中央和特區政府，抑或 "一國兩制" 參與者的港澳居民和內地居民，都應加強宣傳和重點強調。

二、“兩制”之辯：“高度自治”的規範分析

誠如有論者所指出的，在“一國兩制”所設置的憲制框架下，“一國”所強調的是特別行政區相對於國家的“依附性”，而“兩制”所強調的則是特別行政區相對於國家的“自主性”。[5]能否平衡處理好“兩制”間的特殊關係並使其能相互依存、合作發展，直接決定著“一國兩制”能否成功實踐。而如前所述，對於“一國兩制”自身所存在的這種內部張力問題，當然也應堅持以憲制邏輯和法治思維來加以分析處理。

對“兩制”關係的把握，我們認為要點在於準確認識“高度自治”的規範屬性和憲制價值位階。申言之，高度自治作為由“一國兩制”所引申出來的一項憲制子原則，為香港基本法所明確保障，並在基本法所構築的憲制秩序中處於原則性的地位。而且，香港基本法亦設置了專門的“不可變更條款”（第 159 條第 4 款）來加以保障。因此，高度自治首先是中央基於“一國兩制”政策方針對特別行政區的一項“授權”。同時，這種授權本身亦有著較強的反向約束力。中央作出授權後，自身亦受到其規範力的約束，不得在基本法實施過程中隨意削弱甚至收回這種授權。此外需注意的是，高度自治作為一項憲制原則，所立基的是香港基本法這部特定的規範性文本，而基本法自身法效力的獲得又必須依存於作為其高級規範的中國憲法，所以“憲法與基本法共同構築起特別行政區的憲制基礎”當然就是一個不言自明的整全概念。在現代國家的政制模式下，一國憲法與作為政權體系的國家（state）是緊密連繫在一起的，二者不可能完全地彼此獨立。因此，特別行政區所享有的這種高度自治

顯然也不可能擺脫其依存的國家憲制秩序而獨立存在。而高度自治下的權力受託者，也當然不可反過來攻擊或試圖擺脫高度自治所依存的國家憲制秩序和政權體系。總之，"一國"是"兩制"的前提和基礎，沒有了這個前提和基礎，也就沒有了"兩制"的存在必要。

此外，憲法和基本法為香港特區構築的是一套帶有一定"自足性"[6]的憲制秩序，高度自治作為該秩序內含的憲制價值之一到底處於怎樣的位置，也需要辯證地加以理解。就此而言，任何一套憲制秩序都內含著若干憲制價值，而這些不同的憲制價值所形成的體系本身亦存在其特定的內部序列，通過對之進行具體地勾勒呈現，就能較好地把握某個憲制價值在序列中所處的具體位置。以香港基本法為例，其規範秩序中也內含著一套由法治、民主、自由等構成的憲制價值序列。通過對基本法進行體系性理解和立法原意呈現可以發現，當中具有優位性的一組憲制價值應是"實現國家和平統一"和"維持香港社會的長期繁榮穩定"。此二者無論在九七前後香港憲制變動階段抑或回歸以來的日常政治階段均是作為最重要的憲制原則貫徹於特別行政區制度的實踐過程當中。事實上，在基本法所確立的整個香港特區憲制框架中，很多重要制度都是圍繞對此一原則的優先確保而設計的。理解這一點，也就不難理解基本法當中許多比較特殊的制度設計。

綜上，"港人治港"、高度自治本質上其實是基本法為香港特區確立的一種管治模式，其雖是實現"一國兩制"的重要手段，但絕非目的本身，如錯誤地"將手段目的化"則會導致適得其反的效果。而隨著"一國兩制"實踐行至深處，香港社會出現的新形勢要求我們必須對"一國兩制"實施的界限和原則予以重新明確。這裏所謂的界限所體現的其實是關於"一國兩制"的一種底線思維 ——"一國兩制"下的"高度自治"應以不突破"一國"這個根本作為前提。[7]基於此底線思維，可以明確的是，在香港特區內部，只有堅持以愛國者為主體的"港人治港"，才能確保"一國兩制"實踐的不動搖不變形不走樣。因此，促進香港社會的人心回歸仍將是一項長期的工作。而如前幾章所述，由於回歸以來香港社會的去殖民化工作以及香港居民的中國公民身份的實質填充工作均沒有很好地完成，香港居民與國家間的"公民身份連結"本身更多僅具形式意義。可以說，香港社會的"人心回歸"工作迄今尚未很好地完成。未來，仍有必要通過深化內地和港澳地區交流合作，制定完善便利港澳居民在內地發展的政策措施，進一步建構和完善港澳居民在國家憲制層面的"政治—法律"公民身份，以此發展壯大愛國愛港力量，增強香港居民的國家意識和愛國精神。[8]

三、變與不變："五十年不變" 之後非主權再選擇

香港回歸祖國後實行"一國兩制"五十年不變，是中國政府向全世界作出的公開承諾。根據中英聯合聲明，中國政府承諾在收回香港後，"全國人民代表大會將根據憲法制定並頒佈香港基本法，規定香港特別行政區成立後不實行社會主義的制度和政策，保持香港原有的資本主義制度和生活方式，五十年不變"。對於如何理解中英聯合聲明所載的"五十年不變"以及五十年後怎麼辦的問題，有學者曾撰文指出"五十年不變"就

語詞而言是在追求"不變",而同時它又是為回應九七之"變"所做出的承諾。因此,如何妥當處理"不變"和"變"的關係,從基本法起草到如今,始終都是港澳政治發展的關鍵所在。[9]隨著"一國兩制"在香港特別行政區的實踐即將踏入下一個25年,香港社會各界似乎也對"五十年以後變與不變"的話題給予了更多的關注。

在香港社會,不少論者甚至將2047年比喻為"四七大限",同時鼓吹"港人應以公民自決的形式決定自己的前途問題"。[10]對於該類觀點,我們除了應深刻體察其背後所反映的社會成因外,亦需要對之加以客觀地辯證對待。其中,需要重申一個基本的觀點和立場是,2047年這個被錯誤地認為是香港"一國兩制"大限的時間節點,絕非"香港主權再選擇"的一個所謂機遇。就主觀層面而論,中國政府從來不承認喪失過香港的主權,"港人治港"、高度自治之所以能夠作為國家對港根本方針政策而得到落實,其根本原因是以"一國"這個前提作為支撐的。假如沒有"一國","兩制"不僅失卻其存在的前提,更是沒有存在的必要,試圖以"兩制"來否定"一國"者顯然已經陷入了邏輯悖論當中。再者,從客觀政治現實來看,香港亦難以承受"港獨"帶來的後果。中國作為一個中央集權的單一制國家,而且今天國家發展正處於上升的狀態,中央政府是不可能允許一個地方政府通過分裂而走向獨立的。這不僅是中央政府出於對其所屬區劃有效控制的需要,更是其維護自身統治權威及合法性基礎的必要。因此,只要"港獨"勢力發展為一股頗具影響的政治力量,中央政府一定會以果斷措施將其鏟滅,到時連同受損的只會是普通香港市民。由此可見,所謂

"二〇四七"絕不會是所謂香港主權再選擇的時間節點。

同時，"二〇四七"也不會是香港的"大限"。"五十年不變、五十年後不需變"在鄧小平時代就已被中央政府明確指出。換言之，從一開始中央對"兩制"的定位就很明確。國家主體與特別行政區之間不是一種水火不容、此消彼長的敵我關係，而應該是在同一政治體的一定階段內相互共存的兩種制度，而且二者將朝著"中華民族偉大復興"的共同目標不斷合作發展，最終達到一個新的發展高度。當然，這是一個漫長的過程。與此同時，宣揚所謂"四七大限"的人士也需要了解，在中國全面建設法治社會的今天，中央政府要去取消自己制定的一項國家根本方針政策，必然會是極其慎重的。至少，它需要具備十分充足以至於能夠讓其人民和國際社會都能接受和認可的理由，才可能做出這樣的決定。

總言之，"五十年不變"既是一項政治承諾，也是一項憲制原則，沒有巨大情勢變更的情況下需要被嚴格信守，而五十年以後該如何處理則並非單純的法律問題，其更多的是屬於"政治決斷"的範疇。屆時，主權者將根據實際情況並遵循必要的程序和原則來做出"決斷"。但不管怎樣，"五十年不變"之後怎麼辦的問題是值得被理性探討的，這種討論有助於港澳社會深入理清特別行政區自身的前途問題。[11] 但是，那些藉討論之名鼓吹"四七大限"與"前途自決"的主張，不僅無法理性指引香港社會的前途所在，更會異化"兩制"存續的"一國"基礎，磨蝕中央與香港間的政治互信，從而將其置於消解自身憲制基礎的悖論之中。因此，鑒於"一國兩制"實踐正不斷面臨各種複雜的新問題新形勢，筆者建議，以下兩點在討論"一國兩制"

前途問題時需予以重點明確：（1）"兩制"不是敵我關係，而是同一政治共同體內部長期相互共存的兩種制度。二者之間首要的是相互尊重，而不應該通過衝突和撕裂來刻意地相互區隔。（2）"五十年不變"不是香港的"大限"，更不是香港重新選擇其主權歸屬的時間節點。應該相信，在一個法治國家，"五十年不變"之後怎麼辦的問題將會在法治模式下藉由法治的思路來加以解決。

四、前瞻：跨越"五十年不變"的合作發展之道

"一國兩制"五十年不變雖然是一項帶有期限的政治承諾，但其在實踐過程中已被具體化為不同於可以隨著實力關係變化而隨意變動的憲制原則，並落實為特別行政區的制度形式。回顧過去，"一國兩制"在港澳兩個特區的實踐歷程各具特色，分別寫就了"一國兩制"實踐的香港故事和澳門故事。近年來，不少學者將後者概括為"一國兩制"成功實踐之澳門模式，試圖藉此挖掘提煉該模式的成功根由，以垂範"一國兩制"的未來實踐。[12] 在筆者看來，"一國兩制"實踐澳門模式之所以成功，根本原因就是在該模式下"一國兩制"所走的是一條合作發展之道。這種合作，使得"兩制"能夠和諧依存、共同發展，最終實現一種雙贏的局面。

對於港澳與內地未來的合作發展，中共十九大報告也有專門著墨，強調"要支持港澳融入國家發展大局，讓港澳同胞同祖國人民共擔民族復興歷史責任、共用祖國繁榮富強偉大榮光"。可見，保持港澳長期繁榮穩定，促進港澳社會人心回歸，

已然成為國家所設定的實現民族復興"中國夢"的一項必然要求。關於對十九大報告所提"支持港澳融入國家發展大局"中"融入"一詞的理解，筆者認為它除了包括"港澳同胞對國家共同體的身體融入"以外，更重要的也應包括"港澳同胞對國家制度的身份融入"。其中，"港澳同胞對國家共同體的身體融入"主要是指港澳居民對內地社會的經濟融入和生活融入，目前這方面的融入發展已經初步達至成熟。而所謂"港澳同胞對國家制度的身份融入"則主要是指，通過對港澳同胞目前處於懸置狀態的公民身份進行實質化的內容填充，為之建構起一套實實在在的"政治—法律"公民身份，以使之能在國家憲制秩序中獲得明確定位，從而可以以對應的身份融入國家的政治生活和社會生活。

過去的二十多年，其實也正是香港與內地交流合作不斷深化的二十多年，香港依靠"一國"強大後盾、立足"兩制"特色優勢，不僅繼續保持了繁榮穩定，同時也融入了民族復興的征程。在此過程中，國家陸續出台的相關政策措施起著關鍵的作用。其中，最為重要的一項舉措應是 2018 年通過出台《港澳台居民居住證申領發放辦法》建構起適用於港澳居民的居住證制度。此項工作的憲制意義在於，能為完善港澳同胞與國家間的身份連結提供更為充分的規範依據，並將港澳同胞與國家憲制秩序間的身份融入往前推進了重要一步。

申言之，在應然狀態下，一名中國公民身上應附著兩重與國家之間的身份連結。這兩重身份連結，其實就是作為個體的中國公民基於"國籍"與"戶籍"這兩個連結點與國家所建立的特定身份聯繫，它確保了公民個體能在中國現行公法秩序下獲得明確定位，並完整地享有各項權利和自由，履行相關義務。在第一重身份連結狀態下，中國公民通過"國籍"這一連結點與國家建立起公民身份連結關係，成為國家憲法秩序下的公法主體，進而享受憲法制度所保障的基本人權和公民權利，履行相關義務。在第二重身份狀態下，作為特定行政區域之居民的中國公民通過"戶籍"這一連結點與戶籍地建立居民身份關係，成為戶籍地法律體系中的公法主體，享受那些藉著居民身份而得以實現的公民權利並履行相關義務。但在港澳台居民居住證制度實施之前，由於"一國兩制"下制度區隔的存在，作為中國公民的香港居民實際上僅能擁有前述的第一重身份連結，其第二重身份連結則由於缺少必要的連結點而處於斷裂狀態。為此，香港居民亦往往不能完整享有那些原本附著於第二重身份連結之上 —— 如包括特定社會經濟權利和政治權利在內的 —— 帶有"積極權利"和"主動權利"屬性的公民權利。[13] 這導致了一種特殊公法現象的產生：儘管香港自回歸之日起就已被重新納入國家的治理體系，但作為中國公民的香港居民在公民權利的保障上卻長期處於一種"次國民待遇"的地位。國家通過出台《港澳台居民居住證申領發放辦法》建立起港澳台居民居住證制度，正是要為包括香港居民在內的港澳台居民與國家間之身份聯繫提供必要的連結點，以彌合其第二重身份連結上的裂縫，使之能與國家主體實現深度的身份融入，進一步加強其對自身作為中國公民的國民身份認同。

在此背景下，粵港澳大灣區建設作為中國推動形成全面開放新格局的新舉措以及推動"一國兩制"事業發展的新實踐，將能為香港發揮自身優勢、融入國家改革發展大局提供極佳時代機遇。藉助大灣區建設這一良好契機，香港可以"以自身所長，服務國家所需"，充分發揮自身區位、服務等方面優勢，積極參與和融入國家的發展，實現兩地之間的互利合作、共同進步。與此同時，國家也應該在內地大灣區城市先行先試地落實以港澳台居民居住證制度為代表的、便利香港居民在內地發展的相關政策措施，具体包括制定《港澳台居民居住證申領發放辦法》的配套實施機制、適度創新粵港澳大灣區的稅制安排、完善港澳與內地間專業資格的相互認證機制等等，對香港居民作為中國公民的"政治—法律"公民身份進行實質化的內容填充，促進香港居民與國家之間的身份融入。此外，鑒於當前青年在香港社會面臨較大發展局限的問題，大灣區建設有必要重點樹立青年發展型國家大灣區的理念。在建設發展過程中，可優先構築與青年發展相關的領域，同時積極建構公平寬容的發展環境，形成一套針對青年的、健全高效的就業創業保障體系，打造促進青年全面、協調可持續發展的友好社會環境。[14]

綜上所述，"一國兩制"作為香港特區憲制秩序的"根本規範"，其在應然層面已內化為憲法與基本法所構築的憲制基礎與規範體系的構成性要素。而在實然層面，"一國兩制"也取得巨大成就，其不僅促成了國家統一和特區經濟社會的良性發展，也為後殖民時期的國家統合難題提供了"中國方案"。但不可否認的是，"一國兩制"作為消解社會制度張力以完成國家統合使命的政治創舉，也難免遭遇"兩制"的異質性詰難。近年來，諸如本土主義異化、部分港人國家認同低迷、特區憲制秩序和國家安全屢受衝擊等問題亦即不斷產生。而對於此類問題的回應，既不該訴諸內地與香港"邊緣—中心"的差序格局與古典邊疆治理的實然邏輯，進而以此攻訐、解構"一國兩制"所內蘊的"法理型權威"的應然語境；也不該以"二〇四七"作為"一國兩制"的"大限"鼓吹"前途自決"，以此宣告"一國兩制"作為"權宜之計"的破產。恰恰相反，正確的解題進路應是回溯"一國兩制"的內在意涵，正確認識其現代制度屬性與憲制原則地位，堅持以現代憲治精神和法治思維邏輯來開展問題研判和對策分析，進而在"一國"的前提下以互相尊重與理性商談探尋香港的認同位置、主體地位以及"兩制"的未來圖景。這就意味著"一國兩制"在新時代下的範式轉向，亦即從原來偏向於制度區隔與高度自治轉而側重於合作發展和共識交往。這不僅是"一國兩制"的歷史命題與"國家融入"的時代要求，亦是特區高度自治權和中央全面管治權達至動態平衡的應有之義。因此，也惟有以跨越"五十年不變"的合作發展之道，才能把握"一國兩制"自我完善與本土主義趨於靜默的歷史契機，從而在理性商談、批判反思和融入互鑒中迎來本土主義的異化解構與國家認同的正向重構，最終實現"人的回歸"。

* 本章的主要內容曾以〈"一國兩制"實踐的回顧與前瞻〉為題發表於《河南財經政法大學學報》2019 年第 6 期，作者為深圳大學港澳基本法研究中心特聘研究員黎沛文。

1. 詳見強世功：《中國香港：政治與文化的視野》，北京：生活·讀書·新知三聯書店 2014 年版，第 191 頁；閻小駿：《香港治與亂：2047 的政治想象》，北京：人民出版社 2016 年版，第 136 頁。

2. 參見練乙錚：〈四七大限改土歸流？前途公決促人思考！〉，《信報》2016 年 4 月 18 日；練乙錚：〈"一國兩制"是現代版土司制度〉，《紐約時報》2017 年 7 月 3 日；此外，有海外華人學者也持類似觀點，具體參見何包鋼：〈"改土歸流"在香港可行嗎？〉，《聯合早報》2019 年 6 月 21 日。

3. "根本規範"由凱爾森的"基礎規範"（Basic Norm）發展而來，後者意指"不能從一個更高規範中得來自己效力"，但又能成為一個規範體系或法秩序的效力來源和妥當性依據的規範。參見〔奧〕凱爾森著，沈宗靈譯：《法與國家的一般理論》，北京：中國大百科全書出版社 1995 年版，第 124-126 頁。而本章所稱的"根本規範"則與此不同，經蘆部信喜等日本學者在憲法學領域的挪用與改造，其轉變為一種作為實定法而被訂立的法規範。"（根本規範）正如憲法作為其下位法令的根據，並規約其內容那樣，亦成為憲法自身的根據，並規約其內容。"（清宮四郎）參見〔日〕蘆部信喜著，〔日〕高橋和之補訂，林來梵等譯：《憲法》（第六版），北京：清華大學出版社 2018 年版，第 7 頁。

4. 參見林來梵、黎沛文：〈防衛型民主理念下香港政黨行為的規範〉，《法學》2015 年第 4 期。

5. 參見金耀基：《中國政治與文化》（增訂版），香港：香港牛津大學出版社 2013 年版，第 276 頁。

6. 有關基本法的自足性的論述可參見黃明濤：〈論《香港特別行政區基本法》的自足性 —— 對基本法第 11 條第 1 款的一種解讀〉，《學習與探索》2019 年第 1 期。

7. See Li Peiwen, "For HK, One-Country Is the Bottom Line", *China Daily*, 2019-08-14.

8. 詳見黎沛文：〈從居民到公民：香港人國家認同主體資格的建構〉，《當代港澳研究》2018 年第 1 輯。

9. 參見田雷：〈"五十年不變"的三種面孔 —— 並論香港基本法的時間觀〉，《中外法學》2018 年第 3 期。

10. 香港社會已有大量關於 2047 後所謂 "二次前途" 問題的討論，具體可見香港教育大學方志恆主編的《香港革新論》、香港大學《學苑》發表的〈香港青年時代宣言〉、立法會反對派議員鄭松泰的《由本土民權到建邦立國》等。詳細梳理可參見黃海：《疏離的人心 —— 香港社會思潮評析》，香港：香港城市大學出版社 2018 年版，第 511-521 頁。

11. 關於 "五十年後變與不變" 的深入探討亦可參見林峰：〈2047 年後的香港："一國兩制" 還是 "一國一制"？〉，《深圳大學學報（人文社會科學版）》2019 年第 1 期；康玉梅：〈香港 2047 怎麼辦："一國兩制" 的變與不變〉，《當代港澳研究》2018 年第 4 輯。

12. 相關論述可參見孫代堯：〈"一國兩制" 之 "澳門模式" 芻議〉，《廣東社會科學》2009 年第 4 期；鄒平學、馮澤華：〈澳門實踐 "一國兩制" 的經驗、挑戰與深化路徑〉，《統一戰線學研究》2019 年第 1 期。

13. 關於基本權利的屬性及類型劃分可參見〔德〕耶利內克著，曾韜、趙天書譯：《主觀公法權利體系》，北京：中國政法大學出版社 2012 年版，第 77、93-94 頁。另可參見〔日〕阿部照哉等編著，周宗憲譯：《憲法（下冊）——基本人權篇》，北京：中國政法大學出版社 2006 年版，第 38 頁。

14. 參見陳詠華：〈共建青年發展型國際大灣區〉，資料來源於：http://www.crntt.com/crn-webapp/touch/detail.jsp?coluid=7&docid=105183491（最後訪問時間：2019 年 8 月 15 日）。

主要參考文獻

一、中文文獻

（一）著作類

[1]　〔奧〕凱爾森著，沈宗靈譯：《法與國家的一般理論》，北京：中國大百科全書出版社 1995 年版。

[2]　〔丹〕丹・扎哈維著，李忠偉譯：《胡塞爾現象學》，上海：上海譯文出版社 2016 年版。

[3]　〔德〕Peter Badura、Horst Dreier 編，蘇永欽等譯註：《德國聯邦憲法法院五十周年論文集（下冊）》，台北：聯經出版事業股份有限公司 2010 年版。

[4]　〔德〕康拉德・黑塞著，李輝譯：《聯邦德國憲法綱要》，北京：商務印書館 2007 年版。

[5]　〔德〕馬克斯・韋伯著，康樂等譯：《經濟與歷史　支配的類型》，桂林：廣西師範大學出版社 2004 年版。

[6]　〔德〕揚 - 維爾納・米勒著，鄧曉菁譯：《憲政愛國主義》，北京：商務印書館 2012 年版。

[7]　〔德〕耶利內克著，曾韜、趙天書譯：《主觀公法權利體系》，北京：中國政法大學出版社 2012 年版。

[8]　〔德〕尤爾根・哈貝馬斯著，曹衛東譯：《包容他者》，上海：上海人民出版社 2018 年版。

[9]　〔德〕尤爾根・哈貝馬斯著，曹衛東譯：《後民族結構》，上海：上海人民出版社 2018 年版。

[10]　〔法〕拉康著，褚孝泉譯：《拉康選集》，上海：上海三聯書店 2001 年版。

[11]　〔法〕薩特著，陳宣良等譯：《存在與虛無》，北京：生活・讀書・新知三聯書店 2007 年版。

[12]　〔美〕愛德華・W・薩義德著，王宇根譯：《東方學》，北京：生活・讀書・新知三聯書店 1999 年版。

[13]　〔美〕本尼迪克特・安德森著，吳叡人譯：《想象的共同體：民族主義的起

源與散佈》，上海：上海人民出版社 2016 年版。

[14]　〔美〕科斯塔斯・杜茲那著，郭春發譯：《人權的終結》，南京：江蘇人民
　　　　出版社 2002 年版。

[15]　〔美〕羅爾斯著，萬俊人譯：《政治自由主義》，南京：譯林出版社 2011
　　　　年版。

[16]　〔美〕曼紐爾・卡斯特著，曹榮湘譯：《認同的力量》（第二版），北京：
　　　　社會科學文獻出版社 2006 年版。

[17]　〔美〕薩繆爾・亨廷頓著，程克雄譯：《誰是美國人？美國國民特性面臨的
　　　　挑戰》，北京：新華出版社 2010 年版。

[18]　〔美〕湯瑪斯・雅諾斯基著，柯雄譯：《公民與文明社會 —— 自由主義政
　　　　體、傳統政體和社會民主政體下的權利與義務框架》，瀋陽：遼寧教育出
　　　　版社 2000 年版。

[19]　〔美〕沃格林著，劉新樟等譯：《沒有約束的現代性》，上海：華東師範大
　　　　學出版社 2007 年版。

[20]　〔日〕阿部照哉等編著，周宗憲譯：《憲法（下冊）—— 基本人權篇》，北
　　　　京：中國政法大學出版社 2006 年版。

[21]　〔日〕福原泰平著，王小峰、李灃凡譯：《拉康：鏡像階段》，石家莊：河
　　　　北教育出版社 2001 年版。

[22]　〔日〕蘆部信喜著，〔日〕高橋和之補訂，林來梵等譯：《憲法》（第六
　　　　版），北京：清華大學出版社 2018 年版。

[23]　〔斯洛文尼亞〕齊澤克著，季廣茂譯：《意識形態的崇高客體》，北京：中
　　　　央編譯出版社 2001 年版。

[24]　〔英〕安東尼・D・史密斯著，王娟譯：《民族認同》，南京：譯林出版社
　　　　2016 年版。

[25]　陳雲：《香港城邦論》（第六版），香港：香港天窗出版社有限公司 2016
　　　　年版。

[26]　陳雲：《香港城邦論 II：光復本土》（第三版），香港：香港天窗出版社有
　　　　限公司 2014 年版。

[27]　法治斌、董保城：《憲法新論》，台北：元照出版有限公司 2005 年版。

[28]　方志恆編：《香港革新論》，台北：台灣漫遊者文化事業股份有限公司 2015
　　　　年版。

[29]　郭忠華：《公民身份的核心問題》，北京：中央編譯出版社 2016 年版。

[30]　賀玉高：《霍米・巴巴的雜交性身份理論研究》，北京：中國社會科學出版
　　　　社 2012 年版。

[31] 黃海：《疏離的人心 —— 香港社會思潮評析》，香港：香港城市大學出版社 2018 年版。

[32] 江宜樺：《自由主義、民族主義與國家認同》，台北：揚智文化事業股份有限公司 1998 年版。

[33] 強世功：《中國香港：政治與文化的視野》，北京：生活・讀書・新知三聯書店 2014 年版。

[34] 金耀基：《中國政治與文化》（增訂版），香港：牛津大學出版社 2013 年版。

[35] 劉青峰、關小春：《轉化中的香港：身份與秩序再尋求》，香港：香港中文大學出版社 1998 年版。

[36] 劉蜀永編：《簡明香港史》（第三版），香港：三聯書店（香港）有限公司 2016 年版。

[37] 劉兆佳：《香港人的政治心態》，香港：商務印書館（香港）有限公司 2017 年版。

[38] 王賡武編：《香港史新編》（上冊）（增訂版），香港：三聯書店（香港）有限公司 2017 年版。

[39] 王家英、尹寶珊：《從民意看香港社會與政治》，香港：香港中文大學香港亞太研究所 2008 年版。

[40] 王曉東：《西方哲學主體間性理論批判：一種形態學視野》，北京：中國社會科學出版社 2004 年版。

[41] 吳瓊：《雅克・拉康 —— 閱讀你的症狀》（下冊），北京：中國人民大學出版社 2011 年版。

[42] 香港本土論述編輯委員會 / 新力量網路編：《本土論述 2013-2014：中國因素：本土意識與公民社會》，台北：漫遊者文化事業股份有限公司 2015 年版。

[43] 香港大學學生會學苑編：《香港民族論》，香港：香港印象設計印刷有限公司 2015 年版。

[44] 徐賁：《統治與教育 —— 從國民到公民》，香港：牛津大學出版社 2012 年版。

[45] 徐承恩：《香港：鬱躁的家邦 —— 本土觀點的香港源流史》，台北：台灣左岸文化出版 2017 年版。

[46] 閻小駿：《香港治與亂：2047 的政治想象》，北京：人民出版社 2016 年版。

[47] 嚴澤勝：《穿越“我思”的幻象 —— 拉康主體性理論及其當代效應》，北京：東方出版社 2007 年版。

[48] 葉海波：《政黨立憲研究》，廈門：廈門大學出版社 2009 年版。

[49] 張文喜：《自我的建構與解構》，上海：上海人民出版社 2002 年版。

[50] 張勇、陳玉田：《香港居民的國籍問題》，香港：三聯書店（香港）有限公司 2002 年版。

[51] 趙永佳、蕭新煌、尹寶珊：《一衣帶水：台港社會議題縱橫》，香港：香港中文大學亞太研究所 2014 年版。

（二）論文類

[1] 〔美〕約翰·卡馬婁夫著，劉琪譯：〈圖騰與族群性：意識、實踐與不平等的標記〉，《西南民族大學學報（人文社科版）》2017 年第 5 期。

[2] 曹旭東、徐英：〈港澳居民的內地待遇 —— 問題及其解決路徑〉，《港澳研究》2018 年第 3 期。

[3] 陳馳、康宇傑：〈國家認同的憲法學解讀〉，《四川師範大學學報（社會科學版）》2014 年第 3 期。

[4] 陳端洪：〈理解香港政治〉，《中外法學》2016 年第 5 期。

[5] 陳麗君：〈香港同胞中國國民意識變化探析〉，《統一戰線學研究》2014 年第 2 期。

[6] 陳茂榮：〈國家認同問題研究綜述〉，《北方民族大學學報》2016 年第 2 期。

[7] 陳薇：〈香港身份認同的媒體建構：社會建構論的視角〉，《港澳研究》2017 年第 1 期。

[8] 陳章喜、林劼、楊曉群：〈香港青年國家認同研究〉，《青年探索》2017 年第 3 期。

[9] 程邁：〈民主的邊界 —— 德國《基本法》政黨取締條款研究〉，《德國研究》2013 年第 4 期。

[10] 崔延虎：〈文化濡化與民族教育研究〉，《新疆師範大學學報（哲學社會科學版）》1995 年第 4 期。

[11] 馮惠平：〈從德國戰鬥性民主觀點論公務員忠誠義務之違反 —— 兼評公務員懲戒委員會 98 年度鑑字第 11520 號議決〉，《國會》2016 年第 3 期。

[12] 馮慶想、徐海波：〈論香港群體意識形態 —— 本土性與國族性的角力與融合〉，《重慶科技學院學報（社會科學版）》2016 年第 6 期。

[13] 馮慶想：〈香港本土主義的內在邏輯與歷史演變〉，《天府新論》2016 年第 5 期。

[14] 郭小說、徐海波：〈香港政治國家認同分析與實現機制研究〉，《嶺南學刊》2017 年第 3 期。

[15] 禾木：〈象徵的捕捉 —— 論拉康的 "象徵界" 理論〉，《哲學動態》2005 年第 1 期。

[16] 賀金瑞、燕繼榮：〈論從民族認同到國家認同〉，《中央民族大學學報（哲學社會科學版）》，2008 年第 3 期。

[17] 黃明濤：〈論《香港特別行政區基本法》的自足性 —— 對基本法第 11 條第 1 款的一種解讀〉，《學習與探索》2019 年第 1 期。

[18] 輝明、徐海波：〈香港和新加坡國家認同的建構及其思考〉，《廣西師範大學學報（哲學社會科學版）》2017 年第 3 期。

[19] 強世功：〈國家認同與文化政治 —— 香港人的身份變遷與價值認同變遷〉，《文化縱橫》2010 年第 6 期。

[20] 康玉梅：〈香港 2047 怎麼辦："一國兩制" 的變與不變〉，《當代港澳研究》2018 年第 4 輯。

[21] 黎沛文：〈從居民到公民：香港人國家認同主體資格的建構〉，《當代港澳研究》2018 年第 1 輯。

[22] 黎沛文：〈香港 "多元共治" 社會治理模式對粵港澳大灣區建設的啟示〉，《港澳研究》2019 年第 2 期。

[23] 李麗梅、陳映芳、李思名：〈中國城市戶口和居住證制度下的公民身份等級分層〉，《南京社會科學》2015 年第 2 期。

[24] 李西傑：〈國家認同視野下的公民意識 "他者" 化問題〉，《哲學研究》2015 年第 12 期。

[25] 林峰：〈2047 年後的香港："一國兩制" 還是 "一國一制"？〉，《深圳大學學報（人文社會科學版）》2019 年第 1 期。

[26] 林逢春、宋傑錡、羅欣：〈香港青年國家認同研究綜述〉，《當代青年研究》2016 年第 6 期。

[27] 林來梵、黎沛文：〈防衛型民主理念下香港政黨行為的規範〉，《法學》2015 年第 4 期。

[28] 劉嘉祺：〈試析香港的激進本土主義〉，《國際政治研究》2016 年第 6 期。

[29] 劉強：〈香港本土意識的歷史由來〉，《廣東省社會主義學院學報》2016 年第 2 期。

[30] 劉雲剛、侯璐璐、許志樺：〈粵港澳大灣區跨境區域協調：現狀、問題與展望〉，《城市觀察》2018 年第 1 期。

[31] 劉爭先：〈兩類國家認同的分殊、整合與教育 —— 以香港人的國家認同問題為中心〉，《貴州師範大學學報（社會科學版）》2014 年第 5 期。

[32] 羅永生：〈香港本土意識的前世今生〉，《思想》2014 年第 26 期。

[33] 龐琴、蔣帆：〈"他者" 在香港青年大學生國家認同感中的作用〉，《中山大學學報（社會科學版）》2015 年第 6 期。

[34] 秦紅增：〈全球化時代民族文化傳播中的涵化、濡化與創新 —— 從廣西龍

州布傣 "天琴文化" 談起〉,《思想戰線》2012 年第 2 期。

[35] 權麟春:〈從民族認同走向國家認同 —— 兼論香港國民教育〉,《中央社會主義學院學報》2016 年第 3 期。

[36] 饒戈平:〈全面準確地理解和實施 "一國兩制" 方針〉,《求是》2014 年第 14 期。

[37] 沈慶利:〈香港歷史變遷與身份認同建構〉,《天津師範大學學報(社會科學版)》2016 年第 4 期。

[38] 孫代堯:〈"一國兩制" 之 "澳門模式" 芻議〉,《廣東社會科學》2009 年第 4 期。

[39] 田飛龍:〈香港基本法的國家建構之維〉,《原道》2016 年第 27 輯。

[40] 田飛龍:〈香港基本法與國家建構 —— 回歸二十年的實踐回顧與理論反思〉,《學海》2017 年第 4 期。

[41] 田飛龍:〈香港社會運動轉型與《基本法》變遷〉,《中國法律評論》2015 年第 3 期。

[42] 田雷:〈"五十年不變" 的三種面孔 —— 並論香港基本法的時間觀〉,《中外法學》2018 年第 3 期。

[43] 涂敏霞、王建佶、蕭婉玲等:〈港澳青少年國家認同研究〉,《青年探索》2014 年第 2 期。

[44] 萬明鋼、王舟:〈族群認同、族群認同的發展及測定與研究方法〉,《世界民族》2007 年第 3 期。

[45] 汪春燕:〈文化濡化背景下的西北城市民族關係〉,《黑龍江民族叢刊》2012 年第 2 期。

[46] 王衡:〈國家認同、民主觀念與政治信任 —— 基於香港的實證研究〉,《經濟社會體制比較》2015 年第 3 期。

[47] 王理萬:〈"港獨" 思潮的演化趨勢與法理應對〉,《港澳研究》2017 年第 1 期。

[48] 吳玉軍:〈論國家認同的基本內涵〉,《中國特色社會主義研究》2015 年第 1 期。

[49] 伍思敏、梁曉榮、顏華:〈香港青年群體身份認同意識及與其交流機制的研究〉,《廣西青年幹部學院學報》2018 年第 2 期。

[50] 蕭濱:〈兩種公民身份與國家認同的雙元結構〉,《武漢大學學報(哲學社會科學版)》2010 年第 1 期。

[51] 蕭國忠:〈防禦性民主與德國民主的正常化:從不寬容激進勢力到與之共存〉,《社會科學論叢》2010 年第 2 期。

[52] 謝碧霞、謝素軍：〈香港政治發展中異化現象的演變：路徑與啟示 —— 基於相對剝奪理論的分析〉，《廣東省社會主義學院學報》2018 年第 1 期。

[53] 謝滌湘、譚俊傑、楚晗：〈粵港澳大灣區城市群行政區劃體制改革研究〉，《規劃管理》2019 年第 8 期。

[54] 謝滌湘、譚俊傑、楚晗：〈粵港澳大灣區糾紛解決機制的設計理念與實施策略論綱〉，《理論月刊》2019 年第 4 期。

[55] 徐曉迪：〈"一國兩制" 框架下推進香港的人心回歸〉，《中央社會主義學院學報》2015 年第 1 期。

[56] 徐曉迪：〈香港青年身份認同的路徑研究〉，《青年探索》2016 年第 5 期。

[57] 薛玉琴：〈社會主義核心價值體系濡化機制建構研究〉，《重慶工商大學學報（社會科學版）》2013 年第 6 期。

[58] 曾盛聰：〈香港青年的國民意識與愛國教育〉，《青年研究》1998 年第 1 期。

[59] 曾燕倫：〈防衛性民主的兩種模式 —— 並論我國違憲政黨管制的發展趨勢〉，《台灣中正大學法學集刊》第 35 期。

[60] 張福磊：〈多層級治理框架下的區域空間與制度建構：粵港澳大灣區治理體系研究〉，《行政論壇》2019 年第 3 期。

[61] 張淑華、李海瑩、劉芳：〈身份認同研究綜述〉，《心理研究》2012 年第 1 期。

[62] 張瑩瑞、佐斌：〈社會認同理論及其發展〉，《心理科學進展》2006 年第 3 期。

[63] 趙永佳、梁凱澄、黃漢彤：〈內地經驗對香港青年中國觀感及身份認同的影響〉，《港澳研究》2017 年第 3 期。

[64] 鄭宏泰、尹寶珊：〈香港本土意識初探：身份認同的社經與政治視角〉，《港澳研究》2014 年第 3 期。

[65] 鄭湘萍、徐海波：〈香港回歸後的本土主義運動辨析〉，《理論研究》2016 年第 3 期。

[66] 鍾年：〈文化濡化與代溝〉，《社會學研究》1993 年第 1 期。

[67] 周永新：〈香港居民的身份認同和價值觀〉，《港澳研究》2015 年第 4 期。

[68] 祝捷、章小杉：〈"香港本土意識" 的歷史性梳理與還原 —— 兼論 "港獨" 思潮的形成與演化〉，《港澳研究》2016 年第 1 期。

[69] 祝捷、章小杉：〈香港激進本土主義之社會心理透視〉，《港澳研究》2017 年第 1 期。

[70] 莊吟茜：〈香港政治發展過程中的異化現象分析〉，《新視野》2015 年第 2 期。

[71] 鄒平學、馮澤華：〈澳門實踐 "一國兩制" 的經驗、挑戰與深化路徑〉，《統一戰線學研究》2019 年第 1 期。

[72] 鄒平學、馮澤華：〈新時代港澳青年服兵役的統戰價值研究〉，《統一戰線學研究》2018 年第 2 期。

[73] 鄒平學、馮澤華：〈"一國兩制" 實踐踏上新的歷史台階〉，《今日中國》2019 年第 1 期。

二、英文文獻

（一）著作類

[1] Edmund Arens, *The Logic of Pragmatic Thinking: From Peirce to Habermas* (New Jersey: Humanities Press, 1994), translated by David Smith.

[2] Frantz Fanon, *Black Skin, White Masks* (London: Pluto Press, 1986), translated by Charles Lam Markmann.

[3] Jürgen Habermas, *Between Facts and Norms: Contributions to a Discourse Theory of Law and Democracy* (Cambridge, Mass.: The MIT Press, 1996), translated by William Rehg.

[4] M. J. Herskovits, *Man and His Works: The Science of Cultural Anthropology* (New York: Knopf, 1948).

（二）論文集類

[1] B. S. K. Kim, J. Ahn Annie, N. Alexandra Lam, "Theories and Research on Acculturation and Enculturation Experiences among Asian American Families", in Nhi-Ha Trinh, Yanni Chun Rho, Francis G. Lu, Kathy Marie Sanders (eds.), *Handbook of Mental Health and Acculturation in Asian American Families* (New York: Humana Press, 2009).

[2] B. S. K. Kim, J. M. Abreu, "Acculturation Measurement: Theory, Current Instruments, and Future Directions", in J. G. Ponterotto, J. M. Casas, L. A. Suzuki, C. M. Alexander (eds.), *Handbook of Multicultural Counseling* (CA: Sage, 2001).

[3] B. S. K. Kim, "Acculturation and Enculturation", in F. T. L. Leong, A. G. Inman, A. Ebreo, L. Yang, L. Kinoshita, M. Fu (eds.), *Handbook of Asian American Psychology* (CA: Sage, 2007).

[4] Barbara Fultner, "Communicative Action and Formal Pragmatics", in Barbara Fultner (ed.), *Jürgen Habermas: Key Concepts* (London: Routledge, 2014).

[5] C. Camilleri, H. Malewska-Peyre, "Socialization and Identity Strategies", in J. W. Berry, P. R. Dasen, T. S. Saraswathi (eds.), *Handbook of Cross-Cultural Psychology: Basic Processes and Human Development* (Massachusetts: Allyn & Bacon, 1997).

[6] C. Goodwin, A. Duranti, "Rethinking Context: An Introduction", in A. Duranti and C. Goodwin (eds.), *Rethinking Context* (Cambridge: Cambridge University Press, 1992).

[7] Charles Taylor, "The Politics of Recognition", in Amy Gutmann (ed.), *Multiculturalism: Examining the Politics of Recognition* (Princeton, New Jersey: Princeton University Press, 1994).

[8] Fitz John Porter Poole, "Socialization, Enculturation and the Development of Personal Identity", in T. Ingold (ed.), *Companion Encyclopedia of Anthropology* (New York: Routledge, 2002).

[9] Gordon Mathews, Eric Ma, Tai-lok Lui, "Hong Kong's Market-Based National Identity: Harbinger of a Global Future?", in Gordon Mathews, Eric Ma, Tai-lok Lui (eds.), *Hong Kong, China: Learning to Belong to a Nation* (New York: Routledge, 2007).

[10] Henri Tajfel, "The Formation of National Attitudes: A Social-Psychological Perspective", in Muzafer Sherif, Carolyn Wood Sherif (eds.), *Interdisciplinary Relationships in the Social Sciences* (New York: Routledge, 2009).

[11] Homi K. Bhabha, "Introduction: Narrating the Nation", in Homi K. Bhabha (ed.), *Nation and Narration* (London: Routledge, 1990).

[12] Kevin Olson, "Deliberative Democracy", in Barbara Fultner (ed.), *Jürgen Habermas: Key Concepts* (London: Routledge, 2014).

[13] M. E. Spiro, "Collective Representations and Mental Representations in Religious Symbol Systems", in J. Maquet (ed.), *On Symbols in Anthropology* (Malibu: Udena, 1982).

（三）期刊類

[1] Adriana J. Umaña-Taylor, Katharine H. Zeiders, Kimberly A. Updegraff, "Family Ethnic Socialization and Ethnic Identity: A Family-Driven, Youth-Driven, or Reciprocal Process?", (2013) *Journal of Family Psychology* 27(1).

香港本土主義與國家認同

[2]   Charles Larmore, "Political Liberalism", (1990) *Political Theory* 18(3).

[3]   Ciaran Cronin, "Democracy and Collective Identity: In Defence of Constitutional Patriotism", (2003) *European Journal of Philosophy* 11(1).

[4]   Eric K. W. Ma, Anthony Y. H. Fung, "Negotiating Local and National Identifications: Hong Kong Identity Surveys 1996 – 2006", (2007) *Asian Journal of Communication* 17(2).

[5]   Gerald R. Adams, Sheila K. Marshall, "A Developmental Social Psychology of Identity: Understanding the Person-in-Context", (1996) *Journal of adolescence* 19(5).

[6]   T. D. Graves, "Psychological Acculturation in a Tri-Ethnic Community", (1967) *Southwestern Journal of Anthropology* 23(4).

[7]   H. Christoph Steinhardt, Linda Chelan Li, Yihong Jiang, "The Identity Shift in Hong Kong since 1997: Measurement and Explanation", (2018) *Journal of Contemporary China* 27(110).

[8]   Harold M. Proshansky, Abbe K. Fabian, Robert Kaminoff, "Place-Identity: Physical World Socialization of the Self", (1983) *Journal of Environmental Psychology* 3(1).

[9]   J. W. Berry, "Immigration, Acculturation, and Adaptation", (1997) *Applied Psychology* 46(1).

[10]   Linda Juang, Moin Syed, "Family Cultural Socialization Practices and Ethnic Identity in College-Going Emerging Adults", (2010) *Journal of Adolescence* 33(3).

[11]   M. Mead, "Socialization and Enculturation", (1963) *Current Anthropology* 4(2).

[12]   Marilynn B. Brewer, "The Social Self: On Being the Same and Different at the Same Time", (1991) *Personality and Social Psychology Bulletin* 17(5).

[13]   Marilynn B. Brewer, "Multiple Identities and Identity Transition: Implications for Hong Kong", (1999) *International Journal of Intercultural Relations* 23(2).

[14]   Marilynn B. Brewer, "The Social Self: On Being the Same and Different at the Same Time", (1991) *Personality and Social Psychology Bulletin* 17(5).

[15]   Martin Jones, Gordon MacLeod, "Regional Spaces, Spaces of Regionalism: Territory, Insurgent Politics and the English Question", (2004) *Transactions of the Institute of British Geographers* 29(4).

主要參考文獻

[16]   Mee Ling Lai, "Cultural Identity and Language Attitudes — Into the Second
        Decade of Postcolonial Hong Kong", (2011) *Journal of Multilingual and
        Multicultural Development* 32(3).

[17]   Peter Weinreich, "'Enculturation', Not 'Acculturation': Conceptualising and
        Assessing Identity Processes in Migrant Communities", (2009) *International
        Journal of Intercultural Relations* 33(2).

[18]   R. Redfield, R. Linton, M. J. Herskovits, "Memorandum for the Study of
        Acculturation", (1936) *American Anthropologist* 38(1).

[19]   Ruth H. Gim Chung, Bryan S. K. Kim, José M. Abreu, "Asian American
        Multidimensional Acculturation Scale: Development, Factor Analysis,
        Reliability, and Validity", (2004) *Cultural Diversity & Ethnic Minority
        Psychology* 10(1).

[20]   Shui-fong Lam et. al., "Differential Emphases on Modernity and Confucian
        Values in Social Categorization: The Case of Hong Kong Adolescents in
        Political Transition", (1999) *International Journal of Intercultural Relations*
        23(2).

[21]   Tajfel Henri, "Social Identity and Intergroup Behaviour", (1974) *Information
        (International Social Science Council)* 13(2).

[22]   Timothy Yuen, Michael Byram, "National Identity, Patriotism and Studying
        Politics in Schools: A Case Study in Hong Kong", (2007) *Compare: A Journal
        of Comparative and International Education* 37(1).

[23]   Sebastian Veg, "The Rise of 'Localism' and Civic Identity in Post-Handover
        Hong Kong: Questioning the Chinese Nation-State", (2017) *The China
        Quarterly* 230.

分工説明及致謝

　　本書是國家社科基金青年項目"增強港澳同胞國民身份認同的實施機制研究"課題組在研究開展過程中形成的一項階段性成果，主要輯錄了若干篇在項目研究中寫作完成的論文和研究報告，其中部分論文曾於 *Analyses & Alternatives*、《中國社會科學（內部文稿）》、《青年發展論壇》、《河南財經政法大學學報》等海內外學術刊物發表。作為一部合著作品，本書得以最終完成，端賴各位合撰者的共同努力。他們是深圳大學港澳基本法研究中心特聘研究員、粵港澳大灣區青年發展法律研究所所長黎沛文，北京港澳學人研究中心秘書長、深圳大學港澳基本法研究中心粵港澳大灣區青年發展法律研究所客座研究員鄭媛文，深圳大學港澳基本法研究中心粵港澳大灣區青年發展法律研究所研究助理莊鴻山、譚尹豪、黃德賢、鄭宇、關子郢、蔣晶淼、劉越及盧柏燊。各章節的撰寫任務分工如下：緒論，黎沛文、譚尹豪；第一章，黎沛文、譚尹豪；第二章，黎沛文、譚尹豪；第三章，鄭媛文；第四章，黎沛文、莊鴻山；第五章，黃德賢、鄭宇、關子郢、蔣晶淼、劉越及盧柏燊完成初稿，譚尹豪修改定稿，黎沛文指導寫作修改；第六章，黎沛文。全書由黎沛文主持編輯，黎沛文、譚尹豪及鄭媛文對各章節進行修訂校對，朱賢明、周琳琳參與了第二章和第五章的圖表製作和校對工作。

　　此次《香港本土主義與國家認同》的付梓出版，除得益於國家社科基金青年項目"增強港澳同胞國民身份認同的實施機制研究"、深圳大學港澳基本法研究中心以及三聯書店（香港）有限公司的資助和支持外，也離不開諸多師長、前輩、朋友的幫助，在此向他們表示誠摯的謝意！

　　首先，我們要特別感謝深圳大學港澳基本法研究中心鄒平學主任對本書寫作出版給予的大力關注和支持，他不僅親自為本書作序，同時也為相關出版事宜進行了細緻的協調及解決。我們還要感謝清華大學王振民教授欣然同意將此書收入其主編的"憲法與基本法研究叢書"，感謝三聯書店（香港）有限公司周建華先生、蘇健偉先生為本書的出版及編輯工作付出的辛勞，尤其是他們針對書稿提出的一些修改意見，對於本書的完善有重要價值。此外，清華大學林來梵教授和蒙克副教授、中山大學黎熙元教授和曹旭東副教授、大連海事大學楊曉楠教授、《浙江社會科學》雜誌社陳亞飛副主編、中國計量大學汪江連副教授、河北大學工商學院朱峰副教授、清華大學申芝娟博士、澳門科技大學朱世海副教授、浙江工業大學呂鑫教授、陝西師範大學金欣副研究員、北京林業大學劉猛副教授、天津師範大學趙偉博士、香港大學駱嘉駿博士、暨南大學沈太霞教授、武漢大學黃明濤教授、北京航空航天大學田飛龍副教授、明匯智庫副總監及香港特區青年發展委員會委員謝曉虹女士、北京港澳學人研究中心林朝暉等理事、深圳市南山區青年聯合會吳爍檮秘書長、廣東夢海律師事務所何棟民主任以及深圳大學的張定淮教授、宋小莊教授、王千華教授、葉海波教授、尤樂副教授、陳虹博士、朱湘黔老師、孫成助理教授、盧雯雯助理教授、趙桃桃助理教授、底高揚助理教授、周樂軍助理教授、楊奕老師等師長和學友也對本書的寫作出版給予了寶貴的關心和幫助，在此一併向他們致以衷心感謝！

誠然，囿於作者有限的學術水平，書中難免會存在這樣或那樣的不足，在此懇請方家賜教。

黎沛文

2022 年 2 月於深圳大學

本書是國家社會科學基金青年項目"增強港澳同胞國民身份認同的實施機制研究"（項目編號：18CZZ039）的階段性研究成果。此外，本書出版得到深圳大學港澳基本法研究中心資助。

憲法與基本法研究叢書

主　　編　　王振民

責任編輯　　蘇健偉
書籍設計　　道轍

書　　名　　香港本土主義與國家認同
著　　者　　黎沛文　鄭媛文　譚尹豪　等
出　　版　　三聯書店（香港）有限公司
　　　　　　香港北角英皇道 499 號北角工業大廈 20 樓
　　　　　　Joint Publishing (H.K.) Co., Ltd.
　　　　　　20/F., North Point Industrial Building,
　　　　　　499 King's Road, North Point, Hong Kong
香港發行　　香港聯合書刊物流有限公司
　　　　　　香港新界荃灣德士古道 220-248 號 16 樓
印　　刷　　美雅印刷製本有限公司
　　　　　　香港九龍觀塘榮業街 6 號 4 樓 A 室
版　　次　　2022 年 3 月香港第一版第一次印刷
　　　　　　2024 年 1 月香港第一版第二次印刷
規　　格　　16 開（170mm×245mm）328 面
國際書號　　ISBN 978-962-04-4886-7